英雄叙事詩

アイヌ・日本からユーラシアへ

荻原眞子
福田晃 編

三弥井書店

【目次】英雄叙事詩―アイヌ・日本からユーラシアへ

⑥
サハ共和国
レナ川
ヤクーツク
エニセイ川
連邦
アムール川
⑤
バイカル湖
ブリヤート
自治共和国
④
②
①
③
山脈
モンゴル
日本
区
韓国
黄河
中華人民共和国
長江
貴州省
ータン
雲南省
広西壮族自治区
① アルタイ
② ハカス
③ トゥバ
④ ショル
⑤ トゥングース・
満州語諸族
⑥ エヴェンキ

ウラル山脈
オビ川
⑧
⑨
ヴォルガ川
⑦
⑩
ロシア
カルムイク共和国
カザフスタン
トルコ
アルタイ山
ガラカルパク
アラル海
カスピ海
ウズベキスタン
トルクメニスタン
キルギス
新疆ウイグル自治
タジキスタン
イラン
アフガニスタン
チベット自治区
パキスタン
ヒマラヤ山脈
ネパール
インド
⑦バシュコルト
⑧チュバシュ
⑨タタール
⑩シベリア・タタール

まえがき

本書は、「英雄叙事詩」を主題とする。日本ではあまり馴染みのないこの「英雄叙事詩」とは、勇者・戦士など英雄の武勲を詠《うた》う長大な物語のことである。それは伝承者が詠う声の文芸である。英雄叙事詩は世界の多くの民族文化のなかに認められ、また今日にまで受け継がれてきている。なかでも、中央ユーラシアの諸民族では、その伝統は比較的近年までひき継がれ、今日にも諸処にその伝承者である詠い手を見出すことができる。英雄叙事詩は詠われるごとに特徴がある。つまり、詠い手は聴き手の人びとを前に即興を交えて物語をつむぎだすのである。そこに語りの妙味や詠い手の巧拙があって、それぞれの民族には少なからず伝説的な詠い手が知られている。これらの諸民族は、長く自らの文字をもたなかったがゆえに　きわめて豊かに口頭の伝承を維持することとなったのであろう。

おそらく、その詠われる「勇者の物語」はかつて日本においても伝承されていたにちがいない。そのことは中世の英雄の物語にうかがい知ることができる。「百合若大臣」、「甲賀三郎」を改めて検すると、そこには中央ユーラシアばかりか、さらにはギリシャのホメロスにまで及ぶような共通性や類似を見出すことができ、「オデュッセウス」もすぐそこにあるようにさえ思われる。

本書は　このような私たちの感動を多くの読者と分かち合うことを目途として、「勇者の物語」を「日本からユーラシア」へとたどっていくことを試みている。私たちの旅は朝鮮半島から中国西部、モンゴルからチベット、中央ユーラシア（アジア内陸部）、そして東シベリアの諸民族を訪ねることになる。その道程はやがてヨーロッパへと続くであろう。

ユーラシアの「ことばの文芸」は広く口承文芸研究や文学・比較文学ばかりでなく、言語学、歴史学、民族学、文化人類学や地域研究などとも無縁ではない。本書を通じて　多くの読者がユーラシアにおける諸民族の伝承と文化にいちだんと強い関心を寄せられることを期待する次第である。

（編者　福田晃）

Ⅰ 序論

白老のポロト湖とアイヌのチセ（家）

詠うことばの世界—アイヌからユーラシアへ

荻原眞子

はじめに

生まれた赤子が成長するに従い、いつ歩きはじめ、いつことばを話しはじめるだろうかということは親ばかりでなく周りの大人にも大きな関心事であり、その瞬間の幼い子供の顔に溢れる感動はこの上ないものである。個体発生は系統発生をくり返すという。人類がいつ二足歩行をはじめ、いつ言語をあやつるようになったのかは、確とは分からない。ただ、例えば、今から数万年前の後期旧石器時代に南ヨーロッパの山岳地域の奥深い洞窟（例　ラスコー）に見事な動物の群像を描いた人々は果たしてことばを話していなかったであろうか。ことばを話すことなしに、あれほどの造詣をものにすることができたであろうか。あの巨大な牡牛や馬などを描いた人々に何の物語もなかっただろうか？確証できないことの存否を云々することは、学問の世界では容認されない。人類が数万年まえからことばを話したであろうということは、先史時代に関しては物的証拠によって推測するしかない。

洞窟や岩陰の画像はこの地上の諸所に残されている。確かに、それが描かれた時代は同じではないが、仮にそれを手がかりとして推測するなら、人類は数万年来ことばを話してきたに違いないと思う。

現代では幼い児は身近な家族のなかでことばに慣れ親しんで話すようになり、まもなく親のケータイやスマホに興味を示し、学校で文字を覚え、やがてIT社会のなかで音声によるよりは、いっそう文字盤に触れる指先言語の世界に吸い込まれていく。文字をもつ社会でITの普及したところでは、言語生活はますます指先で紡ぎだされる文字言語が何の抵抗もなく、当たり前の日常になっていく様相にあるように思われる。

一方、世界には近年まで固有の文字をもたない言語が少なくない。日本では北海道から北方の地域に生活してきたアイヌの人々は固有の文字をもってはいなかった。今日書きのこされているアイヌ語の昔話や叙事詩などはアイヌ自身によるのではなく、他者によって日本語や西洋の言語の文字で記されている。同じようなことはユーラシアの広い地域の諸民族の場合についても遍く認められる。

文字を持たなかった人々の間ではことばは語りつがれていた。親や祖父母たちから聴いたあれこれの話はまた、その子供たちに伝えられた。その話はずっと昔から語り伝えられてきたものである。私たちが今日知ることのできる世界の多くの民族の神話や伝説や昔話などは、それぞれの人々の社会でいつからとは知れず、遙か遠い昔から語り伝えられてきたに違いない。天に輝く太陽や月、星座をながめて先史時代の人々はその由来を考えなかっただろうか。いつの頃か、想像力に長けた人物が考えついて紡ぎだした話はその子々孫々まで語り伝えられてきたに違いない。その話の大元がどれほど人類史を遡ることなのかは、多分、私たちは永久に知りえない。聖書には「始めに言葉ありき」とある。人類が東アフリカに起源して、長い時間をかけて地球上に拡散したころには、もういろいろな自然を説き明かす話はできていたということも考えられている。神話学がその範疇に抱えこんでいる世界各地のいわゆる創世神話には天体ばかりでなく、この大地の出現、そこに生きる人間や生きものたちの起源、そして人間社会のあれこれの習俗習慣など、あるいは事物の由来が明らかにされている。その神話のことばは後に書きとどめられはしても、現実には声の伝統としてあった。ことばを話し、語り継ぐという営みは人間にとってもっとも本質的なことではなかったろうか。

Ⅰ　ユーラシア──口承文芸の世界

そうした「声による」ことばの様態を知ることのできる世界がユーラシアには近年まであった。日本海を隔てた大陸には朝鮮半島から中国東北部、モンゴルが陸続としてあり、北方はシベリアが北極海までの広大な大地を占めている。モンゴルから西には中央ユーラシアの国々がある。このユーラシアには大小さまざまな規模の民族があり、概して一般の人々の間では近年まで文字が普及してはいなかった。ということは、とりも直さず、人々はことばを語り、詠い、多様な文芸を育み伝承してきたのである。特に、中央ユーラシアのテュルク語系の民族であるカザフ、キルギス、ウズベク、カラカルパク、トルクメンなどには多種多様な文芸が盛んに行われてきたが、二十世紀後半には昔日のようではなかったものの、多くの民族のもとで口承文芸が採録されている。そのなかで大きな比重を占めているのは一般に英雄叙事詩と呼ばれている長大な勇者や戦士の物語である。

この地域では古くから遊牧牧畜が行なわれ、牧民たちは季節ごとに羊や山羊、馬や駱駝の群を追い水草をもとめて移動し、フェルトの天幕を住居として伝来の生活を営んできた。その人々の社会には異民族や異集団との接触や摩擦がつきものであったし、また、遊牧国家間の軋轢は大規模な戦争をひきおこした。そうした出来事は私たちがもっているような明確な歴史学的な記述としてではなく、語り部たちによって物語としてことばで紡がれ、人々の記憶のなかに深く留められることになる。この物語、すなわち、英雄叙事詩が人々の共感を呼ぶのは、その語られる言語・ことばを聴いて物語のなかに没入し、登場する勇者や戦士などに心を寄せ、その世界を共有することのできる限られた言語集団でのことであった。そのことばを聴いて理解することができなければ、詠われる叙事詩は無意味な音声でしかない。

同じテュルク語グループに属する言語は、南シベリアとシベリアのレナ川流域にもみられる。南シベリアのアルタイ・サヤン山脈の地域にはアルタイ、ショル、ハカス、トゥヴァなどの少数民族があり、多様な口承文芸の伝統があった。そのなかで、ことに、英雄叙事詩は人々の生活、すなわち、牧畜・農牧・狩猟などの営みや社会生活のなかで大きな役割をもっていた。もっとも、この山岳地域では仮に私たちがアルタイと呼ぶとしても、それは言語や文化を一様にするような民族体ではない。十九〜二十世紀の民族誌では地域や出自を異にする小集団が多くあり、それぞれに文化や習俗に独自の特徴があったことが明らかである。

テュルク語グループなかでもっとも北方に拠ったのはサハ（これまではヤクートと称されてきた）の言語である。テュルク語グループの言語を話す民族は非常に広い分布をなしており、先に示した中央ユーラシアだけでなく、さらに西ではトルコ、カフカス、ヨーロッパロシアではヴォルガ流域にまで及んでいる。それに比べると、シベリアの寒冷な地域に移動したサハは例外的である。元来はやはり南シベリアの地域に依拠していたが、十三世紀のモンゴル帝国の興隆に際してレナ川沿いに北上して今日の地に至ったと考えられている。サハは牛馬を飼育する牧民であったが、北極海側の地域ではトナカイ牧畜が営まれ、狩猟はどこでも盛んであった。サハ文化のなかでは今日にも英雄叙事詩オロンホが大きな役割をもち、人々に親しまれている。そして、オロンホには南のテュルク諸族やモンゴルの英雄叙事詩に共通する特徴が認められている。

ユーラシアのほぼ中央部を占めるモンゴルは古来遊牧牧畜民の世界であった。そしてその伝統は近年まで続いてきているが、現代では、当然のことながら、その様相に大きな変容がみられる。広大な地域に広がるモンゴルの民族は北のモンゴル国、中国の内蒙古自治区、新疆ウイグル自治区、さらにはロシアのヴォルガ下流のカルムィキヤ共和国に及んでいるが、ロシアではバイカル湖周辺のブリャトの言語もモンゴル語の仲間である。こうしたモンゴルの人々の間には広大な草原のなかで朗々と響きわたる歌や叙事詩が盛んであったが、英雄叙事詩「ジャンガル」、「ゲセル」は広く各地で今日まで受け継がれてきている。「ゲセル」はチベットに起源する物語で、その拡がりは南はヒマラヤの地域、北はモンゴルからブリャトに及んでいる。

シベリアではトゥングース語グループに分類される言語のエヴェンキ、エヴェンが広大な地域に散在している。エヴェンキはエニセイ川東岸の中央シベリアを中心に各地に分散し、少数のトナカイを飼って移動しながら、森林地帯で狩猟生活を営んでいた。エヴェンは太平洋岸に偏り、北東シベリアのツンドラ地帯では大規模なトナカイ牧畜を営み、一部はオホーツク海沿岸で定住的な漁労を行なっていた。エニセイ川流域をはじめ各地のエヴェンキでは多様な神話や昔話が採録されているが、そこでは長大な叙事詩は知られていない。それが行われたのは、東シベリアでサハに近接する地域を移動していたグループのエヴェンキである。そこではサハのオロンホに類似するような英雄叙事詩があり、すぐれた語り部からの採録がなされている。このグループに地理的に近いエヴェンではまた異なる特徴をもつ英雄叙事詩が知られている。

さて、トゥングース語グループには、極東のアムール川・サハリン地域に集中していくつかの少数民族の言語がある。すなわち、ナーナイ、ウリチ、オロチ、ウデゲ、ネギダルという民族である。アムール川は中国東北部では黒竜江と呼ばれ、それに注ぐ松花江（スンガリ川）、ウスリー川の流域にはホジェン（赫哲族）がいるが、その言語はナーナイ語に近いとされている。アムール川には夏秋オホーツク海から鮭鱒が回遊遡上してくる。流域の人々はそれを大量に捕獲して保存食とし、冬季には山野で狩猟をおこなう生活を営んできた。この地域の人々は中国の文献では魚皮韃子（ユーピターズ）と呼ばれているが、それは魚皮を衣服や靴などの素材としていたからであった。ナーナイをはじめアムール流域の諸民族では神話や昔話などが二十世紀の半ば以降盛んに採録されてきており、そのなかには口語の語りではなく、韻文の特徴をもった叙事詩が認められている。近年、中国東北部のホジェンでいくつか短い叙事詩が採録されているが、それには英雄叙事詩の特徴をみることができる。

大陸と狭い海峡をへだてたサハリンにはやはりトゥングース語グループに分類されるウイルタ（オロッコ）の言語がある。ウイルタは大陸から移住してきて、少数のトナカイを飼育しながら狩猟など複合的な生業を営んできた。このウイルタでは大陸のエヴェンキに共通するような英雄叙事詩のテキストが採録されている。また、アムール川河口地域とサハリンにはニヴフ（ギリャク）が居住し、やはり鮭鱒漁や海獣狩猟に携わっていたが、その言語はトゥングース語ではなく、パレオアジア諸語に分類されている。ニヴフの叙事詩のテキストは一九〇〇年代初めに刊行されたもののなかに多様な物語が収録されており、そのなかに勇者の登場する話がある。ニヴフの口承文芸は今日も若手の研究者によって話者からの採録の努力がつづけられている。

かつて第二次大戦前にはサハリン（樺太）の南部にアイヌが集落を営み、ニヴフやウイルタなどと密接な接触交渉があり、文化的には北海道のアイヌとは異なる特徴が少なくない。しかしながら、総じて、アイヌの口承文芸には独自の特徴が明らかである。

Ⅱ　詠われる叙事詩――アイヌの叙事詩ユーカラ

一九〇〇年代の初めに北海道や樺太（サハリン）でアイヌ語の調査をしながら、名高い語り部の人々を訪ねてユーカラを耳にしていた金田一京助は、近文で若いアイヌの乙女に、こう説く。「あなた方は今まで、アイヌ、アイヌとさげすまれて、無知蒙昧な野蛮人とされているのに、ユーカラは、あなた方の祖先の英雄談の謡い物でしょう。散文ではなく詩でしょう。ヨーロッパ文学にやかましい叙事詩じゃありませんか。こういう長い叙事詩を日本人がもっていますか。……」金田一は、ユーカラがアイヌにとって誇るべき民族の至宝であると告げ、民族意識の覚醒を促した。それに触発されて、彼女は後に金田一の研究を助け、また、自らもユーカラの掌篇をものにした。すなわち、知里幸恵の『アイヌ神謡集』（大正十二年）である。

アイヌには豊かな口承文芸がある。それにはユーカラとウウェペケルという大きなジャンルが区別されるが、口演の様態から前者は「詠われる叙事詩」、後者は口語で「語られる叙事詩」ということができる。その他にも歌謡や祈詞など、今日では多様なテキストが知られている。ただ、ユーカラという語は北海道南西部の日高や幌別地方での名称で、それに相当するのは他の地域ではハウ、サコロペ、ヤイエラプ、ハウキなどとよばれている。

ユーカラには形式や主人公、テーマを異にする三つの物語の区別がある。一つは自然の神々（カムイ）の物語（神謡＝カムイユーカラ）、第二は始祖神・文化英雄の物語（オイナ）、第三は少年勇者の物語（いわゆる英雄叙事詩。通常「ユーカラ」とはこの勇者物語のこと）である。

（1）自然の神々（カムイ）のユーカラ（神謡）

神謡は、自然界の生きもの（それをカムイという）たち、すなわち、陸海の鳥獣ばかりでなく、昆虫や貝などの小さな生きものまでが、自らの身上や経験を謡う短い詩である。これは日高や幌別ではカムイユーカラと呼ばれており、その特徴は「私は……」とつゞる自叙体であること、くり返しの句＝サケへを伴うこと、締めくくりに「……と誰それのカムイがその身上を語った」として、「私」が何者であるかを明らかにすることにある。元来は子供たちを相手に女性たちが詠ったようであるから、聴き手はサケへを耳にするだけで、それが何のカムイの話であるのかはすぐに察しがつく。とはいえ、サケへは詠う主体であるカムイにただ一つだけというわけではなく、また、詠い手によっても異なり、その挿入の仕方も多様である。

例えば、先述の『アイヌ神謡集』では、狐カムイは「トワトワト」、兎カムイは「サンパヤ　テレケ」、小狼カムイは「ホテナオ」などの短いサケへで謡っているが、よく知られている梟神の神謡では「シロカニペ　ランラン　ピシュカン、コンカニペ　ランラン　ピシュカン」という長いが、いかにも軽快なサケへがついている。これは「銀の滴降る降るまわりに、金の滴降る降るまわりに」と訳されている。このサケへを謡いながら梟神が人間の村の上を飛び回り、「昔、金持ちで今は貧乏人になっている家の子供の矢を受けて」、その家の客となる。そして、夜半に屋内を飛び回って宝物や美しい着物などを満たし、家族に至福をもたらして感謝され祀られていると謡う。

カムイユーカラは久保寺逸彦『アイヌ叙事詩　神謡・聖伝の研究』（一九七七、岩波書店）に百六篇のテキストが収められている。これを例にすると、登場する生きものとしては、陸獣（ウサギ、クマ、キツネ、ムジナなど）、海のシャチやカジキマグロ、鳥類（村の守護神であるフクロウ、クチボソカラス、カケス、カッコウなど）、その他カエル、ミミズ、セミ、クモなどや空想上動物である竜蛇や怪鳥フーリなどのカムイがある。生きもの以外では、自然や自然現象である森の女神、水の女神、蒼空の女神など、さらに、火の女神、舟の女神などが謡う。火はどこの民族の神話でももっとも重要な神的存在であるが、アイヌの場合には舟や墓標までもがカムイとされているのはたいへんに特異なことといわなければならない。

このように、自然界のあらゆる存在がカムイであり、この世界はカムイとアイヌ（人間）によって成り立っているのだという観念はアイヌ文化の基底をなしている。つまり、人間もまたこの自然界を構成する一部なのである。そのことは、例えば、神謡の主題の一つである飢饉の話に明白に語られる。

この地上から食糧となる獲物（鹿や魚）がいなくなって、人間たちが飢えに苦しむという話では、そのことを憂えるカムイ（例、村の守護神である梟神）が、人間の獲物（自然）に対する扱いが不当であるために、天に在る鹿や魚を司るカムイたちが獲物を地上に降ろさないのだと明かす。この話を現代風に解釈するなら、自然を貪欲に開発した私たちが資源の枯渇を招き、その報いに食糧の不足に悩むのだということになろう。

カムイの語には神とかgodなどの語が当てられているが、この語は多義的で、死者、死霊などをも意味し、また尊称・美称でもあって、カムイはアイヌ文化の根底をなすもっとも重要な観念である。

神謡の動物カムイたちが何を詠っているのかといえば、もっとも基本的な主題は勧善懲悪である。自然界の生きものと人間とのかかわりで、例えば、人間の倉から魚を盗みだしたキツネ、人間を殺めたクマは当然の報いとして惨めな死に方をする。反対に、例えば、津波や山津波、疱瘡の襲来を人間の村へ伝え、それによって難をのがれた村の人間たちからはイナウやサケを贈られ、カムイとして祀られていると誇らしげに謡う。

この類の神謡にはしばしばオキクルミ（とサマイウンクル）が登場し、カムイたちを処罰して死に追いやるか、反対に誉むべきカムイにはいっそうの神格を与える。オキクルミは、しばしば、サマイウンクルという相棒を伴うが、オキクルミが聡明、冷静沈着で積極的であるのに対して、サマイウンクルは反対に消極的な役割をもつ、トリクスター的なキャラクターである。ただ、この両者の役割は北海道の東部では反対になっていて、オキクルミがトリクスター的であるという。

神謡の主題は勧善懲悪だけに止まらない。それは実に多様な話の宝庫であって、その中にはクマ祭にかかわる話、さまざまな恋愛譚、子守歌などのほか、自叙神未詳というような話、さらには人間の女、少年、（アイヌではなく和人の）大将が自叙するという話まである。このように神謡が、殊の外、雑多ともいえるような話に富んでいる理由は、どのような内容であれ「サケヘ」をつけて謡うことを能くするアイヌの女性たちの自由奔放な創造性にあるのではないかと思える。そして、このことこそが口承文芸の真骨頂であろう。

(2) アイヌラックルのユーカラ（オイナ）

ユーカラの第二は祖神・文化英雄の物語「オイナ」（聖伝、神典）である。その主人公はアイヌラックル、つまり「アイヌ＝人間の臭いのする人」で、半人半神という。日高沙流地方ではアイヌラックルは、オキクルミと同一視され、またの名を「アエオイナカムイ」、つまり、「われわれが　オイナに　語り継ぐ　カムイ」という。こうしてアイヌラックル・オキクルミ・アエオイナカムイは同一の存在と考えられているようである。

アイヌラックルのユーカラの主題は、地上世界の悪なる存在や魔物を調伏して、人間アイヌの食糧となる鹿や魚を山野や川に放ち、また、天界からアイヌの生活文化となる諸々の道具や工芸をもたらし、さらにはユーカラなどの物語を人間アイヌに教えたことなどである。また、魔物に掠われた日の女神やアイヌの儀礼では欠かすことのできない木幣（イナウ）の神を、その山奥の秘所から奪還したことも祖先神・文化英雄としてのアイヌラックルの主要な偉業である。

このオイナの口演形式がカムイユーカラのそれと共通している点は、「私は」と一人称で語ることにあるが、異なる点は、基本的にはサケへがないこと、最後の締めくくりの句がないことであるが、実際にはそうでない場合が少なくない。

オイナのテキストは金成まつ筆録・金田一京助訳注『アイヌ叙事詩　ユーカラ集』（Ⅰ、Ⅱ）にある。アイヌラックルの面目躍如たる話はその（Ⅱ）にあるポロオイナ（大伝）と異伝五篇である。ポロオイナはアイヌラックルが怪物の大魔神モシレチクチク・コタネチクチクを討つ話、異伝Ⅰはその魔神から日神を救出する話、異伝Ⅱは許婚者である川尻の妹神を魔神である忍別の女・兄弟たちから奪還する闘いの話、異伝Ⅲはニシマクの大あめます退治とそこの魔女との闘いの話、異伝Ⅳはアイヌラックルが山上の神園で見初めた天女を追って天界へ昇り、天神の難題試練をへてアイヌ文化の諸々を地上にもたらす話、異伝Ⅴはアイヌラックルのロマンス、『アイヌ叙事詩　ユーカラ集』（Ⅰ）に収められているポン・オイナの類話であり、自叙するのはコタンコルカムイ（梟神）の妹神である。

ここでアイヌラックルについて、叙事詩ユーカラの主人公としての特徴を考えてみよう。

§　アイヌラックルの生まれ

アイヌラックルのユーカラの冒頭では、「姉神が　善美な養育　またなき養育を　われにしてくれて　いつも変わりなく　すこやかに　暮らしていた」とか、「山城の内　われを養育する姉　われをよくかしずき　育てていた」などとあって、自分は刀鞘などの彫刻に専念しているという常の平穏な暮らしが詠われる。

物語のなかのある場面で、アイヌラックルは「大椀　棚荒　胸元　鍋掲」とか、「シシリムカの頂きの上にお住ま

いになる　半分土臭《なかばつちくさ》　半分草臭《なかばくさくさ》　醜国焼《しこくにやき》　悪国焼《わるくにやき》　大椀　棚荒」という渾名を聞いて、そのいわれを養育者である姉神から聞くのである。それによると、この地上世界がコタンカラカムイ（くに造り神）によって創造されたあと、最初に天から降ろされた神がチキサニの女神、すなわち、春楡の樹（火を鑽る木）であった。そこへ夜な夜な天神の弟神（雷神か）が訪れた。このことが神々に知られ、その弟神は悪神、善神の戦いを挑まれ、その戦いのさなか、人間であろうが神々であろうが、ところかまわず飯を炊いて食べた。それが憎まれて大椀棚荒　胸元鍋掲などと渾名されるのだという。そうして戦いの間にチキサニ媛へ休らい休らいして、それで媛が懐胎した。「そうして生まれたのがおん身である」とアイヌラックルの素性が明かされる。

　物語ではアイヌラックルの装束のことも事細かに語られる。それは裾の燃える厚司、小尻の燃える鞘、ふちの燃える薄造りのかぶとなどとあって、あたかもアイヌラックルが火神の子供であるという証のように解されているが、実はこの装束が父親譲りのものと明かされている場合もある。

§　アイヌラックルの地上世界の創造

　さて、アイヌラックルは人間アイヌのため地上世界の創造にあたる。その一つの物語では、アイヌラックルが「幌尻沼のアイラク魚・スプライライェ魚を捕らえ、地上に撒き散らす」と、それが鹿や魚の群をはじめあらゆる地上の生きものとなる。

アイラク魚と　スプライライェ魚　黄金の中から出されたようなものどもが　沼のおもてに　あまたの群　……
（その魚を）わが手でつかまえ　幾十回　幾十回　国土のおもてへ　われまきちらしたら、遠い山地　近い山地
山地の頂きの上に……林野のおもての上に　大牡鹿の群　牝鹿の群　小鹿の群　全く相跳びかける。遠い大きな

る　川でも　沢でも　いっぱいに　神魚（鮭）の群が　鱒の群が……、名をもつかぎり　沖のけだものも　魚もわが（ママ）数えきれないほど　名のあるかぎり　海のおもての上に　海のかみの端まで　海のしものはずれまで　無数の群々　いっぱいにみちる　ように我に思われる。

こうして、アイヌラックルは先ず人間の食糧となる生きものを地上に送り出し、魔神を滅ぼす。この魔神モシレチクチク・コタネチクチクといえば、

岩の鎧が手になってゆき　脚になってゆきつつ　鎧の上に　岩のとげとげが人を刺す　恐ろしい矛のように　人を刺そうと　人を切ろうと　いがいがと光って立つ。

という有様で、その片眼はゴマ粒のように小さく、片眼は満月のようにむき出しているとも語られている。この魔神はユーカラのいくつもの物語に登場するお馴染みのキャラクターである。

§　魔神から日の神を救出する話

アイヌラックルのもう一つの大事業は、モシレチクチク・コタネチクチクが幽閉した日の神の救出である。日の神（Tokapchup-kamui）が山を出ようとするときには大魔神が大口をあけて、それを呑み込もうとする、日の神が国の西の果てに入ろうとすると、またそれを呑み込もうとするので、狐神や烏神をその魔神の口に投げ入れ、それが顎を閉じている間に日の神は無事にそこを通過していた。ところが大魔神は日の神が出ようとするところを呑み込んでしまい、

木の柵、金の柵を　六重の柵　中へ中へとりまわし　その中に　岩の柵の六重の柵を　中へ中へ取りまわし　その中へ　木の箱　六重の箱　金の箱　六重のなかに　岩の箱　六重の箱　その中に　日の神を　幽閉し　そこへ

だけ　じっと見ている。それよりして　人間のさとは　常闇になりはて　神々でも　人間でも　眠りつかれて
眠り死ぬもの　数をしらず。

そこで大勢の神々が日の神を救出しようと試みるが、いずれも魔神に気づかれて捕らえられ、こともあろうに、赤児に造りかえられて、魔神の揺り籠に閉じ込められているという。そこでアイヌラックルは魔神の山へ馳せ、幾重もの柵をぶっ通して山城の中へはいり、日の女神を救いだし、揺り籠を斬りはなつ。すると「善神たちのたましいが天に昇って行き、甦る死神は遙か遠い奥地に音立ててゆく」。

その後の闘いで、日の女神を抱いていては差しつかえるので、アイヌラックルは「靄の小舟をつくり、その舳のみよしの上に靄の小和人を造り、とものわきの上に靄の小人をつくり、靄の小楫をつくり、舟の中央には靄の小さな帆をつけ、その真ん中に日の神をくっつけて天空に投げ上げる。」すると、地上の国が明るく輝いた。こうしてから、アイヌラックルは大魔神モシレチクチク・コタネチクチクと「夏六年冬六年を戦い、ついに、大魔神の切断された骸を六重の下界（iwan pokna moshir）湿潤の国（teine moshir）に蹴落とす」。

§ アイヌ文化の起源

このような地上世界の創造に加え、アイヌラックルは天界からアイヌ文化を招来する。

この物語はアイヌラックルが珍しく鹿狩りに出かけていくところからはじまる。

川上の山へ上っていくと、そこに神園（mintar）がある。魔神どもの遊びの庭は、そのはてが塞がって窮屈であるが、善神たちの遊びの庭は遙々と開けている。日が暮れると人間界や天上の国に住む魔神（nitne kamui）どもが集まってきて、唄を歌い話をする騒がしい声が夜半までつづく。それからは天の国や人間界にいる神々が

集まってきて、歌舞する声、さまざまな歌舞があっておもしろくも楽しい。アイヌラックルは「薄い土ひと皮をわが身の上にうちかけて」(この術もユーカラでは常套手段である)、つまり、土中に身を隠して、見物している。やがて朝明けになると、天空の下に美しい響きがした。みると黄金の神駕(シンタ)が下りてきて、そのなかに若い乙女がいて、歌舞の様子を見物している。その美しい乙女を見初め、「こういう神をこそ妻としたら」と眺めている。やがて神々も、その乙女も天へ去って行った。

その後、アイヌラックルはそのまま食もとらずに、女神のことばかりを想いわずらう。

ある日、再び件の神庭へいく。そこで天上では「天の主宰神(Kanto-kor-kamui)の娘が病気になり、神々が加持祈祷しても治らない」という話を耳にする。アイヌラックルは神々が昇天するとき、その後を追って高天へのぼり、神々の郷の中央にある「金の家」(kane chise)に入る。そこにいる神なる翁はアイヌラックルをみとめると、荒々しいことばを吐いて、「これはしたり　今やっと　汝がはいって来てはじめて　のみこめた、わが悪い娘　汝を恋い悩んで　病み臥すこと　だった」と云って、天神はアイヌラックルと娘神に試練を課す。その試練とは、

六人の詞曲人(yukarkur)に詞曲(yukar)を、六人の聖伝人(oinakur)に聖伝(oina)をやらせるが、少しでも笑わずにいたら、最後に「六人の恋歌人(yaikatekarkur)に恋の歌(yaikatekar shinotcha)を歌わせるが、

笑うことなくこらえ通したら一緒にしてやろう

というものである。その試練を辛うじてパスすると、天神はさらにこう告げる。

このわが試練ばかりではない。男性の汝は　男性の製作品　臼でも杵でも　鞘でも　帯織機でも　箆でも　筬でも　何でも　男子の製作品を　たゞ一日に造ってしまい、汝の妻は　女性の製作品を　種々の　刺繡着や　種々のかぶりものや　種々の首飾りや　何針仕事でも　一日に造って汝ら仕終えるなら　そうしたらはじめて　汝ら

結婚できることだ。
アイヌラックルと神なる乙女はそれぞれの仕事をやり終える。アイヌラックルは自分が造ったもの、神なる乙女が造ったものをみな背負って地上世界へ戻ってくると、村人たちにそれを教え授ける。そうして、天上へ取って返して、天上の神の娘を妻にして暮らしている。（とアイヌラックルは結ぶ。）

アイヌラックルのユーカラにはもう一つ、村の守護神（梟神）の妹神との結婚を主題とする物語がある。いくつもあるこの話では、アイヌラックルは偽名を騙って村の守護神である梟神を訪ね、その妹神に一献をさす。それが元で妹神の婚約者から挑戦をうけ、天界と地下界での長い戦いにかり出される。このアイヌラックルには祖神・文化英雄としての特性はない。また、いくつかある類話のテキストでは、「我は……」と語るのはアイヌラックルではなく、梟神の妹であり、また、くり返しの句・サケへを伴っている例もある。この類の物語は「メノコユーカラ」（女のユーカラ）として、本質的にアイヌラックルの物語とは別個に考えることができる。

（3）少年勇者ポイヤウンペの物語（ユーカラ）

アイヌのユーカラには、神謡、アイヌラックルのユーカラについで、第三には少年勇者のユーカラがある。この類の物語は北海道の東部ではサコロベと呼ばれ、物語の主人公はポンオタストゥンクル（小・オタス・人）であるが、日高や幌別のユーカラでは主人公はポイヤウンペ（小・本島・人）である。そして、ユーカラといえば、通常はこのポイヤウンペが登場する物語のことで、これが、いわゆる、英雄叙事詩とされている。

さて、ポイヤウンペを主人公とする物語はいくつもある。それは一つの連続的な話ではなく、それぞれ独立した話であり、テーマや内容などはさまざまに異なる。そのテキストは金田一京助『アイヌ叙事詩　ユーカラの研究』（東

洋文庫　一九三二）に「虎杖丸《いたどりまる》」という七千行余りの物語、金成マツ筆録・金田一京助訳注『アイヌ叙事詩　ユーカラ集』Ⅰ–Ⅸに十一話が収録されている。この他にもいくつか刊行されており、そのなかには音声資料から聴きおこされたテキストが少なくない。

§　勇者ポイヤウンペのこと

ポイヤウンペの物語も神謡やアイヌラックルのユーカラの場合と同様、主人公が「われは……」と一人称で語るのであるが、テキストには「朱の輪」、「草人形・くさひとかた」、「葦丸の曲」などや「小和人」「ニシマク姫」「余市姫」など題名がつけられており、物語の主題や内容はかなり多様である。しかしながら、どの物語にも共通しているのは、ポイヤウンペが沖の国びと（レプンクル）の首領たちとくり広げる戦いである。戦いはある村からつぎの村へと、いくつもの村へ展開していく。

もう一つ、ポイヤウンペのユーカラの大きな特徴は、物語にさまざまなヒロインが登場してポイヤウンペの味方になり、或いは敵対者になるなど、女性が物語の展開に大きな役割をもっていることである。右に挙げたタイトルの「朱の輪」、「ニシマク姫」、「余市姫」はそうしたヒロインの名前である。そのヒロインたちは一様に強力な巫者（トゥス）であって、透視能力にすぐれ、息吹（フッサ）で傷を治し、瀕死の主人公を甦らせる。そればかりでなく、ポイヤウンペが敵の勇者たちと戦っているときには、敵味方のヒロインたちは天上で凄まじい戦いを展開する。

ポイヤウンペの物語でもっとも大事なテキストは「虎杖丸」である。これは金田一が大正二（一九一三）年に日高紫雲古津の鍋沢ワカルパ翁という、アイヌのホメーロスと称された語り手から聴きとったものである。「虎杖丸」は植物のイタドリに由来するが、これはポイヤウンペの宝刀の名である。それは敵中にあってここぞという場面で、鞘に彫られている雷神・竜神の雌雄、狼神、夏毛の狐がそれぞれ身を起こして敵将たちを襲う。それはポイヤウンペの憑神であり、ポイヤウンペ自身もまたそのような姿に化して相手方を恐怖に陥れる。

　ポイヤウンペは不思議なキャラクターである。というのは、「虎杖丸」を別として、その外の物語では幼い少年でありながら、敵対するレプンクルの首領たちやその村人たちには並外れた強者として知られ、恐れられている。実際、戦いの場面ではその敵たちを相手に勇猛な戦いを展開するから、それはユーカラ語りでのクライマックスでもあり、詠い手の技量が大いにものを云ったことであろう。そして、この主人公はいつでも幼童とは限らず、美貌の青年でもあり、味方ばかりでなく敵方の女性たちを魅了する。かと思えば、戦いの場面では敵の首領たちから「ポイヤウンペとはこんな子供だったのか」とあきれられる。という具合で、ポイヤウンペという主人公は変幻自在ともいうべく、不思議な存在ではある。

§　ポイヤウンペの生まれ

　物語のはじめでは、（アイヌラックルの物語にも共通するが）幼いポイヤウンペが養育者に大事に育てられており、自分はおもちゃの弓矢で遊んでいるというようなことが語られる。その居城はトミサンペツのシヌタプカ（石狩川の下流辺りと想定されている）ということになっており、この少年はその山城の主である。この主人公の素性は大抵の場合は明らかでないが、、例えば、「朱の輪」［集Ⅳ］の物語のなかでは、次のように明かされる。

　そのむかしトミサンペチ（ママ）シヌタプカのお身の父は　人間であったけれども　その容貌　その勇　神々の中にも　人間の中にも　匹敵するものが　ひとりも無い、それ故に　天国の狼神（horukeu kamui）は　ひとりきょうだい　一人の妹だった　その乙女が　お身の父を　心から　慕って　家財と共に　家屋と共にシヌタプ

カへ降って　お身の父へ嫁入りしたのです。その上にチャシパ姫が　そばめになって　チャシパ姫から　養い姉とカムイオトプシ、お身の小兄と　ポンヤイェピリカ、お身の小兄が生まれたのです。神女（kamui menoko）からは　お身とわたしとの二人が生まれたのです。合わせて　五人のきょうだいでわれわれはあった。

こうして、はじめて父は人間の勇者、母は天神の狼神の妹であること、養育者のことなどが明らかになる。通常は養育者の姉、兄やカムイオトプシ（カムイのような美しい髪をもった人の意）が何の説明もなく登場する。かつてアイヌの人々にはこのような登場人物たちは充分に親しい存在だったのであろう。

いくつもあるユーカラの物語のなかでは、幼少の主人公はこのように素性の正しい養育者のもとにあるとは限らず、父方の伯父伯母などが登場し、仔細あってこの幼児を養育していることになっている。そして、しばしばその人たちが邪な心の持ち主で、この幼児を粗末に扱うばかりでなく、亡き者にして、トミサンペツの財宝を横領しようとする話もある。

§　戦いと決闘

シヌタプカの山城に静かに暮らしているポイヤウンペが、そこを出て、やがて戦いの舞台へ引き込まれていくきっかけには、いくつかの場合がある。「虎杖丸」では、石狩川の河口に現れた黄金のラッコの争奪から、沖の国びとの村々での果てしない戦いが起こる。敵中にあるヒロインを救いだすために、ポイヤウンペが雄々しくも敵将の居並ぶ処へ乗りこむという話もあり、稀には、鹿狩りにでたのがきっかけで敵の若武者と遭遇するということもある。概して、ポイヤウンペの物語では現実の生活の臭いは希薄である。敵対者は近隣のいくつもの村々の首領たちで、しばしば集結して酒盛りをしながらポイヤウンペを襲撃しようとしている。その目的はポイヤウンペを亡き者にして、その居城にある財宝を奪おうというところにある。一方、ポイヤウンペはその敵将を滅ぼし、村々を焦土に化すことがあっても、なにか戦利品をもって凱旋するわけでもない。戦いはポイヤウンペにとってなんら積極的な意味をもっているようには見えない。ただ、挑まれた戦いを受けて立ち、結果として己の居城の安泰をはかるのである。

長々しい戦いは最後に敵将たちとの決闘になる。これがまた、凄惨を極める場面であって、大かたの物語での語り口は共通している。決闘は先ず、棒（ウカラ）打ち、ついで斬り合いである。ポイヤウンペと敵の首領とが相対して棒で打ち合うのであるが、それも立樹を抜いてそれを振り回すこともある。つぎには、互に片手をつかんで、相手の身体を斬り合うということになり、最後には両者ともに人体の形を留めないような惨状になる。にもかかわらず、勇者たちは死なない。ユーカラの面白味は、多分、そのような場合でもポイヤウンペばかりでなく、敵方の首領たちは死ぬことがなく、次の場面に再登場することにある。というのは殺された首領たちは「甦る死霊となって東の空へ音をたてて」飛び去り、一方ポイヤウンペにはヒロインたちの庇護があり、彼女たちの巫者（トゥス）の力によっていとも容易に蘇生復活するからである。

このようにポイヤウンペの物語の構成は単純ともいえるほど明快であるが、それが世界の英雄叙事詩に比肩しうるものだと金田一が称揚したのは、ユーカラが韻文で詠われたことにあるからである。すなわち、ユーカラのうち、神謡を別として、アイヌラックルのユーカラとポイヤウンペのユーカラには共通して、詩学的な特徴が顕著である。そのことを詳かにするにはアイヌ語のテキストを検討することが求められるが、概して、一句が五音節もしくは七音節からなること、押韻は明らかでないが、修辞句、隠喩、対句や反復などの多用がある。また、表現形式にはユーラシアの諸民族の英雄叙事詩に共通するような特徴が明らかである。このことは神謡には認められない。叙事詩が詠われるということから云えば、アイヌラックルとポイヤウンペのユーカラは世界にひろく行われてきた英雄叙事詩の比較の対象となり得るのである。

Ⅲ　ユーラシアの英雄叙事詩もしくは勇者物語

ヨーロッパの各地に知られ、今日では文学、音楽や美術などに受けつがれてきている物語に英雄物語、英雄詩、武勲詩、英雄説話、英雄伝説、口誦詩（epic, heroic epic, heroic poetry, heroic poems, heroic lays, epos, etc.／героический эпос, героическое сказание, героическая сказка）などと称されている叙事詩がある。英雄叙事詩とはこのような語に対する汎称といえよう。上述（Ⅰ）のように、ユーラシアの諸民族で比較的近年まで受け継がれてきた英雄叙事詩では、その主人公たちは民族や社会集団の始祖や統率者や戦士のことも、また神話的存在や文化英雄などのこともある。登場するのは生身の人間に近い存在であることも、超人的な存在であることも、また、天に起源する神的な存在でもあり、それぞれの民族語で勇者とか強者などの語で呼ばれ、現代的な意味での「英雄」ではない。

このような観点から、ユーラシアの叙事詩をここでは敢えて「勇者物語」と呼ぶことにしよう。それは多くの場合、人々の生業活動や社会生活と結びつき、精神生活に深く根づいており、それゆえにこそ民族文化として、近年まで受け継がれてきたものと考えられる。

勇者物語の名称とその語り手について、アイヌでは「ユーカラ」、「ユーカラクル」であるが、南シベリアのテュルク語系のアルタイでは勇者物語はカイ、その詠い手はカイチである。カイはまた喉歌のことである。カイチは、二弦楽器トプシュルの伴奏で物語を初めから最後までカイ＝喉歌で詠ったが、喉歌によらず詠唱するカイチもあった。かつては「エール（神）カイチ」と賞讃されるような優れたカイチがいたという。つまり、その詠い手たちの傍らには神（精霊）がいて、それがカイチの口を借りて語っているのだといわれるほど、最高の賛辞をもって親しまれた詠い手があった。［*Алтайские героические сказания*: 18–19］

勇者物語の口演は多様である。ショルでも勇者物語はカイ、その歌い手はカイチと呼ばれている。カイチは、喉歌で詠うが、楽器は二絃のコムスである。その口演では、物語の一節をコムスの演奏と喉歌で詠い、その後同じ一節を詠わずに語るという。ショルには南北の地域に三つの流派があったが、南の流派については、多くのカイチが第二次大戦で戦死したこともあって、研究がなされていない。［*Шорские героические сказания*: 16–17］

同じ地域のハカスでは勇者物語はアラプタフ・ナマハ（**алыптых намах**）と称されており、歌い手ハイジ・ナマハチ（**хайджи-нымахчи**）は、本来はホムスもしくはチャトハンの伴奏で物語を最初から最後まで詠った。チャトハンは五（もしくは、九、十一）弦の大型の琴で、ある説明ではそれに底板がないのは、大地の神々に聴かせるためだという。アラプタフは勇者・戦士のことで、その物語は二千行ばかりの短いものから、一万行かそれ以上の長いものがある。勇者たちの冒険は一〜三代か、まれにはそれ以上に及び、したがって、口演は三夜かそれ以上もつづいたという。ハカスの勇者物語は一九〇〇年代におよそ二百五十のテキストが採録されているが、一九七〇年頃には詠い手はほとんどいなくなっているという。［*Хакасский героический эпос*: 14］

南シベリアからモンゴルにかけて居住するトゥヴァでは勇者物語と昔話をトゥールと称し、その詠い手はトゥールチュラルである。勇者物語はトゥヴァの人々の間ではどこでも盛んに行われた。その詠い手は大多数が文盲ではあったが、数多くの物語をものにし、ことばを能くし、古来の儀礼や習俗、民俗や民間信仰などに通じ、それを保持するものたちであった。「トゥヴァにはどこであろうと、牧民たちの宿営地や村で詠い手のいないところはなかった」という。［*Тувинские героический эпос*: 17］そして、勇者物語は狩りの場をはじめ、いろいろな場合に語られた。狩り場での語りは南シベリアばかりでなく、極東のアムール川地域を含め、ユーラシアの多くの民族で一般的なことであった。それを聴かせる対象は自然の主《ぬし》であって、巧みな叙事詩語り（昔話を含め）には主から豊富な獲物のお返しがあり、また、動物（獲物）たちも好んでそれを聴きに来ると信じられていたのである。例えば、ブリャトでは一九三〇年代の記録によると、狩場では獣や森の精霊を歓ばせる儀式のあと、夜には勇者物語ウリゲールの詠い手が天幕のなかに自分の白いフェルトをひろげ、そこに杜松（ネズ）の枝を煙らせ、酒かミルクを満たした器に矢をたてて、夜明けまで詠ったとある。ブリャトはそうしないと、狩りはうまく行かないのだと考えていたという。[*Бурятский героический эпос*: 38]

狩りの場だけでなく、ブリャトの勇者物語ウリゲールは病気の治癒、盲人の視力回復、巻き狩りや漁労の際だけでなく、出陣の前にも詠われたという。トゥヴァやハカスでは葬儀で勇者物語を詠ったが、それは故人へのはなむけであり、また、まだこの世にある死霊を慰めるためでもあったようである。[*Тувинские героический эпос*: 17]

このような一部の例から明らかなように、ユーラシアの多くの民族での勇者物語は、私たちの想像をはるかに越えて、人々の社会生活に深く関わってきたのである。

参考文献

金成マツ筆録・金田一京助訳注『アイヌ叙事詩　ユーカラ集』Ⅰ－Ⅸ（一九六三　三省堂）
金田一京助『アイヌ叙事詩　ユーカラの研究』（東洋文庫　一九三一）
久保寺逸彦『アイヌ叙事詩　神謡・聖伝の研究』（一九七七　岩波書店）
知里幸恵の『アイヌ神謡集』（一九二三　岩波書店）

以下はノヴォシビルスク科学アカデミー出版のシリーズ『シベリアと極東諸民族のフォークロア遺集』（Памятники фольклора народов Сибири и Дальнего Востока）である。

Алтайские героические сказания（1997）
Шорские героические сказания（1997）
Хакасский героический эпос（1988）
Тувинские героический эпос（1997）
Бурятский героический эпос（1991）

日本の語り物文芸――英雄叙事詩をめぐって

福田　晃

はじめに――日本民族の文化複合――

日本における英雄叙事詩をユーラシアの視界のなかで、取りあげるに当って、あらかじめ日本民族の歴史・社会における文化複合のことを提示しておかねばなるまい。一般に日本は、稲作を主体とする「瑞穂《みずほ》の国」と観じられ、それは弥生時代を始原とすると判じられている。しかし日本文化は、そのように単純なものではない。縄文時代の文化が基層にあり、稲作ならぬ黍・粟・稗などの雑穀主体の生活を営み、山間の鳥獣などを蛋白源とする狩猟を兼ねる暮らしをわれわれは長く続けてきたのである。しかも民族としても、文化複合を経験したものと推されている。ここで三つほどの例を引いてみる。

〈その一〉

昭和三十五年、わたくしは、東京・神田の共立講堂において、金田一京助先生の講演を聞いた。演題ははっきりとは記憶していないが、日本におけるアイヌ民族の先住分布についてのもので、アイヌ語の地名「～内」の分布を通して、それは遠江・浜名湖から北上して、越中東部に及ぶ、ほぼ東日本方言圏と重なるというのであった。その折、「院内」という地名は、一概には言えないということである。アイヌ民族と日本民族と具体的にどのように交流があったかは明らかではない。が、その長い歴史のなかで、文化的接触があり、その複合のあったことも想像されるであろう。

〈その二〉

日本の民族文化をダイナミックな方法によって解明しようとした民俗学者に谷川健一氏がおられる。同氏はその著書『白鳥伝説』(1)のなかで、『日本書記』神武即位前記における金鵄説話に登場する長髄彦《ながすねひこ》は、いわゆる蝦夷《えみし》の統領であると論じられている。それによれば、その蝦夷の前進基地は、大和・生駒山に及んだこととなる。つまりかつての蝦夷文化圏は、東日本方言圏を越えて、畿内にまで至っていたこととなる。およそ蝦夷は弓矢をもって狩を得意とする部族であった。これと日本民族との文化複合も、長い歴史のなかでは考慮されねばならぬことだろう。

〈その三〉

わたくしは、長年にわたって、日本における「甲賀三郎物語」を追いかけてきた。それについては、後にやや詳しく触れることになる。が、この甲賀三郎物語は、狩猟を旨とする諏訪信仰の拡がりのなかで、各地に伝播したものである。(2)しかしてその伝承地を訪ねると、その稲作地帯は、先年までは粟・稗の耕作地域であった。その多くは山間地帯であるが、山間地帯と言えども僅かの水田は保有する。しかしその日常の暮らしは、狩猟をともなう雑穀文化のなかにある。日本の農業史は、稲作拡大のそれであるが、近年まで諏訪神を仰ぐ狩猟文化は、東北から九州南端にまで及んでいたのである。

以上、やや雑駁な三つの事例をあげたが、日本における英雄叙事詩を支えた歴史文化的風土を考えるとき、日本民族の文化複合を念頭におくべきことをまずは提案する。

一　口承文学《オーラル・リティラチァ》（oral literaturu）と書記文学《リティラル・リティラチァ》（literal literaturu）

一般的に、人類はその口頭言語活動のなかで、口承文学《オーラル・リティラチァ》を誕生せしめ、またその文字言語活動のなかで、書記文学《リティラル・リティラチァ》を生成せしめたと考えられている。わが国では、この口承文学について、はやく柳田国男氏が、「民間伝承という枠組」でとりあげ、それを「口承文芸」と称したのである。[3] しかしこれは、いみじくも兵藤裕己氏が「口承文学総論」[4]のなかで説かれるように、民間における口頭伝承を総括して示したもので、口承文学《オーラル・リティラチァ》の原義をいささか逸《そ》らした提示であったと言わねばならない。すなわちそれは、「口頭において伝承されるもの」に力点がおかれ、「文学《リティラチァ》」が保有する創造性を後退させた概念を作り出したと言える。

およそ口承文学《オーラル・リティラチァ》は、口頭言語の想像力のなかで誕生したもので、それは作りながら伝承される文学であった。これに対して書記文学《リティラル・リティラチァ》は、文字言語の想像力を通して文字によって作り出される文学であった。しかしてその両者には、それぞれの伝承性を有している。すなわち、口承文学においては、先行のそれを比較的忠実に同じ口頭によって伝承する場合——民間伝承としての口承文芸——と、それによりながら、同じく口頭言語によってあらたに創り出す場合——いわゆる口頭的構成法《オーラル・コンポジション》による——がある。これに対して書記文学においては、先行のそれを忠実に書写して伝承する場合——諸本の成立——と、それを口頭言語によって伝承する場合——日本の語り物文芸——があるのである。

わが国の書記文学（国文学）に属する筆者においては、この両者の関係を明らめることが、最も重要な課題であるが、本稿においては、それに触れないまま、考察を進めることとする。

二　日本の語り物文芸――台本（テキスト）の口頭伝承――

世界に通じた日本神話学者の松前健氏は、「語り物の源流と吟唱伶人」(5)および「英雄譚の世界範型と日本文学」(6)において、世界各地の英雄譚および英雄叙事詩を網羅的にあげた後に、日本の古代における英雄叙事詩を論じておられる。当然それは、倭建命《やまとたけるのみこと》の英雄譚、あるいは「八千矛の物語」をあげ、その伝承の関与に、いわゆる語部・伶人の存在を想定されている。が、それにもかかわらずその伝承が、はたして口承文学《オーラル・リティラチァ》であったかどうかは確定できないとされる。しかもその口頭《オーラル》な伝承歌謡を検すると、それは短篇にとどまって、古代における口頭文学としての英雄叙事詩の存在は確認できないとされている。しかしてその口承文学としての本格的な語り物の誕生は、中古以後の唱門師・盲僧（琵琶法師）・瞽女などの専門的伶人の誕生の後にまたねばならぬと論じられ、中世におけるそれをあげておられる。きわめて示唆に富んだ論攷であった。しかし、最後の中世以降の語り物文芸の指摘は、そのまま受け止めることはできない。言うならば、その語り物文芸は、前説でふれたごとく、元来、書記文学《リティラル・リティラチァ》として誕生したもので、その台本を口頭によって伝承されるものである。あるいは盲目の吟遊伶人なる琵琶法師の語る『平家物語』が、台本によるとはいかなるものかと危ぶまれるかもしれないが、今日もっとも尊重される『平家物語』の台本・覚一本は、当道座の総検校が晴明者を集めて編集したもので、それを当道座に属する琵琶法師に伝授したものであった。中世以降において口頭《オーラル》な語り物文芸が全くなかったとは言えない。しかし、今日まで語り物文芸として伝承されてきたものは、まずは台本（テキスト）によるもので、それは本格的な口承文学とは言えない。しかしその通りであるが、その台本によって伝承されてきた語り物のなかに、英雄叙事詩に準ずる叙述とみせるもののあることも、無視できないであろう。したがって本稿における「日本の英雄叙事詩」は、台本による伝承を口承文学《オーラル・リティラチァ》に準ずるものとしてとりあげることとなる。

さてここで改めて中世以来の「語り物文芸」をとりあげることとなる。が、その語り物は、発生的に言えば、韻文的要素の少ない「読誦《ヨミ》」の伝承から、韻文的要素を深めていった「語り」の伝承に及んだものと判ぜられる。それはまず神仏の祭りとかかわった人々、神人・太夫・法師・法者・盲僧・巫女・瞽女などによって吟誦され、やがてそれが専門的芸能者によって、展開されたものと言える。

(一)「読誦《ヨミ》」のカタリ―縁起(本地物)・祭文―

まずあげるべきは、神前における祝詞・祭文、仏前における表白・願文に通じる読誦のカタリである。おおよそ中世においては、神仏習合・本地垂迹の思想のなかで、神仏の前生を語る叙事文学が誕生した。それが物語的内容をもつ「縁起」(本地物)であり、「祭文」である。それは神仏の信仰を唱導する神人・僧侶、またはそれに準ずる者が、その台本によって神仏に向かい読誦するものであった。僅かな韻文的要素を含む詞章により、後の語り物文芸のように、ハヤシ(伴奏)にはよらない。あるいはそれは、次にあげる平曲の素声《シラゴエ》に近い読誦のカタリであった。

(1) 神道縁起

その物語的内容をもつ縁起の代表として、神明の垂迹を叙する「熊野縁起」「諏訪縁起」を安居院作『神道集』(7)により、それぞれの冒頭をあげておこう。

巻二「熊野権現事」

抑、熊野権現ト申スハ、役ノ行者・婆羅門僧正、并ヒニ本地ヲ信仰シ給ヘリ、凡ソ縁起ヲ見ルニ、往昔甲寅、唐ノ霊山ヨリ、王子旧跡ヲ信ジ給フ、日本鎮西豊前ノ国彦根ノ大嶽ニ天下リ給フ、其ノ形ハ八角ノ水精ノ石ナリ、高サハ三尺六寸、其ノ後、在々処々ニ御在所ヲ求メテ、遥カニ年序ヲ送テ後ニ、正シキ熊野権現ト顕レ給ヘリ、（中略）此権現ト申スハ、天照太神ノ時ノ人ニテ御在ストモ、示ス処ノ国土ハ遍ネシ、余ノ国ヲハ挙テ云フヘカラス、中天竺摩訶陀国六万国ノ主ハ、善財王ト申ス是ナリ。

巻十　諏訪縁起

夫レ日本秋津嶋ト申スハ、其ノ内ヲ諸国七道ト名ヅケテ、合坂ヨリ東ニハ、東海道・東山・北陸道トテ三ノ道ニ、国の数ハ三十余箇国ナリ、（中略）東山道ノ道ノ初メ近江国廿四郡ノ内、甲賀ノ郡ト云フ処ヨリ荒人神ト顕レ給ヒシ御神ノ応跡示現ノ由来ヲ委ク尋ヌレハ、人王第三代ノ帝ヲハ安寧天王トソ申シケル、此ノ帝ヨリ五代ノ御孫子、甲賀ノ権守諏胤ト申スハ、甲賀ノ地頭ニテ、（中略）不足ノ思無ク暮シケリ。

それぞれ語り出しは「抑」「夫レ」と神明に対して、改まった調子ではじめ、それぞれに、「～申スハ」「～申シ」「～申ス」、同じく「～申スハ」「～申シ」と神明を敬った表現によっている。熊野権現、あるいは諏訪大明神に向かった唱導僧（神人）が読誦するものであった。

(2) 神楽祭文

ここでは、民間の神楽において、きわめて一般的な「大土公神之祭文」を三河の花祭より引用しておこう。同じく神明の垂迹を語るものである。

1　謹んで請ふ東方に青躰竜王大土公神
2　部類眷属来臨影向守護せしめ玉え
（以下南方赤躰竜王、西方白躰竜王、北方黒躰竜王、中央黄躰竜王を唄う）
3　夫れ昔天も無く地も無く四方草木もなく海河の如く在時に
4　丑寅の方より王子一人御誕生成玉ふ
5　御名者番古大王と申奉る

6 又未申の方より女躰一人御出生成玉ふ
7 御名をば福才女と申
8 如是夫婦のかたらいをなし
9 平に大はつ大川の池水すみてにごらざるふぜいして
10 早くも御懐妊の御ひぼ定り玉ふ
11 七月の煩い九月のくろしみ十月半と申時には
12 鳥□□《二字虫ばみ》ごとくなるものを御誕生なり玉え
13 三つにわれたまいて一つ者は天にあがり玉ふ
14 半分は大地にひろがり玉え。又四方の衆生となり玉
ふ
15 その丶ち四人の王子もうけたまうとき
16 四方の宝をゆづらせ玉ふ
17 其上に母福才女御懐妊あつて
18 七月半と申時父の番古大王の命
19 長き事八万四千余歳をたもちたまふ

……………………

122 これは天竺だんどく山の麓にましします
123 釈尊の御弟子に文ぜんと申者なりとの玉えば
124 四人の王子達劒をさやにさし玉えば
125 姫宮もこたえ奉らんとて其時五人の王子達劔をさや
にさし
126 東西をしづめ玉ふ。やがて所領をぶんじて
127 五人の王子達に奉る
128 第一に太郎の王子の御色が青くましませば
129 東方に国ありかの国をば甲乙の国と申
130 彼国に十光万八千里のうちに二ツのけだものあり
131 寅卯と申木の王となつて
132 春三月九十日とは申せども七十二日を領し
133 十八日をのこし土用と定め玉ふ

……………………

146 四郎の王子の御色が黒くましませば
147 北方に国ありかの国をば壬癸の国と申
148 彼国に十光万八千里の内に又二つのけだものあり
149 亥子と申水の王となつて
150 冬三月九十日とは申せども七十二日を領し
151 十八日をのこし土用とさだめ玉ふとの玉えば

152 姫宮大きにいかりをなし四人の王子達は
153 四季の方を領じ玉ふが 自《みずから》一人は
154 いづれの処をかしよむせむとたくみげきりんをなし
玉えば
155 文ぜんは善哉なり善哉なり
156 姫宮の御色が五色にましませば
157 中央に国あり彼国をば戊己の郡り
158 丑未辰戌のみやこと申す
159 土公神となつて春土用十八日夏土用十八日
160 秋土用十八日冬の土用十八日
161 四土用を合て七十二日を領じ玉えとの玉えば
……………………
179 姫宮一人の所領は四人の所領よりもすぎ申候との玉
えば
180 姫宮大きに御よろこびあつて
181 さては自が一人の所領は四人の所領よりもすぎ申か
との玉えて
182 只今の御ほうびに文ぜん何をか奉らんとの玉えば
183 文ぜんこたえていはく
184 只今の御ほうびには千万のたからもの
185 ゑんぶだんごん金銭ぶりやうもほしからず
186 太刀劔あやにしき千万の宝物
187 舟車に積んでもほしからず夫を何と申に
188 日本衆生はみなこれ蘇民将来の子の文ぜんなり
……………………
203 所願満足心にあかせて守護し奉る
204 皆信心の大旦那小檀那の御前に於て
205 今月今日吉日を選びさだめて
206 曜宿相応立命叶が時を以て
207 只今大公神の部類眷属請じ奉る
208 年が中の当年月が中の今月日の中の十二時
209 只今が時仏開き治が時神には立命叶が時
210 ゑみをふくみよろこびまします
211 神ゑんらんの時を以て白たいの弊帛を捧げ
212 百味の飲食を調へ旦国《たんこく》のもりもの
213 五種五令をそなへ銀のさんぐに金の米を以て
214 勧請申治奉る再拝々々と謹敬白。散供上酒
（元禄十三年書写、振草村中設楽の岡田清一氏蔵）(8)

これは花太夫が神明に向って読誦するもので、語り出しは「謹んで請ふ」にはじめ、「夫れ」「～申奉る」と敬って申し上げ、最後に「勧請申治奉、再拝再拝」で結んでいる、この花祭においてはそのようであるが、中国地方においては、弓を叩いて唱誦する「弓神楽」としてもおこなわれている。(9) また九州の地神盲僧は、これを釈文として唱誦する。(10) それは琵琶を弾いて語る祭文である。

(二) 「コトバ・フシ」のカタリ──幸若舞曲・平曲──

これは、先の「読誦」のカタリを音曲的に一歩進めたものと言える。そのカタリの進行に伴って、ハヤシの鼓・琵琶が用いられることに特徴がある。

(1) 幸若舞曲

およそ幸若舞曲は、鼓のハヤシによって乱舞する白拍子の曲舞を継承するもので、(11) 最初は鼓をハヤシとする舞に留まっていたが、十五世紀末ごろ越前に幸若太夫が出現し、「双紙」にもとづく演劇的要素を含む「曲目」が上演されることになったのである。(12) しかもその上演は、鼓方のハヤシに沿って進行することが重要である。

その音曲については、蒲生美津子氏の「大江幸若の音楽様式──段と曲節──」(13) に詳しく説かれている。それによると、「幸若の各曲はコトバ、イロ、フシ」などの曲節型を目安にしてうたい進められる」「各曲節型は、（中略）複数の「旋律型」から構成され」「幾つか集って大きなまとまり「段」を形成する」「この段がいくつか集まって一曲となる」と言われる。それを次のようにまとめられる。

旋律型→曲節型→段→曲

しかしてその曲節は、およそ「コトバ」「カヽリ」「イロ」「フシ」「ツメ」に分別されている。ここで大江幸若舞の

「夜討曽我」の台本の一部をあげてみる。[14]

「夜討曽我」上

〈コトバ〉

兵学の時のかがり火、我朝にて夜討の時、たいまつとひゐる事、此御世よりも、はじまりけるが、異国の事を、かたり出し、我等を弔ひ給ふは、

〈カカリ〉

狂言ながらまことなるべし。

〈イロクドキ〉

いざや我等つらね歌申さんと、十郎殿とりあへず、うへもなき、恋のけむりの、あらはれて、時宗やかてつけにけり。天の岩戸を、

〈フシ〉

開てとへ君、重忠義盛きこしめし、扨は今宵をかぎりあけなばああとをともらへやとあはれんなり。（中略）此人々もうれしくて、しはをりむすぶ、草屋形に、なく〳〵かへり給ひけり。

〈コトバ〉

馬よくかへ、鬼王どう三郎と、人なみ〳〵にげちしたまへど、野べの草より其外は、なにをかさのみくをうべし、（中略）道三郎とりそなへける処に、又長持壱枝かいてきた、是はどれより、三浦殿より曽我どのへ、おざしよふと申す、ほう〳〵目出たし〳〵かひ入よ、此間は、人の酒をえてのうで、其ふるまひのなかりつるに、わんれひここにてあるべし、曽我とはたのはり人家まねきよせ、しばいにいゝ三々九度五ど七度、

〈カカリ〉

なさけをかけて盛ながし、

〈ウケカケ〉

もとより祐なり時宗は、よふじんなれば、

〈カカリ〉

よわざりけり、馬かひつかれなをして、

〈フシ〉

酒もすぐれば十郎殿、時宗にいとまをこひけこ見んために出給ふ、

〈コトバ〉

刀はきばさんで、かたきのけごをしづかにみてぞとうりける。先の屋形を見てやれば、太鼓つづみを打ならし、どめひてあそぶ屋形もあり、（中略）東えまはりて、家々の、まくのもんのぞみたりける。先壱番に釘ぬき、松かは、木村ごう、かの木村ごは、三浦の平六兵衛、吉村の紋なり、石だたみ、信濃の国の住人、

〈カカリ〉

念美の大武大弥太、

〈ツメ〉

扇は浅利の与市、舞たる鶴は、井原左衛門いをり内に、二ツ頭の舞たるは、駿河国の住人天地天皇の末孫、竹の下の孫八左衛門、いたら貝は岩長党、あみのては須賀伊藤、大須ながしは安田の三郎、（中略）三ツがしわの左巴はう津の宮の弥三郎友綱、かむら矢伊せの宮形水いろは土岐殿、四目結は佐々木どの中白は三浦の紋、父母ど

のは小紋村かう、わり菱は武田の太郎ヲ、梶原は矢羽ずの紋、下白は御所の御幕なり、

右の大江の幸若舞においては、ハヤシの鼓は、家元がつとめる。舞は太夫を中心に右手にシテ、左手にワキ、三人で舞う。〈コトバ〉の部分は、舞方が静止して語り、〈フシ〉の部分は、舞方が合唱して前後に移動する。〈ツメ〉の部分が最も重要で、舞方が吟誦しつつ、足を踏み鳴らす「返閉《へんぺい》」によって、舞台を前後左右に動き回る。今日では民俗芸能化して、素朴な舞曲と化しているが、かつては児舞もあり女舞もあり、当代の能楽をしのぶほどの人気があったカタリの芸能であった。

その幸若舞曲は、およそ合戦・軍記を題材としたものが多く、その曲目は〈王代物〉〈源平物〉〈判官物〉〈曽我物〉〈特殊・新作物〉などに分類され[15]、それは五十二曲に及ぶ。室町時代から江戸初期に流行した芸能であった[16]。

(2) 平曲

『平家物語』を題材として演じられる平曲は、仏教音楽の声明の流れを汲み、鼓にかえて琵琶を伴って弾奏されるカタリである。その音曲については、平野健次氏の「語り物における言語と音楽」[17]が詳しい。それによると平曲の曲節は、音楽性のない「語り句」と音楽的旋律をもつ「引き句」とに大別される。しかして前者の「語り句」を吟誦、後者の「引き句」を朗誦と詠唱に二分される。――この「語り句」と「引き句」の二分、「朗誦」と「詠唱」の二分は、それぞれ幸若舞曲の「コトバ」「フシ」に対応するとも言える。――その第一の「吟誦」に属する曲節は、「語り句」の中心をなす「シラ声（素声）」が当る。原則としては叙事的散文に応ずるものである。この吟誦が、短い「引き伸ばし」のまま、単純な音構成によるささやかに旋律をもつ声楽表現に展開したのが「朗誦」である。吟誦に準じて叙事的散文の詞章部分に応ずるものである。これに属する曲節としては、「クドキ（口説）」が中心を占めるが、「サシ（指声）」「ヒロイ（拾い）」なども朗誦的性格が強い。最後の「詠唱」は、吟誦が長い「引き伸ばし」によって、

豊かな音楽的旋律をもって展開したものである。抒情的叙述の詞章に応ずるもので、「三重」がもっともそれにふさわしく、「中音」がこれに準ずる。「初重」もこれに属するが、構成音上の性格は、やや「クドキ」に近い。

この平野氏の論攷にしたがって、『平家物語』巻九の「敦盛最後」を音楽的構成によって、その叙述内容を示したのが、次の表である。(18)

段	音楽的構成 音節	音楽的構成 曲節	叙述内容	文学的構成 主題	文学的構成 場面
（A）Ⅰ	朗誦	口説（下ゲ）	さる程に一谷の軍破にしかは、武蔵国住人熊谷次郎直実は、平家の公達々々の助船に乗んとて、汀の方へや落行給らん、哀好敵に遭て組はやと思、渚を差て歩する所に、爰に練貫に鶴縫たる直垂に、……金覆輪の鞍を置て乗給たりける武者、海へ颯と打入、沖なる船に目を懸て、五六段計そ遊せらる。熊谷……扇を揚て招ければ、招かれて取て返し、渚に打上んとし給所を、熊谷浪打際にて押双、無寸と組て磽と落、取て押て頚を掻んとて、内甲を押仰けて見たりければ、年の齢十六か七かの殿上人の薄仮粧して鉄漿黒也、	合戦の状況	直実・敦盛の対決
	詠唱	素声	我子の小次郎か齢程にて、容顔誠に美麗也ければ、何くに刀を立へし共覚えす、熊谷、如何成人にて渡らせ給そ、名謁せ給へ、助参せんと申ければ、斯云汝は何者そ、名謁れ聞こうと宣へは、物其物にては候はね共、武蔵国住人、熊谷次郎直実と名謁申、	直実の心情（慈悲）	
（B_1）Ⅱ	朗誦	口説（下ゲ）	倩は汝に遭うては名謁ましいそ、名謁す共、頚を取て人に問へ、見知らうするそとそ宣ける、	敦盛の対応	
	詠唱	折声	熊谷、哀大将軍や、此人一人討奉たり共、負へき軍に勝はよもあらし、又助奉たり共、勝軍に負る事はよも非し、	直実の心情（感動）	

段	様式	曲節	詞章	内容	主題
（B₂）Ⅲ	朗誦	口説（下ゲ）	我子の小次郎か今朝一谷にて薄手負たるをたにも、直実は心苦う覚ゆるに、討れ給ぬると聞給て、此殿の父、左こそは嘆悲給んすらめ、如何にもして助け参らせんとて、後を顧たりけれは、土肥梶原五十騎計て、出来り、熊谷涙をはらはらと流て、	直実の配慮	直実・敦盛の応酬
	詠唱	折声	あれ御覧候へ、如何にもして助参せんとは存候へ共、御方の軍兵雲霞の如に充満て、よも遁れ参せ候はし、	直実の心情（哀感）	
（C）Ⅳ	朗誦	指声	哀同うは直実か手に懸け奉てこそ、後の御孝養をもし参らせ候はめと申けれは、只何様、疾々頸を取れとそ宣ける、	敦盛の対応	敦盛の最後
	詠唱（詠）	中音	熊谷余りに最惜くて、何くに刀を立へし共覚えす、目も暗心も消果て、前後不覚に覚えけれ共、偖しも有へき事ならねは、泣々頸をそ掻てんける、	直実の心清（悲哀）	
	詠唱（朗）	初重	哀れ弓矢取身程、口惜かりける事はなし、弓馬の家に生れすは、		
	詠唱（詠）	初重中音	何しに只今斯る憂目をは見へきとて、袖を顔に押当て雨々とそ泣居たる、		
（B′）Ⅴ	朗誦	指声	左てしも有へき事ならねは、頚を包んとて鎧直垂を解て見けれは、錦の袋に入られたる笛をそ腰に指れける、	敦盛の遺品	敦盛の笛
	詠唱	折声	穴最惜し、此暁城の中にて管弦し給つる人は、此人々にて御座す、当時味方に東国の勢何万騎か有らめ共、軍の陣へ笛持者はよも非し、	直実の心情（共感）	
（A′）Ⅵ	朗誦	口説（下ゲ）	上臈は猶も優しかりける者をとて、是を取て大将軍の御見参に入たりけれは、其座に並居給へる人々、皆鎧の袖をそ濡されける、後に聞けは、修理太夫経盛の乙子太夫敦盛とて、生年十七にそ成れける、夫よりしてこそ熊谷か発心の心は出来にけれ、	敦盛の素性・直実発心の契機	直実の発心・敦盛の讃嘆
	詠唱	中音	件の笛は、祖父忠盛笛の上手にて、鳥羽院より下し賜られたりしを、敦盛笛の器量たるに依て持れたりけるとかや、名をは小枝とこそ申けれ、狂言綺語の理りと云なから、遂に賛仏乗の因と成こそ哀なれ、	敦盛の往生	

およそ平曲は、鎌倉末期から室町時代において盛行する。この平曲の琵琶を三味線にかえて登場したのが、次の江戸時代の浄瑠璃であり、説経浄瑠璃であった。

㈢ 詞《コトバ》（劇）・節《フシ》（音楽）・地《ジ》（語り）のカタリ――浄瑠璃――

これは、「コトバ・フシ」のカタリを音曲的にさらに進展させ、それに演劇的要素を加えたカタリである。それはハヤシに三味線が登場し、それを視覚に訴える人形（舞台）を用意したことに、新しい趣向がある。

⑴ 古浄瑠璃

およそ「浄瑠璃姫物語」を語ることにはじまり、江戸時代のはじめに、三味線を伴い、繰人形をもって登場した語り物である。浄瑠璃史においては、近松（五段物）以前と古浄瑠璃（六段物）とに分別される。その音曲については、井野辺潔氏の『浄瑠璃史考察』[19]があり、近年においては、時田アリソン氏の「語り物の音楽分析」[20]などがあり、ここでは、それに委せたい。

演目は、時代物（武家物）から世話物（町人物）に及び、人間の心情を語ることを得意としたカタリである。ここでは、そのなかの二曲の冒頭をあげることとする。

〔上るり御前十二たん〕〔假題〕

　第一　げんじくわんけんぞろへ

さてもそのゝち、上るり御せんの、ゆらいをくわしく、たつぬるに、たふごく、たいこく〔マヽ〕に、ならひなし、ならひなきこそ、たうりなれ、ちゝはふしみの、げんちうなごんかねたかとて、三川のこくし也、はゝはやはきの、ちやうじやのひとりむすめ、びじん也、かの長者、よろづに付てわくたから、七つまでこそ持れけれは、中にも、

しかね《〔しろがね〕》こがねをば、水のあわとそ、おもわれける
され共、ちやうじや、いまだ子を一人も、もたせたまはねば、所〳〵へ、しゆくぐわんを申されける、され共、
しけんしるしは、さらになし
其比、三川の國に、はやらせ給ふ、みねのやくしへ参りつゝ、さま〳〵のしゆくくわんをこそ申されたり、なむ
やくし十二しん、ねかはくは、みづからに、なんしにても、女子にても、子たねを一人、さづけ給へ、其ぐわん、
じやうじゆするならば、やはぎの家に七つまで有、たから物をひとつゝ《〔マヽ〕》、しだい〳〵に参らすべし

（寛文元年版〔京都板〕㉑）

こあつもり

一段目

さてもそのゝち、もの、あはれをとゝめしは、へいけの人〻にて、物のあはれをとゝめたり、すてにみやこをう
ちやふられ、一のたにゝ、たいりをたておはしますか、はうくわんとのは、たけきゆみとりにておはしませは、
へいけにをいては、けらい《〔マヽ〕》、かうらい、はくさいこく、しんら《〔マヽ〕》んこくまても、せめをとさんとおほしめし、け
んりやく二ねん二月七日に、一のたにをせめおとさせ給ふか、あはれなるかなへいけの人々は、やしまをさして
おちたまふ、以上その日のくみあしは、十六くみあしときこへける、いつれあはれはおほけれと、ことにあはれ
をとゝめしは、せうこくの御おとゝ、つねもりの御しそく、むくわんの大夫あつもりにて、物のあはれをとゝめ
たり、しやうねん御としは十六なり、ちきらせ」（上一オ）
たまひしきたの御かたは、二条あんせんしの大なこん、すけかたのきやうのむすめなり、いつそやにんあんし、
おむろの御しよにて、月なみのくわけんのありしとき、あつもり殿は、ふえのやく、ひめきみは、みすのうちに

て、ことひき給ふ御すかた、つく〲と、御らんして、文をかよはし、たまつさをくり、つゐにふうふとなりたまふ、

（正保二年板、草子屋喜右衛門）(22)

右の「浄瑠璃御前十二段」は、「さてもそののち」「ゆらいをくわしくたつぬるに」で始める。その結びは「御さうしの心の内、うれしきとも中々、申斗はなかりける」とある。次の「こあつもり」は、「さてもその丶ち」「へいけの人々にて物にあはれをと丶めたり」で始め、「しやうこも今もまつたいも、ためしすくなきしたいとて、わか君様を、おかまぬ人こそなかりけり」と結んでいる。

(2) 説経浄瑠璃

古く説経は、簓を擦りながら語る散所の人々の芸能であったが、江戸時代の初めには、古浄瑠璃に先がけて、簓を三味線にかえ、繰人形をもって、都市に登場した語り物であった。それは神仏の霊験を説き、主人公の悲惨な生涯を語るものが多い。曲目としては、五説経として『かるかや（苅萱）』『さんせう太夫』『しゅんとく丸』『梵天国』『小栗判官（小栗）』があげられるが、あとの三つを『あいごの若』『しのだ妻』『梅若』とすることもある。その代表的演目の『小栗判官』の冒頭と末尾をあげておく。

絵巻『をくり』

〔冒頭〕

そもそも、この物語の由来《ゆらい》を、くわしく尋ぬるに、国を申さば、美濃《みの》の国、安八《あんぱち》の郡《こおり》、墨俣《すのまた》、垂井《たるい》、おなことの神体は、正八幡なり。荒人神《あらひとがみ》の御本地《ほんぢ》を、くわしく説きたてひろめ申すに、これも一《ひと》とせは、人間にてや、わたらせたもう。

凡夫《ぼんぶ》にての御本地を、くわしく、説きたてひろめ申すに、それ都に、一の大臣《だいじん》、二の大臣、三に相模《さがみ》の左大臣、四位《し》に少将、五位の蔵人《くらんど》、七なん滝口《たきぐち》、八条殿、一条殿や、二条殿、近衛《このえ》関白、花山《かさん》の院、三十六人の公家《くげ》、殿《てん》上人《じょうびと》のおわします。(二)公家殿上人の、その中《なか》に、二条の大納言とは、それがしなり。仮名《けみょう》は兼家《かねい》(ママ)の仮名、母は常陸《ひたち》の源氏《げんじ》の流れ、氏《うじ》と位《くらい》は高けれど、男子《なんし》にても、女子《にょし》にても、末の世継《よつぎ》が、御ざのうて、鞍馬《くらま》の毘沙門《びしゃもん》にお詣《まい》りあって、申子《もうしご》をなされける。

〔末尾〕

それよりも、小栗殿、常陸の国へお戻りあり、棟《みね》に棟《みね》、門《かど》に門《かど》を建て、富貴万福《ばんぷく》、二代の長者と、栄えたもう。その後、生者《しょうじゃ》、必滅《ひつめつ》の習いとて、八十三の御ときに、大往生を、とげたまえる。神や仏、一所《いっしょ》に集まらせたまいてに、かほどまで、真実に、大剛の弓取りを、いざや、神に斎い籠《こ》め、末世の衆生に、拝ませんが、そのために、小栗殿をば、美濃の国、安八《あんはち》の郡《こおり》、墨股《すのまた》、垂井おなことの、神体は、正八幡、お斎いある。同じく、照手の姫をも、十八町下《しも》に、契《ちぎ》り結ぶの神と、お斎いある。契り結ぶの神の御本地も、語り納むる、所も、繁盛《はんじょう》、御代《みよ》もめでとう、国も豊かに、めでたかりけり。

(貞永後期～明暦ごろの写本[23])

それは、「そもそも」「由来を、くわしく尋ぬるに」と始め、「契り結ぶの神の御本地も語り納むる、～御代もめでとう、国も豊かに、めでたかり」と結ぶ。その叙述形式は、(一)「読誦《ヨミ》」のカタリにおいてあげた神明の垂迹を説く「神道縁起」「神楽祭文」に通じていることが注目される。

なお右の本文は、説経正本を絵巻物化したものによっている。参考に、時代は下るが、説経本文のそれをあげておく。その冒頭である。

おぐり判官

初

それつら〳〵おもんみるに。天じん七代地じん五代より。かく人王に至まで。君々たればしん〳〵たり。四かいなみかぜしづかにて。國土ゆたかにおさまれば。なびかぬくさ木はなかりけり。かずのたからはみち〳〵て。天上人のもてあそび。ぶがくゆふがくさま〳〵に。あをぐにこともおろか也。是は扨置爰に又。三条の大臣かね家殿の御ちやくし。おぐりの判官かねうぢとて。きりやう世にこへじひ有て。情も殊にふかゝりけり。扨又したがふ家の子は。池のせうじをはじめとして。す〔マヽ〕じんあがめ奉る。有時池のせうじをめされ。我しゆくぐはんのしさい有。くらまにさんろうせん間。汝御とも仕れ。畏て候とて。くらままふでと聞へける。扨しんぜんに成しかば。うがいてうづで身を清め。心しづかにくはんねんして。扨有べきにあらざれば。こしよりようじやう取出し。がくは様々おほけれど。ひよくれんりと云がくを。ねもすみやかにふき給へば。天人もようがうし、ぼさつも爰にあまくだり。地じんもかんのう、うみ山も。うごけば、ひじやううじやうには。しんにをすます斗也。

…………

（延宝三年板　正本屋五兵衛）[24]

(3) 御国浄瑠璃、その他

これは、古浄瑠璃が奥州・仙台方面に流布したもので、仙台浄瑠璃とも奥浄瑠璃とも称される。はやくは扇子を拍子として語られていたが、やがてボサマ（盲僧）が三味線によって語り、それが江戸時代の半ばごろより近代に及んで流布した語り物である。平曲と同じく、ボサマが弾き語りするもので、人形を伴うことはない。その題材は、古浄瑠璃に属するものもあるが、説経浄瑠璃に通じるものもある。また在地の特有な題材によるものもある。ここでは、古浄

近代の語り手の伝承をあげる。すなわちそれは、語りの台本（テキスト）ではなく、その台本にもとづく口頭伝承の記録である。

田村三代記(25)

初段

それ我朝の濫觴《ちんじやう》を尋ね奉るに、天地開闢大千世界は燦然たり、南贍部州《なんせんぶしう》のその中《なか》に、葦原国《こく》と申せしは、ていむ定かならざるに、清らかなるは棚引きのぼりて天となり、まつた濁れるものは凝り固まつて国となり、混々《こんこん》沌々《とんとん》として鳥の卵《かひこ》にことならず、その中央に出現ましまし奉るを国常立の尊とこそは号したれ、これ天神《じん》の第一なり、りやうげ五行は天神七代五代の人尊《にんそん》、人皇《にんわう》第一神武帝《てい》、宝祚《ほうそ》は十善万乗一天大倭畝傍《おほやまとうねべ》の都にちんりやうあり、皇系《わうけい》も続《つゞ》かせ給ひける、然るに今年《ことし》山城の国平安城に都せさせ給ひつつ、百官の公卿大臣日夜の参内隙もなく、上一人《かみいちじん》より下万民めでたき御代の時津風枝もならさぬ君が代の幾代経ぬらん常盤なる威光ぞ代々に輝きける、されば治まる現世《げんせ》には国に聖人出で給ひ逆賊悪鬼を退け給ひ、みしとせ栄《さこ》ふ安国とへいきんす、ここに坂ノ上田村麿の御誕生の由来を詳しう尋ぬるに、人皇五十一代平城《へいぜい》天皇の御宇にあたりて丹波播磨両国の境石原《はら》と申すところに大星《おほぼし》一つ天降り、光り輝くこと白昼の如くなり、万民怪しみ立寄り見る人必ず頓死或は難病を引患《わづら》ひ万民いよいよ不思議なすこそ道理なれ、…………

八段目

…………田村将軍利仁公諸山の鬼神平げ給ひて末世に栄えおはします、棟に棟門《かど》に門を建てならべ、扇の如く末広く柳の如く御世《ごよ》永く団扇《うちは》の如く世はまんまるく、千秋万歳万々歳《ばんざいばんばんざい》めでたしともなかなかに申すはかりなかりけり、

源牛若丸東下り(26)

初段

そもそも源平両家と申すはそも、鳥の羽交、車の両輪の如くにて、天下を治め奉る。中頃源氏かけ負け給いて、平家一統の御世となる。茲に清和天皇九代の後胤、左馬頭義朝公の八男、牛若君と申せしは、鞍馬山にて御成人あり、御年十五と申せしは、鞍馬の別当坊より、御暇を賜わりて、鞍馬を霞と御立ちあり、都をば夜半にまぎれて忍び出で、奥州よりも上りたる、金売り吉治信孝の、馬追い冠者と身をやつし、奥州高館ヶ城をこころざしてぞ、下らせ給いけるとかや。急がせ給えば程もなく、近江と美濃の境なる、青墓《おおばか》宿にぞ着きにける。………

六段目

………町の端れになりければ、高札書いて、東海道に隠れなき、夜盗の張本、熊坂長範が一族を、信高が兄弟、三人にて討ち取ったり、今後道中、さびしき事は無し、新に青竹に、挟み建てにける。偖て夫れよりも、はやる駒をば追い鎮め、後れる駒をば追い立てて、末遙々と東路や、是と申すも諸事は只、平家の為には御運の末、源氏の為には末百代、千秋万歳、万々歳、目出度とは、なかなかに申しはかりはなかりける。

前者の「田村三代記」の伝承者は、鈴木幸龍氏で、およそ明治から大正時代に活躍された方である。後者の伝承者は、北峯一之進氏で、昭和の末年まで活躍された方である。盲女（イタコ）盲僧（ボサマ）の結社である大和宗(27)の中心にあられた方でもある。

このボサマが弾き語りする御国浄瑠璃に準ずるものに、九州地方における盲僧の琵琶語りがある。九州には、近代まで成就院系統と常楽院系統の二流に属する地神盲僧の活動があった。この人々は、「平家」の琵琶弾き（座頭）とは違って、竈払いに「荒神経」「地神経」を読誦して、各地をめぐるのであった。そのなかで、求められれば、「クズレ」として、古浄瑠璃ふうの語り物を演ずることがあった(28)。しかるに肥後の琵琶弾きは、この地神盲僧から出て、浄瑠璃ふうの語り物を語ることを職としていた。これを世に「肥後琵琶」と称されるが、その題材は、古浄瑠璃・説経浄瑠璃から、さまざまな先行の語り物により、また在地に素材を求めたものもある。その口頭の語りを野村真知子氏が聞きとり、翻字して紹介したものに『肥後・琵琶語り集(29)』がある。そのなかの代表的なものを一部あげておこう。

浮草源氏（奏者・野添栄喜）

〈冒頭〉

「源氏のめぐみ浮草」という題であります。これは常盤御前が、平家より追われて伏見に行き暮れ、弥平兵衛宗清の軒端に一宿される、そんな一曲であります。どうぞ暫く。

〈カタリ〉降る雪のうｰ(2音)、聞く程に静かなりいｰ(2音)。竹より奥の下　庵《いおりい》(2音)、猫の通い路後《あと》付けしいｰ(3音)、只一筋の道細くうｰ(2音)、あらしいｰ(8音)、□□□□□□□□□□□。

〈カタリ〉労《いたわ》しいなるやあ常盤御前のうｰ(2音)、今若《わかあ》乙若《わかあ》両手に連れえｰ(2音)、牛若丸をう懐《ふところ》にいｰ、雪の降る中とぼとぼとうｰ、灯火《ともしびいｰ》たよりにいｰ(5音)辿りい寄りいｰ(2音)、〈コトバ〉門の戸叩き、「のう宿の主《しゅ》、自は大和に下る女なるが、幼き子供召し具して、雪に道を失《うし》のたり。〈カタリ〉一夜の情」とうｰ(2音)、宣まえばあｰ(2音)、ショゥカクなる女房《にょうぼうｰ》のうｰ(2音)、紙燭掲げて縁に出《い》でえｰ、常盤親子のお姿にいｰ(3音)、見上げ見下ろしいｰ(4音)打ち瞬《まばた》きいｰ(2音)〈コトバ〉「あｰ労《いたわ》しの有様よ。御《おん》宿申したくは候えど、近頃平家の沙汰として義朝の縁《ゆかり》を強く詮議の候して、自らは比企《ひき》の藤九郎盛長の妹、白妙《しらたえ》と申す者、源氏譜代の者で候えども不思議な縁にて、平家の侍弥《や》平兵衛《ひょうびょうえ》宗清の、忍び妻となり候。今にも夫宗清殿帰り候はば、如何なるお叱り受けぬやも知れず、御《おん》身方の憂目をこそ見給わん。早早、何処へなりとも落ちさせ給え。わらわが斯様《かよう》につれなく申し候も、御身方の愛《いと》おしゅう候故」〈カタリ〉とうｰ(3音)、いと懇ろにいー(4音)、申し上げえー(2音)、紙燭ふっと吹き消《けえ》しいー(2音)、なんとう□□□□ー(2音)、急があーるうー(4音)。後にいー(2音)アーゲばあー(7音)、なんのうー、そう、のうー(10音)。――――

〈末尾〉

…………急げや急げや山鳥の、尾のしだり尾の長居を恐れえ、〈カタリ〉暇乞いしてえー、夕告げえ烏《がらす》のうー(4音)、音《ね》にいー(3音)連れえーてえー(5音)、東路《あずまじい》(2音)さしてえー(5音)飛ぶう、鳥のうー(3音)、飛があー(10音)、如くにー(5音)帰りい、けるー(8音)。心は遉《さながらあ》大鳥の、千里一はね源氏の運《さだめえ》、開《ひら》くる末ぞう目出度《たあ》(5音)けれー(2音)。開くる末ー(2音)ぞうー(2音)目出度《たあ》(5音)、けれー(3音)。

都合戦筑紫下り(奏者・山鹿良之)

〈冒頭〉

〈カタリ〉つらつらとうー、世をひそかにいー(2音)惟《おもん》(2音)みるにいよってえー、私情はあ悪事のうー他念《たねん》(2音)とかやあ、戦場の堤も蟻の一穴《いっけつ》によつて滅びるとかあやあ。こりゃあー(4音)これえー(4音)、古《こじい》(2音)人《ん》(2音)のう、金言《きんーげんー》なあ、りいー(12音)。

〈カタリ〉人《じん》の御《み》代始まりて目出度《たくうー》は五十《じゅう》(2音)代の帝《みかどう》桓武天皇の御宇《ぎょう》に当りてえ、都はあ三条《さんじょうー》高倉の右大臣《じんー》経元《つねもとう》卿とてえ、仁義《じんぎい》礼智をう深く行わせ給う故《ゆえー》に、お世継《よつぎ》一人お座します。お世継には玉依の、姫とう申しい御歳《おんとしい》七つにい渡らせえ給う。然るにい玉依のう姫《ひめえ》京清水、観世音の申し子《ごうー》、何に取りてもう暗からあず、器量姿は世に優《すぐう》れ、十《じゅうー》八・九の御《おん》装いー。ご用ご家を守るう臣下にいは、黒田の八郎道康《みちやすう》一騎当千の、兵およそう唐土樊噲《もろこくはんかいー》もう欺くうー(2音)、程のう勇《ゆうー》士なあり。然るにいー右大臣経元《もとう》卿、神を尊《たっと》み給う故《ゆえー》高が岡というー山をう八丁四面に切り開《ひらあ》き、四間四面の光堂を建立しい諏訪《すわあ》・八幡菩薩を祀せえ給う。本御社《みやしろ》にはあ近国《きんごくう》、多くの人々《ひとびとう》歩みを運んで参拝《さんぱいー》すうー。それに引き替え、玉依の姫の成人はあ朝日の昇るう風情なりいー。七つの御歳《としい》よりいもケンニンーキョウという音楽《おんがくう》を弾《たん》じい給う。本年御《おんー》十八歳に渡らせえ給う。

…………

〈末尾〉

…………これがいよいよ高安の、忠義のう残りというー物語《(2音)ものがたりい》、筑紫、合戦《かっせん(5音)》、都合戦筑紫下りの、玉依のう姫のう艱難苦労も、あらかじめ読み尽くしまして、人は一代名は末代《まあつだい》、損《そんー》ありて得あるうか、悪名残《あくうめいのこうー》さずう美名を残せの世の譬えー《(2音)》、玉名、郡《ごおり》の名産《めいさんー》玉名名物《なあーめいぶつう(2音)》、高瀬饅頭長者饅頭は玉依のう姫のう、物《もの》語《がたりい(2音)》　今が、世までもうー語りいー称えてえ名があ、残《のこう(3音)》るうー《(5音)》。

すなわち前者の「浮草源氏」は『平治物語』に材をとった幸若舞曲「伏見常盤」に準ずるものである。後者の「都合戦筑紫下り」は、在地に材をとった語り物で、「玉依姫一代記」「牡丹長者」「高安物語」などとも称され、在地に人気のあった長編の物語である。

三　英雄叙事詩の範型による作品群

(一)　英雄叙事詩の範型

英雄叙事詩の範型を求めるとき、われわれはなにをもってその人物を「英雄」と称するかの確認が必要となるであろう。まずその一般的な見解を辞書に求めると、「文武の才に特に秀れた人物。実力が優越し、非凡な事業をなし遂げる人」（『広辞苑』）、「知恵・才能が秀れ、気力・武力にも秀でる人。常人にてはとうてい不可能なることをなし遂げ、大衆から熱狂的に尊敬される人」（『大辞林』）などということになる。

しかしこの見解は、それぞれの民族の叙事詩のなかで語られる「英雄」としてはいかがであろうか。その人物は、まずは自らの民族（あるいは部族）の危機を超人的行為によって克服した人物があげられるであろう。言いかえれば、それは戦闘を伴う生涯が、超人的であり、奇跡的でもあった人物でなければなるまい。しかもその超人的・奇跡的行為は、あるいは神に近づくことにもなるであろう。すなわちそれは「英雄神話」に近づく人物をいうことであろう。

ここで、先の松前健氏の論考における「英雄譚の世界的範型」の事例をあげることとする。およそそのなかの代表的なものは、以下のごとくである。

まずあげられるのは、ヨハン・ゲオルダ・フォン・ハーンの『伝説学研究』（一八七六年）のなかのもので、古代欧州の英雄譚を扱ったものである。それは次の十六項目の話根をとり出しての例示である。（括弧内モチーフ名は筆者による）

(1)英雄の型やぶりの誕生〈異常な誕生〉
(2)その母親は、その国の王女である。〈異常な出自〉
(3)その父親は、神もしくは異人である。〈神聖な出自〉
(4)彼が後年支配者となるという予告。〈未来の予知〉
(5)このため彼は棄てられる。〈異常な成長〉
(6)動物たちに授乳される。〈右に同じ〉
(7)子のない牧者夫婦に育てられる。〈右に同じ〉

(8)元気いっぱいの若者となる。〈右に同じ〉
(9)異国での奉仕を求める。〈異国遍歴〉
(10)意気揚々と凱旋し、その異境の地へ帰る。〈帰還・再生〉
(11)最初からの迫害者を殺し、その国を支配、そして彼の母親を解放。〈苦難克服〉
(12)都市を創設。〈国土再生〉
(13)彼の死にかたは異常。〈異常な最後〉
(14)彼は近親相姦の故に悪評を受け、若くして死ぬ。〈右に同じ〉
(15)侮辱され下僕の手にかかり、復讐されて死ぬ。〈右に同じ〉
(16)弟を殺す。〈兄弟の抗争〉

（Johann Georg von Hahn, "Arische Aussetzungs-und Rück-kehr-Formel" in his work Sagwissenschaftliche *Studien*, 1876, Cited in Alan Dundes (ed.), *The Study of Folklore*, New Jersey, 1965, pp.142〜143.）

続けて松前氏は、アルフッド・ナットの『英雄の誕生』（一九〇九年）の分析をあげるが、それは、およそはハーンの分類に準ずるものである。ただし最後は〈異常な最後〉ではなく、復讐を果した後に、すばらしい地位と名誉を得たとする〈異常な繁栄〉でおわっている。

次いでウラジミール・プロップの『民譚の形態学』（一九二八年）やジョセル・キャンベルの『千の顔をもつ英雄』（一九五六年）などの分類案をあげた上で、ラングラン卿による範型案を例示されている。それは、次の二十二項に分けられている。（同じく括弧内のモチーフ名は筆者による）

(1)彼の母親は王室の乙女である。(2)その父親は国王である。(3)しばしばその母親の近い親族である。〈異常な出自〉
(4)懐妊の環境は異常である。(5)彼はまたある神の子であるとも評判される。(6)誕生にあたり、しばしば彼の父親によって殺害される。〈異常な誕生〉
(7)彼は逃げ出し、そして、(8)遠い国で養父母に育てられる。(9)その少年時代については何も語られない。〈異常な成長〉
(10)成長して後、もとの生国に帰還、またその将来の治《し》らるべき国に行く。(11)その国王、もしくは巨人、龍または野獣に対して勝利する。〈異国〈鬼神〉退治〉
(12)その後、一王女と婚する。しばしば彼の先任者の娘である。〈異常な婚姻〉
(13)国王となる。(14)暫らく彼は平穏に国を治める。(15)法律を制定する。〈異常な繁栄〉
(16)後年、彼は神々の恩恵を失い、または部下の信頼を失い、(17)王座と都から追出される。(18)彼は神秘的な死をとげる。(19)しばしばある丘の頂上で。(20)彼の子供たちはあったとしても、王位を継がない。(21)死体は埋葬されないが、それでもやはり、(22)彼は一つ以上の墓をもつ。〈異常な最後〉

(Lord Raglan, *The Hero*, London, 1949, pp. 177～189.)

これは、全体的に、きわめてヨーロッパ的に事例に過ぎるとして、次にオランダのヤン・ド・フリースの分析を紹介される。その大枠のみを示すと、次のごとくである。(同じく括弧内は、筆者による)

Ⅰ　英雄の未生記　〈神の子予告〉
Ⅱ　英雄の誕生　〈異常な誕生〉
Ⅲ　英雄の幼少の時の厄難　〈異常な成長〉

Ⅳ　英雄の育ち方　〈右に同じ〉

Ⅴ　英雄はしばしば不死身である。　〈右に同じ〉

Ⅵ　龍やその他の怪物との闘い。　〈苦難克服〉

Ⅶ　英雄は乙女を得る。通常、大変な危険をおかして。　〈異常な婚姻〉

Ⅷ　英雄の黄泉国下り。　〈異界遍歴〉

Ⅸ　英雄は若いとき追放されるが、後年に帰還し、敵を打破る。　〈帰還・復活〉

Ⅹ　英雄の死　〈異常な最後〉

（Jan de Vries, *Heroic Song and Heroic Legend*, translated by B. J. Timmer. London, 1963, pp. 210～217.）

右にあげた分析も、多くは西欧的であるとして、さらに松前氏は東亜の事例を求めて、まずキャサリン・スペンサーの北米のインディアンの英雄神話をあげられる。それは次のごとくである。

(1)英雄の異常な冒険と事業（怪物退治、死の征服）

(2)英雄の誕生についての異常性

(3)動物からの助力

(4)親と幼少のときから別離

(5)義父、兄弟、姉妹などの近親者に対する乱暴や敵対

(6)帰国と名誉

（Eiichirō Ishida, "The Mother-son Complex in the East Asiatic Religion and Folklore," in Die *Wiener Schule der Völker-kunde, Festschrift zum 25 jährigen Bestand*, Vienna, 1955, pp. 411～19.）

最後に松前氏は、金烈圭氏の『韓国民間伝承と民話の研究』によって、韓国（朝鮮）における英雄譚の範型を示されるが、本稿では省略する。しかも右であげた松前氏の英雄譚の範型は、おそらくは英雄叙事詩を含んでのことであるが、それにしても大林太良氏などが、しばしば言及される北方アジアから中央アジアにおける事例の指摘がないのに不足が感じられる。(30) しかし、それは、本書の各氏によって示されるもので、ここではそれを期待することに留める。

右に松前氏があげられた世界の英雄譚の範型を参考にして、日本における語り文芸のなかに見出される英雄叙事詩のそれを提示してみる。それは次のごとくである。

Ａ「異常な誕生」

Ｂ「異常な成長」

Ｃ「異常な婚姻」

Ｄ「異常な事業」（悪賊退治）

Ｅ「異常な苦難」（異郷遍歴）

Ｆ「苦難の克服」

Ｇ「異常な繁栄」

(H)「異常な最後」（横死・転生）

右のようにその大枠を示している。しかもそれはすべてのモチーフを保有しているとは限らない。が、その大よそをもって、それに準ずるものを判じることとする。

ただしこの範型で問題となるのは、(H)の「異常な最後」である。それは〈横死〉によるのが一般であるが、わが国の事例においては、「神明示現」という〈転生〉をもって結ぶことが多い。しかしてその〈横死〉を重視すれば、平曲による『平家物語』などの叙述がふさわしいこととなる。しかし『平家物語』を英雄叙事詩に含むことは、いささか無理がある。そこに登場する主人公たちは、その生涯の叙述において、他のモチーフを十分に備えていない。これらの作品は、折口信夫氏の日本における物語の範型とした「貴種流離譚」に近く、むしろ「平家」の英雄は、その範型の一類「悲劇譚」を判ずべきであろう。したがってわたくしは、日本の英雄叙事詩における「英雄譚」の多くが、神明の本地譚によって示されることに、その特色をみようとするのである。

(二) 英雄叙事詩の作品群

ここでは、日本における語り物文芸のなかでそれと認められる代表事例をあげる。ただし詳しくは、別に紹介するので、ここでは、その伝承のタイプをあげることに留める。

(1) 「百合若大臣」

およそ「百合若大臣」は、鎌倉時代の半ば過ぎ、わが国に襲来した蒙古に対して、超人的働きをしたとされる英雄の物語である。ここでは「コトバ・フシ」のカタリとしてあげた幸若舞曲の「百合若大臣」のそれをあげる。ただし、その補足として、「読誦《ヨミ》のカタリ」としてあげる法者の祈祷祭文「百合若説経」を括弧内に示している。

① 観音の申し子として百合若が誕生する。〈異常な誕生〉
② 若くして右大臣に昇進する。〈異常な成長〉
③ 大臣は、大納言の姫君を妻とする（大臣は、五条内裏に乗り込んで、輝日御前を奪い取って妻とする）〈異常な婚姻〉
④ 蒙古襲来に際して、鉄の弓矢をもってこれを撃退する。〈異国退治〉

⑤ 大臣は、家臣の裏切りにより、玄界の小島に残される。〈異常な苦難〉
⑥ 寵愛する大鷹が、その消息を大臣の妻に知らせる。〈愛鷹の文使い〉
⑦ 玄界の小島にやってきた釣り人に助けられ、博多に着き、かつての家臣に、苔丸と名付けられて雇われる。〈苦難の克服〉
⑧ 九国の在庁らの弓の頭に、あえて苔丸（大臣）は、頭役を引き受け、裏切りの家臣を鉄の弓矢で射殺し、やがて日の本の大将に任ぜられる。〈異常な繁栄〉
⑨ 愛鷹は、都の鷹尾山に祀られる（大臣は由須原八幡、その妻は川上淀姫大明神と祀られる）〈異常な最後〉

(2)「甲賀三郎」

この「甲賀三郎」は、古代において、わが国に襲来した魔王に対して、超人的働きをしたとされる英雄の物語である。ここでは、「読誦《ヨミ》」のカタリであげた神道縁起の『神道集』巻十「諏訪縁起」によってあげる。ただしその補足として、同じく「読誦」のカタリが展開した『諏訪の本地』を括弧内に示している。

① 安寧天皇の子孫、甲賀諏胤の三男として、甲賀三郎は誕生する（天竺から渡来した甲賀兼貞の三男として誕生する）。〈異常な誕生〉
② 末子ながら家を相続、弓取の上手となる。〈異常な成長〉
③ 三郎の妻が、魔王に奪い去られる。三郎は、日本の山々を尋ねて、その魔王を追う。〈魔王探索〉
④ 魔王の住む岩屋を見付け、その人穴にいる妻（三輪姫君）を救い出す。〈妻の救助〉
⑤ 兄が裏切って三郎を人穴に突き落とす。三郎は地底の人穴をめぐり、鹿追う国に着く。〈異郷遍歴〉
⑥ 鹿狩国の翁に認められ、三郎は地上に戻る。が、蛇体と変じている。老僧の昔語りによって、三郎は人間に蘇

生する。〈苦難克服〉

⑦ 三郎は、妻と再会、ともども震旦に渡り、神道の法を受け、神となる資格を得る。（三郎は、裏切りの兄を成敗、三輪の姫君を連れて天竺に赴く）。〈異常な繁栄〉

⑧ 三郎とその妻は、ともども諏訪の明神として示現する（三郎と三輪の姫君とは、ともども諏訪の御射山の明神として示現する）。〈異常な最後〉

(3) 「田村麻呂」

この「田村麻呂」は、平安時代の初め、しばしば本朝を襲おうとした奥州の蝦夷に対して、超人的働きをした英雄の物語である。ここでは、一応、「読誦」のカタリが展開した本地物語『田村の草子』によってあげる。それは「二代田村」と称すべきものである。

① 俊重将軍の嫡男・俊祐は、蛇の女房を妻として日龍丸を儲ける。〈異常な誕生〉

② 日龍丸は、三歳にして、大蛇を打ち殺す。〈異常な成長〉

③ 十六歳になって、利仁将軍と称されるが、入内が約束された姫君を妻としたため、伊豆の国に流されるが、やがて帰郷して、二人の姫君を儲ける。〈異常な婚姻〉

④ 利仁の留守の折に、その妻が奥州の魔王・悪路王に奪い去られる。利仁は鞍馬の多門天より剱をいただき、田村郷の馬飼の女房の援助もあって、多門天からの剱で悪路王の首を切る。〈悪路王退治〉

⑤ その途次、利仁が契りを込めた奥州・田村郷の醜女に、伏屋丸が誕生する。〈異常な誕生〉

⑥ 伏屋丸は、七歳の折、母から父の形見の鏑矢を貰って上洛、その鏑矢でもって利仁との父子を確認される。やがて元服して稲瀬五郎利宗と名告る。〈父子の確認〉

⑦　利宗は　十五歳にして金つぶてという盗賊を討ち、天下の将軍の名を賜わる。さらに鈴鹿山の立烏帽子という妖怪の討伐を命じられるが、それに心惹かれて契りを結ぶ。やがて姫君が誕生する。〈異常な婚姻〉

⑧　利宗は、奥州の高丸、次いで大嶽丸退治の宣旨をいただく。が、いずれも鈴鹿の立烏帽子の援助で、それを果す。〈高丸・大嶽丸退治〉

⑨　まもなく立烏帽子の鈴鹿御前が亡くなる。利宗は鈴鹿御前を思う余り冥界に赴き、閻魔王と戦う。二人は許されて地上に戻る。〈冥界遍歴〉

⑩　二人は都の五条に住み、数多の姫君を儲け、利宗は将軍と仰がれる。〈異常な繁栄〉

⑪　利宗は観音の化身、鈴鹿御前は弁財天の再誕と仰がれ、ともに鈴鹿大明神と示現する。〈異常な最後〉

(4)　その他

わが国内の動乱において活躍した英雄たちも少なからず存在する。その英雄たちを叙した物語群を日本文学史においては、中世における「軍記物」と称している。

そのなかで、まずあげられるのは、平曲による『平家物語』である。しかもこれについては、はやく佐藤輝夫氏が『ローランの歌と平家物語』において考察されている。[31]前半の『ローランの歌』についての紹介は、貴重な報告である。しかし後半の『平家物語』との比較は、その一部に『ローランの歌』に近似する叙述を認められたものである。『平家物語』が、英雄叙事詩そのものと認め得ないことは先にあげている。その作品のなかにおける英雄の叙述は、英雄叙事詩の範型に十分なる構成要素を保有していないのである。

なお中世における動乱のなかで活躍する英雄のなかに、鎮西八郎為朝が存在する。これは、『平家物語』の源平時代を遡った保元の乱に登場する人物で、『保元物語』に、その活躍は叙されている。しかしそれも、この作品のなかでは、戦乱時において、弓矢の名手として、みごとな活躍を見せ、戦乱後、敗者として、壮絶な最後を遂げたと叙するものである。この『保元物語』も『平家物語』に準じて、琵琶法師（盲僧）によって語られたものである。しかるにその為朝の生涯は、八丈ケ島のト部祭文「為朝之本地」として唱誦されている。[32] およそは簡略ながら異常な成長から異常な最後（横死）を叙するもので注目される。

また、「軍記物」のなかであげるべきは、『義経記』（『義経物語』）である。それは義経の盛んなる時代の叙述は、『平家物語』に委せ、その前半に幼年期の異常な苦難、成年期の異常な体験（修行・婚姻）をあげ、後年に長々と流浪遍歴の後の壮絶な最後（横死）を叙する。しかし、この作品そのものが、音曲によって唱誦されたという形跡はない。が、その生涯の一部はそれぞれに、幸若舞曲・謡曲・浄瑠璃などによってさかんに語り継がれてきたことは、注目すべきことである。

おわりに――英雄叙事詩の時代と風土――

およそ英雄叙事詩は、その民族・国家の創成期に誕生するものと推される。わが国においても、古代において存在した可能性はあったが、それがかならずしも、確認できないことは、すでにあげている。

次に英雄叙事詩が登場するのは、民族・国家が、外敵から侵略を受ける時代であろう。わが国においては、文永（一二七四年）・弘安（一二八一）の二度にわたって蒙古（元と高麗の連合）の襲来を体験する。時の政《まつりごと》をとりおこなう北条政権、および朝廷のみならず、これには宗教界あげてかかわったのである。その宗教界で、もっとも深刻に対応したのが、北九州の八幡の社寺であり、その本拠の石清水八幡宮であった。戦後、その八幡宮は、神国日本を強調する『八幡愚童訓』を作成する。それは甲種・乙種の二本に及ぶが、その前者は、神功皇后の三韓征伐譚である。それは『日本書紀』の新羅征伐譚によりながら、地域を三韓に拡大し、それを悪賊鬼神退治として叙するものであった。[33] またこれとほぼ同時代に制作された「聖徳太子伝―文保本系太子伝―」がある。詳しくは別稿に委ねるが、[34] その聖徳太子の超人的生涯を叙した『聖徳太子伝暦』によりながら、新羅及び蝦夷に積極的に軍勢を催す闘う太子像を描出している。特に蝦夷に対しては、自ら独り出陣して、神国日本に対する鬼神の蝦夷を征服されたと叙すのである。

右のように文永の役・弘安の役と称される蒙古襲来は、自ずからわが国に排他的民族主義をもたらしたと言える。これに応じたのが、宗教界であったが、そこでは神功皇后・聖徳太子のみならず、民族の危機を救済する英雄たちが、改めて登場させられることとなった。英雄叙事詩に準ずるものとして、語り物文芸の一翼を担って登場した本稿の「百合若大臣」「甲賀三郎」「田村麻呂」などの作品群である。文学史的には、『蒙古襲来絵詞』のみならず『香取本・大江山絵詞』（酒呑童子）「土蜘蛛退治」などの妖怪退治譚がもてはやされる。他方鎌倉時代半ばに制作された「軍記物」の作品も、時代に応じて再生され、[35] あるいはあらたな英雄が描出されることとなったのである。[36]

最後に、英雄叙事詩を支えた社会・風土について申し添えておきたい。右に英雄叙事詩としてとりあげた「百合若大臣」「甲賀三郎」「田村麻呂」は、いずれも狩猟文化を背景とするものであり、その狩猟の営みのなかではぐくまれた馬飼・鷹飼文化に支持されてきたものである。その文化は、古代から連綿と各地に残存し、時代に応じて伏流水のごとく表われ出るのであった。稲作文化優勢の時代がやってきても、山間地帯を中心に、狩猟文化は持続されていたのである。つまり「はじめ」に述べたように、われわれの生活史は、近代まで、そのような複合文化のなかにあったのである。

すなわちその狩猟・馬飼・鷹飼の文化が、これらの英雄叙事詩を支持してきたのではないか。そしてそれがユーラシア諸民族にも通じるかどうかが問題である。ユーラシア民族の英雄叙事詩を研究される方々に、その意見をうかがうのである。

注

（1）第三章「邪馬台国の東遷」〈物部・ナガスネヒコ連合軍の敗北〉昭和六十年（一九八五）集英社

（2）拙者『神道集説話の成立』（昭和五十九年〔一九八四〕）第二編「諏訪縁起の成立」

（3）「口承文芸大意」（岩波講座・日本文学11・昭和七年〔一九三二〕）

（4）岩波講座・日本文学史第16巻・平成九年〔一九九七〕

（5）『伝承文学』十一号（昭和四十六年〔一九七一〕）

（6）『論究日本文学』第四十四号（昭和五十六年〔一九八一〕）

（7）文和三年〔一三五四〕～延文三年〔一三五八〕ごろ撰

（8）早川孝太郎氏『花祭』後篇（昭和五年〔一九三〇〕岡書院）〈全集Ⅱ・昭和四七年〔一九七二〕未来社〉

（9）岩田勝氏『中国地方神楽祭文集』第一部「弓神楽祭文」（平成二年〔一九九〇〕三弥井書店）

（10）蔦田治子氏ほか編『日向の琵琶　盲僧永田法順』（琵琶盲僧・永田法順を記録する会〔二〇〇五〕）〈王子の釈〉

（11）麻原美子氏『幸若舞曲考』（昭和五十五年〔一九八〇〕新典社）第一部　第一章「幸若舞の芸術」、沖本幸子氏『乱舞の中世―白拍子・乱拍子・猿楽―』（平成二十八年〔二〇一六〕吉川弘文館）

（12）拙稿「日本の「百合若大臣―幸若・説経・古浄瑠璃―」（『鷹と鍛冶の文化を拓く　百合若大臣』平成二十七年〔二〇一九〕三弥井書店）

（13）蒲生美津子・久万田晋両氏（『幸若舞曲研究』第六巻、平成二年〔一九九〇〕三弥井書店）

（14）『大江の幸若舞』（昭和五十四年〔一九七九〕幸若舞保存会）

（15）高野辰之氏「幸若舞曲研究」（『日本文学講座』昭和二年〔一九二七〕新潮社）

（16）横山重・村上学両氏『（毛利家本）舞の本』（昭和五十五年〔一九八〇〕角川書店）

(17) 上参郷祐康氏編『平家琵琶─語りと音楽─』(平成五年〔一九九三〕ひつじ書房)
(18)「幸若舞曲の系譜─そのヨミをめぐって─」(『幸若舞曲研究』第九巻、平成八年〔一九九六〕三弥井書店)
(19) 第一部「成立と特質」平成三年〔一九九一〕風間書房
(20) 右掲注(3)同書
(21) 横山重氏『古浄瑠璃正本集』第二(昭和三十九年〔一九七四〕角川書店
(22) 横山重氏『古浄瑠璃正本集』第一(昭和三十九年〔一九七四〕角川書店
(23) 荒木繁・山本吉左右両氏『説経節』(東洋文庫243 昭和四十八年〔一九七三〕平凡社
(24) 横山重氏『説経正本集』第二(昭和四十三年〔一九六八〕角川書店
(25)(26)『大衆芸能資料集成』第三巻(昭和五十七年〔一九八二〕三一書房)〈奥浄瑠璃〉
(27)『旭巫女縁起』平成八年〔一九九六〕遊行舎
(28) 五來重編『日本庶民生活史料集成』第十七巻〔民間芸能〕(昭和四十八年〔一九七二〕三一書房)「筑前玄清流盲僧琵琶史料」〈くづれ琵琶説経=段物〉
(29) 平成十八年、三弥井書店
(30)「百合若伝説と内陸アジア」(『神話の系譜─日本神話の源流をさぐる─』昭和六十一年〔一九八六〕青土社)など
(31) 昭和四十八年〔一九七三〕中央公論社
(32) 拙稿「八丈ケ島・卜部巫女の語り」(『曽我物語の成立』平成十四年〔二〇〇二〕三弥井書店、第三編付章「中世語り物文芸における〈虚構と他者〉─「語り」の発生とかかわって─」)
(33)(34)「聖徳太子の兵法─文保本系「太子伝」をめぐって─」(『唱導文学研究』第十一集、平成二十九年〔二〇一七〕、三弥井書店)
(35)『保元物語』『平治物語』『平家物語』の諸本は、いずれも鎌倉末期およびそれ以降に改編されたものと推される。
(36) 室町時代における「軍記物」に属する作品群。

Ⅱ

「百合若大臣・甲賀三郎」―ユーラシアにおける主題と変奏

神歌の語る済州島のシャーマン
玄丞桓教授提供

图17　懿德太子墓架鹞鹞戏犬图

集まったマナス語り

「百合若大臣」「甲賀三郎」の伝承世界

福田　晃

はじめに――詠《うた》われる説話と語られる説話――

先に荻原眞子氏は、千葉大学の『ユーラシア言語文化論集』第十五号(1)に、「ユーラシア口承文芸の二つの様態」を公表されている。それはユーラシア諸民族の口承文芸は、欧米のフォークロア研究や日本の口承文芸における神話・昔話・伝説などの分類案では対応できず、その口承文芸としては、特に英雄叙事詩／英雄説話が大きな比重を占めると説かれる。しかもその口承文芸としては、「詠《うた》われる説話」(韻文体)と、「語られる説話」(散文体)の二様態をあげ、特に前者、つまり英雄叙事詩について、やや詳しく説かれている。さらに同大学の〈研究プロジェクト報告〉の『ユーラシア諸民族の叙事詩研究(1)』(2)には、荻原氏は「ユーラシア諸民族の英雄叙事詩について」の解説をあげ、具体的には諸氏によって、それぞれ民族の英雄叙事がそこに紹介されたのである。

このご論攷は、日本の口承文芸研究がおろそかにしていた問題を言上げされたもので、わたしには大きな刺戟となった。果して日本民族(アイヌ民族を除いて)は、詠《うた》われる英雄説話、つまりオーラルに口承文芸としての英雄叙事詩を保持していたかどうかが改めて問われることとなった。それに対するわたくしなりの一応の考えを示したのが、本書のⅠの序論における拙稿「日本の語り物文芸」である。

さて本稿は、右の荻原氏の提案を踏まえ、日本における英雄叙事詩の代表としてとりあげた「百合若大臣」「甲賀三郎」の伝承世界を紹介することとする。しかしてその伝承の実態は、詠《うた》われる説話（韻文体）のみならず、語られる説話（散文体）に及ぶが、さらにそれはその中間の伝承も用意せざるを得ない。荻原氏の提案を日本の伝承の実態に応じて、それは韻文体伝承を「カタリ」（語り）、散文体伝承を「ハナシ」（咄）、そしてその中間的伝承を仮に「ツタエ」（口碑）と称して分類する。あえて従来の日本における分類案によれば、「カタリ」は語り物、「ハナシ」は昔話、その中間の「ツタエ」は伝説（一部、神話を含む）ということになる。問題は、それぞれが独立的な伝承世界を保有するのではなく、互いの伝承が交錯し合っていることである。実は、そのような複雑な伝承の実態を紹介することは、それほど容易なことではないのである。

一　「百合若大臣」

(1)「カタリ」（語り物）の伝承

日本において「百合若大臣」が世にあらわれるのは、室町時代に登場した幸若舞曲によってである。すでにあげたように、それは、十五世紀末ごろ、越前に幸若太夫が出現し、「双紙」にもとづいて、それを舞曲に仕立てたものである。その上演の上限は、永正十一年（一五一四）の『雲玉和歌集』の記事があげられる。今日に伝える「幸若舞」によれば、舞を語りによって演じられ、鼓のハヤシによって進行する。音曲的には、「コトバ・フシ」のカタリに属する。

しかしてその語りは、次のようにはじめられる。前者の「毛利家本」(3)は、テキストとしては最古本であり、「舞の本」(4)は、江戸時代に流行した流布本に属する。

抑《（そもそも）》昔我朝に、嵯峨の帝の御時、左大臣公光《（きんみつ）》と申て、其比双ひなき賢人一人おはします。然に彼きんみつに御代を継へき御子なし。角ていか〻有へきとて、大和国に聞へたる泊瀬の寺に詣して、悲願つきせぬ観音の利生をあふき、三十三度のあゆみをかけ、申し子こそし給ひけれ。

（毛利家本）

抑むかし我朝《てう》、嵯峨の帝の御時《とき》、左大臣きんみつと申し、並《なら》びなき臣下一人おはします。しかれ共、きんみつに御代を継ぐべき御子なし。かくてはいかゞ有べきと、大和《やまと》の国初瀬の寺《てら》に詣《まふ》でして、悲願《ひぐわん》尽《つ》きせぬ観音の利《り》生《しやう》を仰《あふ》ぎ、三十三度の歩《あゆ》みを運《はこ》び、申子をこそし給《たま》ひけれ。

（舞の本）

またその結びは、次のようである。幸若舞曲は、いずれも天下泰平の祝言をもって終えるのである。

大臣殿の御諚には、筑紫に住居をするならば、そのうき事の有らんと、御台所を引くして、都へのぼり給ひけり。（中略）やがて参内申さる〻。御門叡覧まし〱て、如何にめつらし、先度別夫が登りうたれぬるよし申せしを、誠とぞおもひて、勅使を下す事もなし。不思議の命ながらへ、二度参内する事、一眼のたまさかに浮木にあふがごとくとて、日の本に将軍になさせ玉ふ有がたき。さてこそ天下太平に国土安穏、寿命長遠成りとかや。

（毛利家本）

大臣殿の御諚《ぢやう》には、「筑紫《つくし》に住居をするならば、もの憂《う》き事もありなん」と、御《み》台所を引具《ぐ》して、都へ上《のぼ》り給《たま》ひけり。（中略）やがて参内申さる〻。御門《みかど》、叡覧《えいらん》まし〱て、「いかに珍《めづら》しや。先度《（せんど）》別府《べつぷ》が上り、討《う》たれぬる由《よし》申せしを、誠《まこと》ぞと思ひて、勅使《ちよくし》を下《くだ》す事もなし。不思議《ふしぎ》の命長《いのちなが》らへ、二度《（ふたたび）》参内する事、一眼《（がん）》の亀《かめ》のたまさかに浮木《ふぼく》に会《あ》ふがごとく」とて、日の本《もと》の将軍《しやうぐん》になさせ給ふぞ有がたき。さてこそ、天下太平、国土安穏《こくどあんをん》、寿命《じゆめう》長遠《ちやうおん》なりとかや。（舞の本）

これに対する「カタリ」は、壱岐・対馬において伝承されてきた「百合若説経」である。その伝承は、およそ室町末期から近代に及ぶもので、主に神楽を職とする陰陽師系の神楽太夫なる法者が唱誦するものであった。しかもそれは、主に霜月二十八日、悪風を断ち切るため、それを引き起こすと思われる荒ぶるヤボサ神（悪神・ミサキ）、あるいは竈神（荒神）を祭場に招いて、法者（またはこれに従う巫女《イチジョウ》）が弓を叩いて語るものであった。またそれは病人祈祷の祭文としても用いられていた。音曲的には、一定のフシ付けがあるので、「コトバ・フシ」のカタリに属すると言えよう。

その語りは、壱岐においては、次のように始められる。以下、その本文は、山口麻太郎氏の『百合若説経』(5)による。

住吉の松に雀がすをもりてさこそ雀の住みよかるべし、鬼神揃を申也、七鬼神しやうりん御前鬼子母神、此弓音にてそろへみて、くら神にぞ移す也、御先揃を申也、御先はみじんのごとく申せども、今日今晩、此段に揃ゆる御先の数を改めて、今ぞ揃ゆる一億八千六百七十四人の御先を、此弓音にてそろへみて、御先幣にぞ移す也、

……

これはいわゆる悪ぶる鬼神（御先《みさき》）を招く「鬼神揃神明帳」である。しかして物語の本文は、改めて次のように語り始められる。〈内裏建の段〉である。

扨又都に当りては、六条内裏と建始て、皇主目出度おはします。日本の御主をたんたい将軍殿と申奉る。長者の御所を初で被下ける。先づ東の御所を朝日の御所と召されける。壷の御所にてましませど、位高くぞおわします。長者の御名をば朝日長者と申也。六条内裏に参内有り。御礼のべさせ給ふには、左御座の畳重にて対座の御

礼述べさせ給ふ。かほど位は高きと申せ共ひんなる事こそ是非もなし。上千人、中千人、下千人とて三千人の人、高住居を召れしに、朝な夕なの御住居、うきの住居を召れける。……

その結びは、「神の勧請之段」で、次のように終える。

御年移らせ給ひては、八十八歳と申八月十五日の一刻と申に臨終しつかに御ほふきよ召れて候か、神と現はれ給ふには、九州豊後の国十一郡の国主の御神、由生原八幡大神宮と現はれ給ふそ目出けれ。輝日の御前も同年御山移らせ給ふには、八十七歳と申九月二十六日と未の一刻と申には、臨終しつかにほふぎよ召れて候か、九州肥前之国十一郡の国主の御神、川上淀姫大明神と現はれ給ふそ目出けれ

この壱岐嶋の北方なる対馬における祭文の唱誦には、〈鬼神揃神明帳〉はなく、次のように始められる。その本文は、渡辺伸夫氏の「対馬の神楽祭文「百合若説経」」(6)の翻刻にしたがう。その冒頭は次のごとくである。壱岐の〈内裏建の段〉に対応する。

抑《サシ》むかし、天ちくに、長者おゝしと申せとも、二百よ人の長者、大和国に、長者おゝしと申せとも、六十よ人の長者あり、まつひんかしに、あさ日長者、南にハさいまの長者、にしニハさい国長者、きたにハ、きた国長者とて、長者のなかれもな、ながれ、貧者のなかれも七、ながれ、されは、かのまんの長者と申たハ、大中有徳の、長者にてこそおハします、……

しかしその本文は、前半の「異常婚姻」で終わっているが、それは次のように結ばれている。

さても大臣殿とてるひのミやの御中を　ものによく〳〵たとゆれは　天にあらはひよくの鳥　ちに又あらはれんちのゑた　五道りんゑのあなたより　りんゑしやうしのこなたまて　ち草のいろハかわるとも　かわらましとわわりなくちきらせたまひける　さてもそののちハ御子あまたまふけたまひて　すへはんしやうとそきこへける

さて、本稿としては、とりあえず、英雄叙事詩の範型にそって、幸若舞曲の「百合若大臣」と壱岐・対馬の法者《ほさ》祈祷祭文「百合説経」の梗概を対応させて掲げることとする。

構成要素	幸若舞曲「百合若大臣」	祈祷祭文「百合若説経」
(Ⅰ)異常な誕生	左大臣公光公が、長谷の観音に申し子を祈願して、若君が誕生。百合若大臣と称される。	宝比べに負けた万の長者が清水の観音に申し子を祈願して、若君が誕生。百合若殿と名づけられる。
(Ⅱ)異常な成長	百合若殿は、十三歳で四位の少将、十七歳にて右大臣に昇進される。	七歳になった百合若は、鞍馬の児になって学問を成就、十一歳大天狗より呪法を授かり、山を降りる。
(Ⅲ)異常な婚姻	やがて大臣は、三条壬生の大納言の姫君を御台所として迎える。	十五歳になった大臣は、五条内裏に輝日御前なる美女の噂を聞き、ひそかに内裏に乗り込んで、御前と契りを結ぶ。やがて御前を連れて屋形に戻り、婚礼の祝儀をあげる。
(Ⅳ)異常な事業（蒙古・悪鬼退治）	たまたまわが国に蒙古《むくり》の大軍が押し寄せる。大臣は、その退治の勅定を蒙り、豊後の国司を命じられる。一旦、豊後に赴いた大臣は、宇佐八幡からの鉄の弓矢をもって蒙古軍を敗退させる。	たまたまわが国に、鯨満国の鬼神が押し寄せようとする。大臣は、その鬼神退治の勅命を蒙り、大軍を率いて鯨満国に押し寄せ、鉄の弓、大雁股と天狗の呪法によって、小鬼・鬼神を退治する。
(Ⅴ)異常な苦難（家臣の裏切）（孤島滞留）	大臣は、疲れを休めるために、玄海の小島に寄り、三日三晩、眠る。その間に、重臣の別府が、大臣の勲功を横取りしようと、大臣を小島に残したまま帰国。上洛して蒙古退治を報告、別府は筑紫の国司に任ぜられる。	大臣は、鯨満国にあって、茨童子の献上した銘酒を飲んで、前後不覚に眠る。その隙に、家臣の別府が、鬼神退治の功を横取りしようと、大臣を島に残し、鬼神の首をもって上洛、その退治を報告。これによって別府には、二条の屋形が下賜される。

(Ⅵ)苦難の克服(一)（愛鷹の文使い）	別府は、天下一の美人である大臣の御台所に懸想の文を送るが、御台所は、これを拒む。たまたま御台所は、大臣寵愛の大鷹・緑丸を天に放すと、緑丸は玄海島に飛び行く。大臣は、指を切り、柏葉に文を書き、緑丸に付けて放すと、緑丸は御台所の許に着く。その文によって、御台所は大臣の生存を確認する。	別府は、二条屋形を拝領したことを輝日御前に伝え、わがそふ妻となれと迫る。御前は、これを拒み、柴の庵に移られる。その柴の庵に、大臣の愛鷹の緑丸が舞い降りる。緑丸は、御前の命によって鯨満国に飛ぶ。大臣は、これに血の文を託して、御前の許へ飛ばす。
(Ⅵ)苦難の克服(二)	たまたま壱岐の釣り人が、玄海島に流れ着き、その船に乗せてもらって、大臣は博多に着く。別府は、大臣を苔丸と称して、屋形に留める。そこで、かって大臣に仕えていた門脇の翁が、知らぬまま大臣の身を預る。たまたま別府がわれに靡かぬ御台所をまんのふが池に柴漬けにすると聞く。門脇の翁は、娘を説得して、身替りにさせる。	大臣は、宮崎浦の三兄弟の枕神に立った清水観音の力によって、その船で帰国することになる。大臣は、その折に、茨童子に弥勒菩薩の石像を渡し、国主の荒神に示現せよと命じる。宮崎の浦では、大臣は、「苔次郎」と称される。その地の柴刈りに伴われた大臣は、草刈笛を聞かせて仕事を免れる。
Ⅷ異常な繁栄（報復・昇進）	次の年の始め、九国の在庁らが、別府を祝うために、弓の頭を催す。大臣の苔丸は、あえて頭役を引き受け、宇佐八幡に蔵された自らの鉄の弓矢を所望、それでもって裏切の別府を処刑する。やがて大臣は上洛して、次第を報告。日の本の大将に任ぜられる。	苔次郎と称された大臣は、その身の上を語って、上洛。二条屋形に赴いて、鉄の弓・大雁股と天狗の呪法で、別府を処刑する。続いて六条内裏に参上。ことの経緯を言上、日本の主の将軍に任ぜられる。
(Ⅸ)異常な最後（神明示現）	（大臣は、愛鷹・緑丸のために、都の乾の地に神護寺を建立、今の世に鷹尾山と号せられる）	鯨満国の茨童子は、大臣形身の弥勒菩薩の石尊を埋め、自らは「鬼の国主の荒神、手長足長」と祀られる。大臣は八十八歳にて臨終、豊後の由須原八幡を示現、輝日御前は八十七歳にて臨終、肥前の川上淀姫大明神と示現される。

およそ「百合若大臣」は、北九州における八幡信仰圏において成立したと推される。勿論、その中心は、宇佐八幡宮であるが、その成立は、その宇佐の別宮である豊後一宮の柞原八幡宮（由須原・由原八幡宮とも称す）においてかと考えられる。（拙稿「百合若大臣の原拠を尋ねる」[7]参照）。おそらくそれは、まず柞原八幡宮の散在神人であり、その神楽に参伝した法者集団により、その祈祷祭文として作成されたと推される。その成立時期は鎌倉末期であるが、その作成の直接的要因は、文永（一二七四）・弘安（一二八一）の役の蒙古襲来にあったにちがいない。その豊後・柞原八幡宮で作成された「原・百合若大臣」が、中央に及び、やがてそれが「幸若舞曲」に取り込まれた。室町時代半ばのことである。

その蒙古襲来に甚大な被害を受けたのが、北九州の前進基地でもあった壱岐であり対馬であった。文永・弘安の役の日本の勝利は、八幡神の霊験によるものと信じられ、その役後において、壱岐・対馬には、八幡信仰が急激に浸透する。壱岐の一宮も対馬の一宮も、八幡宮化するに至る。その壱岐の一宮「天手長男神社」は、豊後・柞原八幡宮と並々ならぬ関係をもち、その末社的存在であった。この天手長男神社に属して、神楽に奉仕する法者集団が、柞原八幡宮で制作された「原・百合若大臣」を取り込んで、「百合若説経」を作成する。やがて、その祈祷祭文が、対馬の神楽太夫（法者）の許に届けられたと推される（拙稿「百合若説経（壱岐・対馬）の伝承世界」[8]参照）

以上が、「百合若大臣」の生成、および伝播過程の見取図である。

(2) 「ハナシ」（昔話）の伝承

そもそも柳田国男氏は、その『日本昔話名彙』[9]では、この「百合若大臣」は、〈昔話と伝説の間をゆくもの〉として、壱岐の伝承事例をあげるに留まる。これに対して関敬吾氏は、その『日本昔話大成』[10]（第七巻）において、「百合若大臣」を本格新話型としてとりあげ、各地の伝承事例を収載している。またその話型を同書第七巻（資料編）[11]において、次のように掲げる。

1　百合若大臣（首里若天神・殿様）は、(a)旅の途中で遭難する。(b)島に遊びに行って（遠征中）家来に置き去りにされる。

2　家来は(a)大臣の妻と無理に結婚する。(b)妻を追い出して家を奪う。

3　鷹（でいじゅんまる・緑丸など）の助けによって、苦難の末、百合若は国に帰る。

4　身分を隠して家来を退治する。

しかもこれに対応する欧米のインデックスの話型としては、AT九七四とMot・N六八一をあげておられる。また稲田浩二氏は、その『日本昔話通観』（第四巻〜第二十六巻）[12]において、全国各地の伝承事例をあげ、第二十八巻の『昔話タイプインデックス』[13]においては、「むかし語り」の〈厄難克服〉に333「百合若大臣」をあげ、その話型を次のように示している。

①　神の申し子の百合若大臣が、海賊退治の帰りに離れ島で眠りこみ、重臣に置き去りにされる。

②　重臣は、百合若は客死したと奥方をあざむき、国を乗っ取る。

③　百合若が、奥方の放った鷹に血で書いた手紙を託すが、鷹はつぶれて死ぬ。

④　百合若は漁師の舟で帰国し、身をやつして重臣のしもべとなる。

⑤　百合若は正月の弓くらべに自分の強弓を借り、重臣を射殺して殿さまに戻る。

さらに稲田氏は、同『通観』研究編Ⅰの「日本昔話とモンゴロイド」[14]において、アイヌ族・モンゴル・ベトナム・タイ・チェンマイ・チュルク族などの伝承事例をあげている。

ここでは、二つの昔話としての伝承事例をあげる。一つは、その原郷ともいうべき豊後から遠く離れた東北の事例であり、次の二つは、「百合若説経」の伝承圏のそれである。

〈その一〉秋田県由利郡鳥海村[15]

むかしな、江戸でなにものかわからねんどもてにな、こう大きなさかんで歩くものいるけど、

「げんかいヶ島に鬼人が住み、取っては食い、取っては食い取りつくしてしまうけな。よりしちどう、しりしりどう」とこうさかんで歩ぐものいる。何が、なんじゃろか。何がなん。そいでこんだもう江戸おもだったで大変だけな。みんなあつまって、

「何としたらよかろうか」と思ったって、だれも何ともしねかろう。困ってしまって、その役人だけだもん。

「だれかそのげんかいヶ島の鬼人におはすんだって、だれか征伐行きた人いぬか」どって、だれも行きたくないな。これのばや、あの百合若大臣のほかえな。それ征伐行きた人いねんだっちゅうことになったどもんで、こんだ百合若大臣さ話したとこんでな。百合若大臣もよ。ほんどいい役人だんでしょ。大臣のな。したんばその行ぐどなんでも欲しいもの言うんだものな。

「なんぼでもやるし、家来でもなんぼでもいるだけやるからどうか一つお願いする」て言われて百合若大臣、

「おれいよごだば、そったの家来いらねど、二人あればいい」ってどの。

「だれにでも、そげな人っ出てこい」てということになったとこでな。ああおくびょう者だや。

「なんとか俺とこば言わねんでくればいなぁ。俺とこば言わねんでくればいなぁ」と思っての。そのだども、高けとさあがってコテッと身を出して、

「ほらその方、げんぶ、しちぶ」っての。その二人兄弟なってもな。本当の名前だれがなんだか俺わかんない。

おめたさんだべんだや。さあ大変だこれ大変だえとも言わいね。みんなびっくりしたども、百合若大臣ほどの者なんでだってああいう風なおくびょう者選んで二人よったもんだろう。こんなもの親子の別れのさかずきさねばねぇ。百合若大臣は、別れのさかずきをして、そうして百合若大臣支度して、出かけようとした。鳥好きな人でうんと小鳥かっているだけどな。そいで一番のその大将小鳥は、みどりの丸という鷹だんだきょの。そんでその鳥っこさその別れ告げてな。そうしてその船さ乗って出かけて行くのよ。その百合若大臣が、その弓とな扇持ったんだけかな。そうして行く途中もおだやかでな。ほうしてこのあれずっとどごが、げんかいヶ島げらわからねえけども、遠くの方だということけて、ずっと行ったんだけどな。げんかいヶ島に行った。大きなぼんず山でな。あっちこっち木が一本、こっちの方さ一本はえてるんたもんでな。なんにも出はってもこね。

ほうしたとこでな、大きな岩穴みてんなその穴あって、ほら穴あってな。そこの坂下がってみたんばよ、大きなもので、すっかりわからねっけども、まづだれかいたんだでもの。玉くふりだものボカリボカリとまなこまで光らして、「これはいだど、鬼人でもなこれだど、どこ見たって何もいねしな。これゃ鬼人な相違ね」と思ったとこで、ども、出はってもねしな。百合若大臣様。ほな、弓射ったわけだ。それどさ。た、ブッチリあたってな。そうしてこんだ百合若大臣、何か一つ仕事して、

「こんだ大丈夫だ」と言へば、七日七夜ねむってしまう。ちゅうだもの。

（中略）

ほんだこんだ百合若大臣の使った弓だろし、その大きな大した弓、その百合若大臣こういう弓さなば、扇もってるはずなったばな。これこのとおり日の丸のりっぱな扇でな、それこしてさったけの。こんだその弓射ったな一回で、その的の真ん中さプッンと射ったんだけどの。げんぶもしちぶもびっくり仰天しては、

「はあん」と言うも何もしね。あいた口がふさがんねえといったもんでなびっくりして。こんだその馬小屋から取ってきて、馬ひとかじりするさだけどつねえだ。馬なその百合若大臣のとこ見て、

「おにかげ」とつけといたんだけど。その馬の名前な。

「こらこら、かげかげ、もっぺんひろげてかげかげ、おれは百合若大臣だ、今もどったど。げんかいヶ島に鬼人を征伐に行って、げんぶ・しちぶに沖き流しさいて。たんねんに岩の苔さとって食い、磯草取って食い、今まで生ぎしのんでだんだ」どな。したば、その馬な言うことわかったち、頭さげて前ひざ折って涙ボロリボロリとこぼしたんだけど、ほの時、その馬さとびのってよ。その弓の矢背負て扇ひろげて、

「百合若大臣は、こうしてげんぶ・しちぶに沖き流しされて三年三月そのげんかいヶ島にいて、岩の苔ら取って食い、磯草取って食いきたど」ってな。たかびたててまわってあるいたんば、げんぶしちぶびっくりしての。ほの山の岩かげから落ちたり、谷そこで落ちたりあれしてな。死んでしまったんだけど。

そうしてこんだ百合若大臣様無事に戻ったことわかってな。そうしてこの百合若大臣やまたもとのとおりの大臣になって天下様になってならしてもらってなって、そうしてこんだ百合若大臣のかかや、こんだそこの浜べのじいだばんば達には、助けらいていたんだけど、それもどって、娘も島流し身がわりになった、島流しなった娘もそれとこ家来つかって、呼び戻してな。そうしてその娘やまたその家来の大臣の家来の嫁になってな。一生安楽に暮らしたという話だ。

〈その二〉長崎県壱岐郡勝本町(16)

壱岐の島は、その昔、悪毒王と名のる鬼の大将が治めていたという。この悪毒王のもとには五万の鬼がいたと伝える。

そのころ、都にまで壱岐の鬼の悪さが聞えるほどに、壱岐の鬼は悪かったのだという。そして、ついには、都の百合若大臣という、若くて美しくて、力もちの武者が壱岐の鬼退治に向われた。

壱岐に上陸した百合若大臣は、うわさ以上に強い若武者で、壱岐の鬼どもは百合若大臣の前では手も足も出なかった。

しかし、大将の悪毒王だけは別で、勇敢に百合若大臣と刃を交じえた。とうとう、この悪毒王も百合若大臣の刀で首を切られてしまった。すると、悪毒王の首は空高くまいあがり、どこかへ消えてしまった。

百合若大臣は智恵のある人で、さては鬼め、首をつなぐ薬をとりに天へ登ったな、と思い悪毒王の胴体を、すこし離した岩かげにかくしてしまわれたという。そして、百合若大臣は胴体がもとあった所に仁王立ちして空をにらんでいた。

百合若大臣が思ったように、空のかなたから悪毒王は首つなぎ薬を口にくわえて帰ってきた。しかし、もとの所にあるべきはずの胴体がない。近くを飛びまわって胴を捜したが、ついに見つけきらなんだ。

悪毒王は、もはや、これまでと、首つなぎ薬を百合若大臣に投げつけ、兜に咬みついて命がとぎれたという。

このありさまを、天上に逃げのびて、おそるおそる見ていた鬼の家来どもは、下の方から聞えてくる百合若大臣の声を聞いた。その声は、

「枯木に花が咲いた時と、煎豆に芽が出た時に限って降りてこい」と言っていた。

それ以来、毎年、草木が芽ぶく桃の節句の頃になると、天に追われた五万の鬼どもは、昔住みなれた壱岐の島に降りようと身がまえているのだという。

そのために、壱岐の島の人々は、鬼が降りてこないようにと、鬼凧あげをするのだといいます。

壱岐の島の人々のあげる鬼凧には、悪毒王が百合若大臣の兜に咬みついた絵が描かれています。これを見た鬼どもは、その昔、あんなに強かった鬼の大将が殺されたことを思い出し、おじけづいて、けっして壱岐の島には降りてゆかないということです。

右の〈その一〉は、昔話の語りとしては、豊かな伝承事例と言える。その前半は、百合若大臣が、玄海島の鬼人退治を果して、そこで眠り込んでしまった場面である。その鬼退治に出立するにあたり、「みどりの丸という鷹」との別れがあげられているので、この伝承はやはり語り物の「百合若大臣」によるものと推される。後半は、裏切の重臣を成敗する場面である。が、荒馬の「おにかげ」が登場するのが注目される。これは「百合若説経」にも見えるモチーフで、言うまでもなく、説経節「小栗判官」によるものである。したがって、この伝承によった語り物は、「小栗判官」の荒馬しづめの叙述を導入したもの、それは東北のボサマの語る「百合若大臣」によるものと推される。〈その二〉の伝承は、ほぼ「百合若説経」を踏まえたものである。その鬼退治が、原伝承を越えて、「桃の節句」や「鬼凧あげ」の民俗のなかで語られる。やはり「説経」のカタリの昔話化と言えよう。

およそ昔話として伝承される各地の事例は、「幸若舞曲」とは言わないまでも、それと関連した語り物「百合若大臣」により、それをさらに二次的に展開したものである。しかして、その昔話化されるなかで、当然ながら八幡信仰にもとづく原伝承の固有性は失われている。したがって、近代に伝承される昔話「百合若大臣」によって、原伝承に及ぶことは、到底、不可能と言うほかないであろう。

(3) 「ツタエ」(伝説)の伝承

かって柳田国男氏は、『口承文芸史考』(17)の序において、日本における神話の復元が、民間資料の語り物・伝説・昔話によって可能であることを主張された。しかもその三つのなかで、その神話に最も近いのは、信仰を含む伝説にあるとされた。一方、柳田氏は同書の「昔話と伝説と神話」のなかで、その伝説はハナシではなく世に伝わっているのはコトであり、「コトバ」でなかったとも説かれた。そのコトとは信仰行為のことである。

その柳田国男氏の主張には、共感できるところはある。しかしその語り物・伝説・昔話による神話の復元ということは、現実的には容易ではない。また伝説がコトバでなくコトであるという主張も一面、もっともなことである。しかしその「コト」はコトバで説明されるものであった。そこでわたくしどもは、伝説のコトバの復元をめざして、『日本伝説大系』(全十五巻、別巻二冊)(18)を公刊した。

その『日本伝説大系』には、各地の「百合大臣」の伝承事例も多数あげている。特に第二巻・中奥羽(主に宮城・山形)(19)、第十巻・山陽(主に山口)(20)、第十三巻・北九州(福岡・大分・佐賀・長崎)(21)、第十五巻・南島(奄美・沖縄)(22)の各篇には、それぞれの伝承事例を網羅的にあげた上で、当地方の文献資料をも収載したのである。しかし、伝説をコトバとしてとりあげた以上、当然、想定されたことであるが、その多くは「語り物」の「百合若大臣」の影響が否定できないものであった。この伝説としての伝承事例によって、「百合若大臣」の源流をたどることは、きわめて困難であることが実感される。

いささか結論めいたことを言上げしたのであるが、伝説としての「百合若大臣」の事例をあげる。〈その一〉は、同じく東北の事例であり、〈その二〉は、同じく壱岐のそれである。いずれも口承による伝承事例であるが、〈その三〉には、文献資料による事例を紹介する

〈その一〉山形県飽海観音寺(菩提寺山)(23)

昔、都の天子の命を受けた百合若大臣は、部下を率いて、東国に愛鳥、碧丸を連れだって、何百里の山河を越

え、菩提寺山に本拠をかまえた。初秋の夜風が吹きわたる頃、百合若大臣は本陣に数十人の家来をのこし、飛島付近一帯を荒す海賊を討つために自分は、碧丸の背に乗って、ひと足先に飛島の地にのりこんだ。家来の者は、木の葉のような舟にのりこみ、未知の海を漕ぎわたり、ようやく飛島の地に足を踏みかけた。敵兵のわからぬ処に陣を構えた百合若は、作戦をたて、夕刻にかけて四方八方の兵を別け入り、攻め入ったのであるが、海賊は、断崖をなすところに楯を築き、百合若の軍兵を迎えていた。勇敢なる兵は、断崖をよじのぼり、敵陣へ攻めようとした処に、岩を落すやら、石を投げられるやら、さんざんなめにあい、これ以上敵陣に攻め入るのをやめ、百合若は、兵をかばいながら、一時退散をして、御積島に陣を引き返した。

海賊のあまりの強さにおどろいた百合若は、愛鳥に文を託し、菩提寺山に本陣をはっている、味方の兵士に便りをもたせた。碧丸は、未通なる土地ゆえ、あちこちをさまよい、ようやく菩提寺山の本陣にたどりつくことができ、兵士に紙面を渡し、百合若が、悪戦苦闘をしていることを、羽ばたきながら、知らせた。紙面を読んだ武将は、兵力も少なく、とうてい島の海賊を攻め滅す事は、苦難の業と思い、百合若大臣にいますぐ兵を引き返し、都から援兵をもらい、一気に攻め落す事の文面を碧丸にもたせた。しかし、百合若はその紙面をみるや、いきなり破り捨て、武将の言う事などは、いっこうにきかず、一日何回ともなく、舟を漕ぎ出しては、海賊の手うすになっているところに攻め入り、そのたびごとに、退散するのであった。日増に、食糧も減り、海草や魚をとっては、細ぼそと生命をつなぎ、援兵がかならずくるものと信じ、洞穴に身を寄せていたが、寒さと飢えには、勝つことができず、自分は、天子の命を受けて、東国にはるばる何百里の道のりを越え、海を渡って来たからには、帰るに帰れず、戦うに戦われず、苦闘の連続であったのである。しかたなく、碧丸は、武将のいる菩提寺山に飛びたったのであるが、途中激しい嵐に出合い、苦難の末にようやく陸地に着くことができ、菩提寺山に飛んで行くことが出来たのであったが、体力的にも衰えており、食べ物さえ、口にする日が少なくなり、ついに死んでしまった。この死を悲しんだ武将は、自分は都に帰るにも帰れず、菩提寺の沢に入り、安住の地をもとめ、碧丸の墓石を建て、この沢を緑沢となずけたといわれる。

一方、飛島にいる百合若大臣は、何十日となく姿をみせない、碧丸の事をふと思い、もしや、何かがあったに違いないと、二、三の兵を連れだって、ひそかに舟を漕ぎ、菩提寺山に、かけさんじたのであったが、案の定、碧丸が死んだ事を話された百合若大臣は、目に涙を浮かべ、自分が碧丸と一緒に、この地に来ていたならば、こんなことには、ならなかったであろうと悔み、地べたに泣き伏すのであった。秋も一層深まり、東国の風雨激しく、この分では都にもどることが出来ないと思った百合若は、さっそく兵をあげ、軍馬を夜通し都に向って走らせ、無事天子のいる都に、着くことができたといわれる。

〈その二〉長崎県壱岐郡勝本町[24]

天ヶ原（東触）の先に、海につきでた黒瀬滝がある。この滝（断崖）にひわれ（割れ目）がある。

このひわれは、百合若大臣の下駄のあとだという。壱岐の鬼退治にこられた大臣は、黒瀬の断崖を下駄ばきのまま登られたという。大臣の下駄は鉄でできていたともいう。

壱岐の鬼退治をされた大臣は、一匹の子鬼を招使《ママ》いとしていた。この子鬼は、フウタン（ほほ）にミナ（小さな巻貝）を入れて、ぬくめて（あたためて）百合若大臣にさしあげていた。このミナを大臣は「うまいうまい」と言ってたべた。

黒瀬滝の頂上に鬼のせっちん（便所）があったという。石で長方形の箱がつくられていたという。このせっちんは子鬼用のためか小さかったという。

大臣が都へ帰られる時、だれも船に乗せようとしなかったという。この時、「俺の船にのれ」と言った漁師がいた。大臣は大そうありがたがって、船が男岳山の下の所を進んでいる時に、その漁師に「ここで漁をすれば必ず大漁になる」と言ったという。

漁師は、大臣の言葉を長いあいだ忘れていた。ある時、偶然にも大臣の言った場所に船が流れてしまった。男岳山の姿を見た漁師は、大臣の言葉を思い出し、釣糸をたれた。すると、おどろくほど大きな魚がたくさん釣れた。

この猟師は、この場所を人々に教えた。人々は、この場所を魚釣山とよぶようになったという。

〈その三〉『禅余集』（蒋山万寿寺〔大分市金池町〕第四世・乾叟著、寛文四年（一六六四）～延宝二年（一六七四）の筆録）(25)

古万寿寺記（原文は白文）

昔、百合若大臣ハ蒙古ヲ追討ス。而シテ筑前洋中ノ玄海島ニ至ル。大臣ハ強力ニシテ抜群ナリ。而シテ鉄弓ヲ引キ、鉄矢ヲ射ル。蒙古大ニ畏レ、皆悉ク北ニ去リ。海中ハ漸ク平穏ヲ得ル。

而シテ大臣始メテ安ラカニ寝《イ》ヌ。大臣ハ常ハ快眠スルコト少シ。若シ快眠スレバ、連ケテ三日ハ醒覚セズ。別府太郎曽テヨリ之ヲ知ル。今、厥《ソノ》安ラカニ寝ヌルヲ幸トシテ、弟次郎、並ヒニ近臣等ト之ヲ策《ハカリコト》ス。便チ大臣ヲ島中ニ措キ、直チニ兵船ヲ発シテ回ラサント。ソノ意ノ謂イアルヲ、無人ノ島中ニ久シク活カセズ。即チ豊ニ帰リテ自ラ称ス。大臣巳ニ討死スト。蒙古ヲ平グル功独リ我ニ在リトテ、因テ恣イママニ一州ヲ押領ス。

且ツ驕奢ハ日ニ募リ、花鳥ニ使ヲ以テ、数《(シハシハ)》、大臣ノ妃ニ通ゼントス。妃ハ敢テ従ハズ。別府大イニ怒リ、忠太ニ蜜謀セシメ、妃ヲ万能池ニ沈メ殺サムトス。其ノ池ニハ多クノ蒋《マコモ》ガ生エタリ。故ニ又蒋池ト云フ。忠太ハ妃ニ事ヲ以テ、外舅ノ門翁ニ謀《ハカリコト》ス。翁潜ニ愛子ノ万寿姫ヲ以テ、妃ノ命ト更ヘル。
後三年、大臣ハ壱岐ノ釣舟ガ風ヲ放チテ来ルニ遭フ。之ニ駕リ海ノ絶テ豊ニ回ル。而シテ別府等ヲ許シ、其ノ残党ヲ平グ。国民安撫ス。
便チ蒋池盈《（ミチ）》ヌ。而シテ万寿姫ノ為ニ伽藍ヲ建立ス。周テ蒋山万寿寺ト号ス。

まず〈その一〉は、在地の争乱の事跡を「百合若大臣」よって、伝承したものと推される。愛鳥を碧丸とあれば、やはりそれは語り物によったと推される。観音寺の菩提寺が、大臣の前進基地、そして攻める海賊は、玄海島ならぬ「飛島」である。その碧丸の文使いは、北の方の許ではなく、菩提寺山の本陣であった。語り物の「百合若大臣」が、伝説化して在地に根づく一例と言えるであろう。

〈その二〉は、壱岐の「百合若説経」が、在地の地名などと結合して伝承されたものである。「滝のひわれ」「小鬼のミナ」「鬼の雪隠《せっちん》」「魚釣山」などが、それである。

〈その三〉の万寿寺の寺伝は、少し説明が必要である。この万寿寺は、柞原八幡宮の祭祀にしばしばかかわった禅宗寺院である。それは徳治元年（一三〇六）に、大友貞親が開基となり、真翁智侃を筑前博多・承天寺から請じて開山したことに始まる。かっては大分川左岸にあったが、寛永八年（一六三八）に城下町なる金池に移転し、今日に及んでいる。その「古万寿寺記」は、江戸時代の初めに記されたものであり、その内容も幸若舞曲の「百合若大臣」に沿って書かれている。が、その蒋山万寿寺の称は、開山以来のことである。開山は徳治元年である。その地は聖なる蒋《マコモ》の生える池の跡である。その池には、すでに万寿姫の事蹟が伝えられていた。それゆえに創建に当り、蒋山万寿寺と称されたのではないか。それにしたがえば、その伝説は、幸若舞曲の「百合若大臣」の以前のことなる。したがって、その寺伝は、右にあげた「古万寿寺記」の前身でなければなるまい。柞原八幡宮に寄宿した法者集団が、祈祷祭文の作成に、徳治年間当時の原万寿寺記を利用した可能性が生ずる。それが「原・百合若大臣」とすれば、その成立は徳治年間にそう遠からぬ時期、つまり鎌倉末期ということになるであろう。（拙稿「百合若大臣の原拠を尋ねる」[26]参照）

二　「甲賀三郎」

(1)　「カタリ」（語り物）の伝承

はやく柳田国男氏は、昭和十五年（一九四〇）に「甲賀三郎の物語」[27]を発表する。それは甲賀三郎を主題とするテキストを収集し、各地の伝説をあげて、この物語の源流を求めたのである。

そのテキストの一つが、南北朝に成立した『神道集』所載の「諏訪縁起」であり、もう一つが、室町末から江戸時代に流行した『諏訪の本地』である。

前者の『神道集』所収の「縁起」は、およそ諏訪社とかかわる神仏習合の寺社において、その神仏を仰ぐ神人・僧侶によって唱誦されたものである。したがって、その「諏訪縁起」諸伝本もこれに準ずるものであったと言える。しかしその唱誦は、音曲的要素は稀薄で、平曲の「素声《シラ》」に準ずるものであった。すなわち「読誦《ヨミ》」のカタリに属するものである。

その冒頭は、次のようである。すでにあげているが、論述の都合によって、繰り返してあげる。

夫レ日本秋津嶋ト申スハ、其ノ内ヲ諸国七道ト名ヅケテ、合坂ヨリ東ニハ、東海道・東山・北陸道トテ三ノ道ニ、国の数ハ三十余箇国ナリ、（中略）東山道ノ道ノ初メ近江国廿四郡ノ内、甲賀ノ郡ト云フ処ヨリ荒人神ト顕レ給ヒシ御神ノ応跡示現ノ由来ヲ委ク尋ヌレハ、人王第三代ノ帝ヲハ安寧天王トソ申シケル、此ノ帝ヨリ五代ノ御孫子、甲賀ノ権守諏胤ト申スハ、甲賀ノ地頭ニテ、（中略）不足ノ思無ク暮シケリ。

またその結びは、次のようである。つまりそれは、甲賀三郎夫妻が、諏訪大明神に示現したと語り、それぞれの本地仏をあげて終わるのである。

早那起利ノ天子ハ、尤モ此義謂レ有トテ天ノ早車ヲ奉ラレタリケレバ、夫婦二人此ニ乗テ、兵主ノ大明神ノ御在《オハシマ》ス御使ト共ニ、信濃国蓼科山ノ嶽ニ付セ給フ、（中略）、信濃国岡屋ノ里ニ立テ、御名乗ヲ諏方ト申ス間《タ》、諏訪ノ大明神トテ、上《ミ》ノ宮ト顕ハレ給フ。（中略）春日姫ハ下ノ宮ト顕ハレ給テ、（中略）此中ニ甲賀ノ三郎諏方ハ上ノ宮ト顕ハレ給フ、本地普賢菩薩ナリ、春日姫ハ下ノ宮ト顕ハレ給フ、本地千手菩薩ナリ、仏菩薩ノ応跡ニ我国ニ遊ビ給フ、必ズ心身ニ苦悩ヲ受ケ、衆生ノ歎ヲ思知リ給ヘリ、

次の『諏訪の本地』は、各地の諏訪末社の社殿において、それに属する神主・僧侶によって読誦するものであったと推される。しかもその読誦は、幾ばくかの節付けがあり、「読誦」のカタリの展開したものと判じられるが、その伝本は三種に及び、次第にカタリとしての音曲を進め、その第三種本は、浄瑠璃に準じた「詞《コトバ》・節・地」のカタリに属するに至る。

その冒頭は、次のようである。その本文は第一種本（石川氏蔵本）[28]によってあげる。

十六の大国の中に、はらなひ国といふくに有、（かの国の）大皇七人のひめをもたせ給ふ、内大臣左大将（とて臣下）おはします、ちう人にて大王の御おほえかしこくおはしまして、しゅう夜の奉公めてたかりけり、かかりしほとに、かた人のきやうさうこれをそねみて、七人のひめをおかしたてまつり給ふよし、大王にさんそふせらるゝ、によって、えいりよやすめがたくおほしめして、その国の大臣をけくわんせられて、彼国を追ひ出し給ふ、三十七

人のしん類をひきくして、御ふねにとりのり給ひて、（中略）日数つもりて、日本国筑前の国はかたの津につき給ふ、

しかしてその結びは、次のようである。御射山の諏訪大明神としての示現をあげ、その本地仏をあげる。

　あら人神は、かみのみさやまやまもともとやすのきのもとにつかせ給て、御繁昌有、かたしけなくも御本地普賢大菩薩、諏訪大明神是也、ひめ宮の大明神は、下のみさやまやまもとやすの木のもとにたゝせ給ふとて、御繁昌有、本地千手観音、下のみさ山是也、

次に英雄叙述の範型にそって、両者の梗概を対応させて掲げることとする。

	神道集「諏訪縁起」	室町物語「諏訪の本地」
(Ⅰ)異常な誕生	安寧天皇の子孫、甲賀権守諏胤の三男として生まれる。甲賀三郎諏方と名づけられる。	天竺から渡来して本朝に仕える甲賀権守兼貞の三男として生まれる。甲賀三郎兼家と名づけられる。
(Ⅱ)異常な成長	末子の三男ながら、家を相続。家の重宝を譲られる。長ずるに及んで、弓取の上手となる。	末子ながら惣領として、東海道十五ヶ国の惣追捕使に任ぜられる。特に弓取の上手として、世に知られる。
(Ⅲ)異常な事業(一)（魔王探索）	三郎が、北の方、春日姫を伴い、伊吹山の麓において、巻狩を催すとき、児と変じた魔物が、春日姫を奪って去る。三郎は、兄二人とともに、その魔物を尋ねて、日本の山々をめぐる。信濃の蓼科山に、魔物がひそむ岩屋（人穴）を発見する。	兄弟が集って、山の魔王を探すことを決し、日本の山々をめぐる。若狭の高懸山の山奥で、魔王（麟麟王）と遭遇、これを退治する。
(Ⅳ)異常な事業(二)（姫君救助）	三郎は、ひとり深い人穴に入り、そこに春日姫をみとめてこれを救い出す	魔王を退治した処には、岩屋があり、深い人穴がある。三郎はひとり、その人穴に入ると、魔王に捕らわれていた一条大納言の姫君を発見。これを救い出す。

(Ⅴ)異常な苦難（異郷遍歴）	兄の次郎が、春日姫に懸想して、三郎を地底に突き落とす。三郎は、地底のなかの七十三の人穴をめぐり、老翁が鹿を追う維縵国にたどりつく。	兄の太郎は、その姫君に懸想して、三郎を地底に突き落とす。三郎は、地底の人穴を三年三月の間落ち続け、老翁が粟穂の鹿を追う鹿狩国に着く。
(Ⅵ)苦難克服（蛇体脱却）	三郎は、維縵国の乙姫と結婚するが、十三年後に帰国を志す。三郎は、鹿狩に忠節を尽くし、維縵の翁は、帰国を認め、一千枚の鹿餅を用意してくれる。三郎は、一日一枚づつ鹿餅を食べ、やがて浅間嶽の麓に出て、甲賀に帰還する。故郷に戻った笹岡の釈迦堂において、蛇体になって姿を現す。その釈迦堂の講に集った老僧たちの昔語りで、蛇体を脱することを知り、維縵国からの着物を脱ぎ、人間に蘇生する。	三郎は、大鹿を射殺して、鹿狩の忠節を尽くす。鹿狩国の翁は、帰国を許し、大鹿の四百八十六枚の焼皮を用意してくれる。三郎は、一日一枚の鹿の焼皮を食べ、やがて浅間嶽の麓に出て、甲賀に帰還する。三郎は、嫡男の小次郎が、三郎の三十三回忌のために建立した観音堂に蛇体となって姿を現す。その観音堂における老僧と新発意の問答で、蛇体を脱する法を知り、鹿狩国からの着物を脱ぎ、人間に蘇生する。
Ⅶ 異常な繁栄	三郎は、春日姫と再会、ともども震旦の南なる平城国に赴き、神道の法を受ける。	三郎は、裏切りの兄太郎を成敗、地底から救い出した姫君と再会するが、姫君は「大和の杉立てる門を尋ねよ」とて姿を消す。三郎は、北の方・嫡男とも別れ、三輪山を訪ね、二人は天竺に赴く。
Ⅷ 異常な最後（神明示現）	三郎と春日姫は、平城国から本朝に戻り、信濃の諏訪に赴き、三郎は上宮、春日姫は下宮の大明神と示現される。	三郎と三輪の姫君は、天竺から本朝に戻り、信濃の諏訪に赴き、三郎は上社、三輪の姫君は下社のそれぞれの御射山の大明神と示現される。

両者ともども、狩猟を旨とする諏訪信仰にもとづいて叙述される。ただし『神道集』所収の「諏訪縁起」系統の伝本は、主人公の名を「諏方《よりただ》」と称し、およそ諏訪本社を中心の東日本に伝承される。ただし、諏訪本社は、いうまでもなく建御名方神と祭神とし、その化身なる「祝《ほおり》」を中心として祭祀を営むものであれば、甲賀三郎の諏訪神示現を語る「縁起」は相容れないものであった。したがって『神道集』所収の「諏訪縁起」は、その修験系寺院（神宮

寺）の管理するものであったと推される。それゆえに諏訪本社周辺における「諏訪縁起」の伝本のほとんどは、江戸末期に見出されるものであった。これに対して主人公の名を「兼家」とする『諏訪の本地』の伝本は、多くは甲賀三郎の出自を伝える近江・甲賀郡を中心に、西日本の神仏習合を堅持する諏訪末社に伝習されている。

さて両者の伝本の生成過程をわたくしは、一応、次のように考えている（別稿「諏訪縁起の成立」(29)参照）。

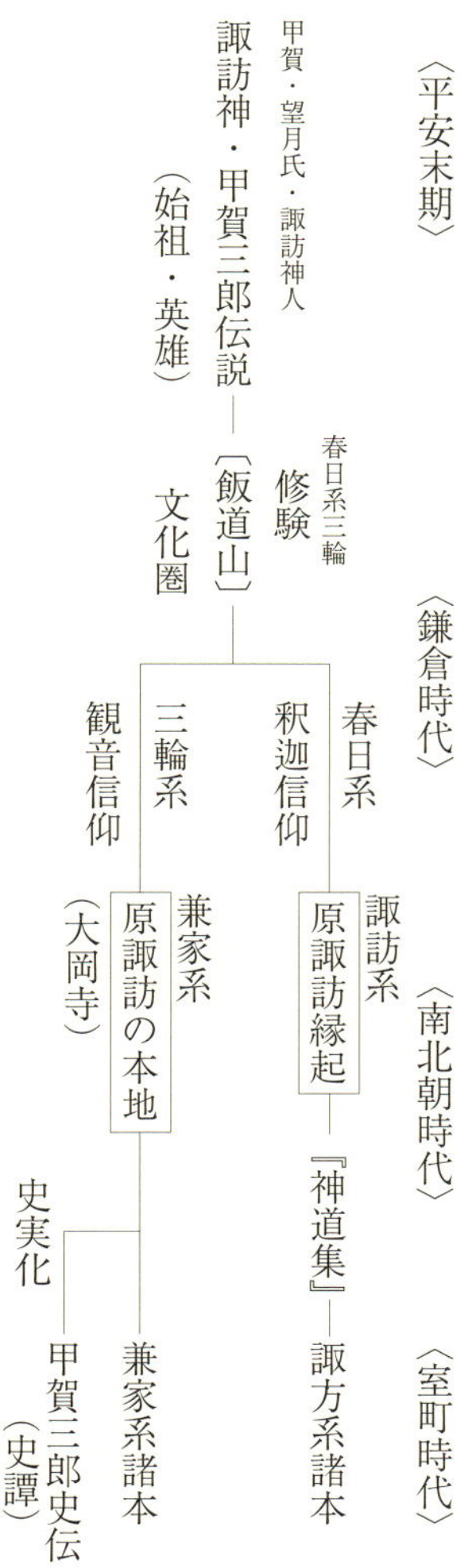

(2)「ハナシ」（昔話）の伝承

さて関敬吾氏は、その『日本昔話大成』（第七巻）(30)において、「甲賀三郎」を本格新話型としてとりあげ、各地の伝承事例を収載している。またその話型を同書第十巻（資料編）(31)において、次のようにあげる。

1　一人の娘が怪物に奪われ、穴に幽閉される。
2　三人の兄弟が協力して救出に出かける。まず穴の中に入って娘を助ける。
3　約束を破って二人の兄は、弟を穴の中に放置する。

4　弟は地下を放浪し、苦難ののちに、超自然的なものの助力によって地上に戻る。

5　兄が結婚しようとする瞬間に、弟が現われ、その裏切り行為を暴露、証拠を示して、真の退治者であるのを告げ、娘と結婚する。

しかもこれに対応する欧米のインデックスの話型としては」AT三〇一（Motも同じ）をあげておられる。

これに対して稲田浩二氏は、その『日本昔話通観』（第三巻[32]〜第二十五巻[33]）において、全国各地の伝承事例をあげ、第二十八巻の『昔話タイプインデックス』[34]においては、「むかし語り」の〈厄難克服〉に、329「甲賀三郎」をあげ、その話型を次のように示している。

1　妻が鬼神にさらわれ、甲賀三郎はもっこで穴の中へ降り、妻を探し出す。

2　三郎の二人の兄が、妻の忘れ物を取りにいった三郎を残し、妻だけを引き上げる。

3　三郎は下界でめとった妻のもたせた餅を食べながら地上へ戻る。

4　蛇になった三郎は、元の妻と再会し、ともに暮らす

さらに稲田氏は同通観・研究編Ⅰの『日本昔話とモンゴロイド』[35]において、A「娘の助勢」型として、朝鮮・フィリピン（ピコール族）・インドネシア・コーカシア（グルジア族）、B「神霊・動物の援助」型として、韓国・朝鮮・中国（ウィグル族）・モンゴル・インド・サハリン・シベリア（ヴォグール族）、C「竜王の贈り物」型として、中国（漢族）・中国（ミャオ族）・ベトナム・イラン、D「妻の変心」型として、朝鮮・中国（漢族）の伝承事例をあげている。

さて昔話として伝承される「甲賀三郎」は、当然ながら、語り物の「甲賀三郎」が保有していた諏訪信仰とかかわる国有性を失っている。それのみならず、関・稲田両氏が話型名とした「甲賀三郎」の「甲賀」も、一部の語り物の

影響を受けた事例（長野・群馬）を除いては、それは失われている。勿論、諏方《よりかた》・兼家の名もほとんど見えない。その両氏がとりあげられた伝承事例には、語り物の影響のもと昔話化したものもあるが、その直接的関係が見えないものが、むしろ多いのである。これは昔話としての「百合若大臣」が、ほとんど先行の語り物の影響のもとに成っていることとは、事情は異っている。かって柳田国男氏は先にあげた論攷のなかで、語り物の「甲賀三郎」と昔話「なら梨取り」（三人兄弟）との関係をとりあげられていた。わたくしもそれにならって、「甲賀三郎」とAT三〇一の「奪われた三人の王女」の比較を試みている（拙稿「諏訪縁起の成立」[36]）。問題は日本における昔話の歴史である。そのジャンルの成立は、平安時代を遡る。しかし「三人兄弟」の伝承が、語り物の「甲賀三郎」の時代まで遡れるかどうか、「甲賀三郎」の原話、原型を日本のなかに見出すことが要求されるとであろう。

したがって、ここでは、昔話の伝承のなかで、一応「甲賀三郎」の話型に認定されてはいるが、改めてその二例をあげてみる。〈その一〉は、薩摩・甑島の伝承事例、〈その二〉は奄美・沖永良部島のそれである。それぞれの梗概を示すこととする。

〈その一〉鹿児島県薩摩郡下甑村（原題「二人兄弟」[37]）

(1)　ある処の殿さまの娘が、何ものかに連れて行かれる。殿さまは、娘を捜してくれた者を後取りにするという布《ふ》令《れ》を出すと、山奥の兄弟二人が、その探索を申し出る。

(2)　二人は、鉄砲と刀を用意して奥山に入ると、夜中に魔物が現われる。兄弟がこれを撃つと、魔物は血を流して、洞穴に入ってしまう。弟が蔓で身体を括って、その穴を降りゆく。

(3)　弟が穴の中に行くと、きれいな女に出合う。その女の案内で行くと、立派な家があり、そこに大蜘蛛がいる。弟は力を込めて、これを斬り殺す。

(4) 弟は女を穴の上の地上に引き上げる。が、悪心を起こした兄は、蔓を切ってしまう。
(5) 弟は食べ物もなく、穴の中で暮らしていると、二十三夜の月を見る。そのお月様が三体になって船となり、その弟を乗せて行く。その船は白浜に着く。
(6) 弟が海岸を行くと、一軒家がある。その家の主の婆さんが、食事をもてなしてくれる。この先に都はないかと訪ねると、三里行けば立派な都があるという。
(7) 弟は、その教えにしたがって、南へ三里歩いて行ったところに、小さな家があり、五十ばかりの婆さんがいる。その婆さんに連れられて行くと、立派なご殿に着く。
(8) 弟は、その御殿の掃除番に雇われる。三月の節供の折、その御殿の婿殿が、髭を剃ってくれという。その髭を剃ってると、その婿殿が、弟の首を締める。その婿殿は、実は、弟を騙した兄であった。
(9) 弟が首を斬られることになるが、最後の頼みとして、御殿の娘さんに会わせてもらう。その娘さんによって兄の悪事が露見し、逆に兄は責苦に逢う。弟はその娘さんと結婚し、殿さまの跡取になったという。

〈その二〉鹿児島県大島郡知名町（原題「ツキナウシナ」[38]）

(1) 長者の一人息子ツキナウシナが、殿さまに、鬼に取られた娘を助けてくれと頼まれる。
(2) ツキナウシナは承知して、鬼の島へ向って行くと爺さんに会う。その教えにしたがって、道の三つ岐に出る。さらに行くと大きな原があり、真ん中に四尺角の黒石がある。それを引きおこすと、深い穴があり、棕梠縄が下がっている。
(3) 縄に掴まって降りて行くと、一人の婆さんが、七鍋の火を焚いている。ウシナが中屋へ行ってみると、布を織っている殿さまの娘がいる。やがて鬼どもが縄を伝って降りて来て、婆さんに人間臭いなどという。鬼どもが担いできた人間を刺身にして食べ始めたとき、ウシナは脇差しでもって鬼どもに飛びかかり、七人の鬼を全部殺してしまう。

(4)　ウシナは、殿さまの娘と婆さんとを連れ、殿さまの処へ戻る。

(5)　ウシナは、殿さまから大金をもらい、今度は、アンダ（極楽）の国へ見物に行く。再び、鬼の城の穴にある芭蕉縄に掴まって地下に降りる。ウシナがアンダの国へ行くと、大きな寺があって、大勢の人がウシナを縛りあげる。ウシナは、かねてユミの寺でいただいていた書き物を取り出して読みあげると、人々はウシナを許す。

(6)　寺を見物して歩くと、中屋があり、大勢の罪人が縛られている。そのなかに別れた直後に死んだ長者の父がおり、炭炙りにされている。丸盆を二つ、頭と股にあてて、芭蕉縄で縛ると、父は蘇る。ウシナは父とともにアンダを出て、今までよい暮らしをしているという。

右の二例とも興味ある伝承事例である。それは、やはり「甲賀三郎」に準じた伝承であろうか。あるいは、それ以前に遡る可能性のある事例であろうか。それは、今後の研究にまたねばならぬ。

(3)　「ツタエ」（伝説）の伝承

およそ「ツタエ」なる伝説は、昔話よりは、よほど語り物に近い側面をもっている。口頭伝承の昔話は、それを遡る文献資料を有しないのに対して、伝説は口頭資料とともに、多くの文献資料をもっている。その点において、過去に遡る語り物とは、近い関係にあると言える。

さて柳田国男氏は、先の論考において、「甲賀三郎」の伝承の中心は、近江の甲賀と信州の諏訪近郷にあるとして、その伝説を紹介し、さらにその伝承地として、東の方の常陸多賀郡諏訪村の「諏訪の人穴」、越中富山の「諏訪川原」

など、西の方の丹波北桑田郡知井村の佐々里八幡宮、さらに遠く大隅始良郡東国分寺上井の諏訪社などをあげ、その伝承を簡単に紹介されている。一方、先にあげた『日本伝説大系』においては、第七巻・中部編（主に長野）(39)、第八巻・北近畿編（滋賀・京都・兵庫）(40)が、各地の伝承事例をあげ、さらにそれぞれの文献資料を収蔵している。その伝承事例によれば、東日本における「甲賀三郎」は、およそ「諏訪縁起」に準じ、西日本におけるそれは、『諏訪の本地』に従いながら、それぞれの在地色を加味して伝承されている言える。

ここではまず両者の口頭伝承の事例をそれぞれあげておこう。

〈その一〉長野県北佐久郡・南佐久郡(41)

むかし〳〵立科山《たてしなやま》の龍宮淵《りゅうぐうぶち》に甲賀三郎が住んで居た。或る日この世界に出で来るとて、日頃用いて居る藤梯子《ふじばしご》に由つて千仭の崖《がけ》を攀《よ》ぢ登りこの世界に達したとき、妻が大切《たいせつ》の鏡を忘れたから引返すと云うので、自分がそれを取りに還つて往つた間に、兼ねてより三郎を邪魔者《じゃまもの》にして居た兄が、再《ふたたび》登つて来ぬように其梯子《はしご》の藤を根から断《た》ち切つてしまつた。三郎は煩悶やる方なく元の龍宮淵につい又数年を暮したが、其第二の妻とも云うべき者が握飯《にぎりめし》を四十九こしらえて与えたので、三郎はその教のまゝに一日に一つづゝ之を食うて、漸くして此世に出て見ると、元の妻は亦自分を思う余りに発心《ほっしん》して、浅間《あさま》の真楽寺で法華経《ほけきょう》を読誦して居つた。三郎は再会を悦んで夫婦睦《むつ》まじく暮して居たが、或日里人《さとびと》の言うを聞けば、三郎も近頃大分大きくなつて、真楽寺の池では狭《せま》いから、諏訪《すは》の湖へ遣《や》ろうじやないかと話して居るので、始めて心附いて我身を見ると、正しく大蛇《だいじゃ》となつて境内《けいだい》の池に棲《す》んで居る。大に驚いて早速《さっそく》諏訪の海へと志して真楽寺を立出で、来し方を振り返つて見たが漸く首が抜けたぐらいであつた。此時里人たちが、三郎まだ近いぞと云うたので、其処を近津《ちかつ》と云うことになつた。今は岩《いは》村田《むらた》町の中になつて居る郷社近津神社は則ち其故跡である。それから又二里ほども行つて、今の南佐久郡前山村の辺で再び振返つて見ると、漸く其尾が真楽寺の境内を出る所であつたので、今も前山村の辺に尻垂山《しりたれやま》がある。後に此地に寺を建立《こんりう》して尻垂山禎祥寺と称し、今尚大きな寺院である。此の如くして三郎は終に諏訪の湖に入り、神に祀《まつ》られることになつたと云う。

〈その二〉京都府北桑田郡美山町佐々里(42)

元明天皇の和銅六年（七一三）、妖怪が禁裏に出没し、近国の農民もその害を被った。天皇が博士に占わせたところ、丹波の国北部の深山に八頭一身の巨鹿あり、近年の災害はそのなす所なりとのことであった。天皇は武将の甲賀三郎兼家にこれを退治させることにした。兼家は家来を率いて丹波の国に到り、諸神の加護を祈り、矢を作り弓を削った。弓削《ゆげ》村の地名はこれによる。すると神祐著しく、箭竹《やたけ》が一夜のうちに生じ繁茂した。弓削村矢谷がその址である。兼家が山に入ろうとすると、二人の童子が現われ八丁山に導いた。途中、坂道を越えるとき、狩衣を脱いで甲冑を身に着けた。この地が衣懸山である。こうして佐々里川の上流朽柳谷に入ると、たちまち天地鳴動し、八頭一身の大鹿が岩窟内より躍り出て、兼家に飛びかかった。ただちに矢を放つと、見事に命中した。鹿は矢を負いながら山を下り、ついに斃《たお》れた。流血が岩や道を染めたので、この地を赤石《あけし》ケ谷という。兼家は大鹿を岩上で斬ったが、この岩を俎岩《まないたいわ》という。この岩は後に洪水で流され、今は芦生《あしう》の空戸の下にあり、付近を俎板淵という。また大鹿を斬った後、兼家は甲冑を脱ぎ、ふたたび狩衣を着けたが、今この地には鎧岩がある。兼家は都に上ろうとして佐々里で休憩し、ここに一祠を建て八幡大明神をまつり神恩に謝した。これが今の知井《ちい》八幡宮である。なお、大鹿退治に成功した従兵のうち、この地に留まって永住した者がいる。これが知井十苗で、知井村開拓の旧家だという。十苗とは、林・勝山・高野・大牧・中田・東・長野・名古・中野・津本の十家である。

前者〈その一〉の伝承は、諏訪本社輩下の蓼科修験とかかわるものである。しかもそれは浅間山麓の真楽寺に及ぶ。つまりその信仰圏において伝承されてきたもので、およそ諏方系《よりかたけい》の「諏訪縁起」に準ずるものと言える。後者〈その二〉は、当社八幡宮に合祀されていた諏訪社とかかわるものである。狩猟を旨とする諏訪神人の定着の跡を示している。それは兼家とあれば、いわゆる『諏訪の本地』とつながる伝承である。ちなみに「知井十苗」は、狩猟の名手であった甲賀三郎にならって長く狩猟のわざをもって生きてきたのである。

次に甲賀三郎の出自とかかわる文献の資料を三例あげる。

〈その一〉『京雀』[43]（寛文五年（一六六五）刊）東洞院通諏訪町

むかし近江国甲賀《かうか》の邑《むら》に甲賀《かうか》の太郎次郎三郎とて兄弟三人あり、つねに山をめぐり鹿《しか》をころして世を渡るいとなみとす、ある時三人つれてわかさのくにたかかけ山にわけいりけるに、この山の神大蛇《じや》となりてあらはれ出たり、三郎これとたゝかふて、つゐに其神をころす、兄二人鹿《しか》をとるにさまたけありといかつて、三郎を谷そこにをしおとす、三郎死《し》せずして大じやのかたちに變《へん》じければ、そのすむところに穴《あな》出来たり、三郎この穴《あな》にいりてしなのゝ国こなぎのおはらにぬけ通《とを》る、三郎が妻子《さいし》は悲しみ歎きて、くはんをんだうをつくりて跡《あと》をとふらふ、かくて三十三ねんにあたる日、三郎故郷をゆかしく思ひて甲賀《かうか》に帰る、里人おそれまどふ、三郎わか形ちの淺ましくなりたる事をかなしみ、くはんおんどうのえんのしたにはひいりわだかまりて、一しんに観音《くわんをん》を稱念《せうねん》しければ、大じやの形《かたち》もぬけてもとの三郎となる、妻子大によろこびけるに、兄の太郎も次郎もおそれて自害《じがい》す、三郎は甲賀《かうか》のあるじとなりつゝ、家さかえつゐにしなのゝ國に飛さり、後に人の夢にわれはすはの明神のけしんなりとつげ侍べり、そのくはんをんどうは今の水口《みみくち》の宿《しゆく》にあり、三郎が子は後に都にのぼり、今このすはの町にすみけるゆへに名とす、京にある人もし鹿《しか》を食《しよく》せんとするには此家にまいり、明神をおがみ白箸《しらはし》一前《ぜん》をうけ

て帰り、その箸《はし》にて鹿《しか》をくらへば子細なしといふ

〈その二〉『近江輿地志略』(44)（寒川辰清著、享保十九年〔一七三四〕甲賀郡水口駅

〔大岡寺〕

同岡山の麓にあり。龍王山大岡寺観音院と號す。白鳳年中の草創、行基の開基也。本尊十一面観音長三尺餘則行基の作なり。相傳甲賀三郎兼家守本尊也と、往古岡山にあつて坊舎六院繁昌の霊地なりしに、天正年中中村式部少輔一氏初て城を岡山に築くが故に、寺院を水口の駅中に移す。然後享保元年又寺院を舊地岡山に移す。今の大岡寺是也。天台宗比叡山延暦寺の末寺なり。俗之を呼んで岡の観音といふ者は、古城岡山の麓に在るを以てなり。

『羅山文集』ニ曰ク、余一ニ縁起ヲ見ルニ、其ノ卑俚去ニ足テスト。

曰ク、昔甲賀三郎兼家、兄太朗次郎ト其ノ衆山ニ遊ブ。兼家高懸山窟ニ入リテ、鬼輪王ヲ射殺ス。時ニ太郎次郎ハ穴ニ陥《オト》シテ掩フ。兼家化シテ蛇ト為ル。其窟ハ信州水忽ノ松原ニ通ズ。妻子大悲、此ノ堂ヲ立テテ、之ヲ弔フ。三十年ヲ経テ松原ヨリ出デテ、乃チ帰ル。己ガ蛇駆ト為リタルヲ知ラズ。而シテ故家ヲ問フ。家人甚ダ恐レ敢テ近カズ。見ル者皆驚キテ走ル。兼家甚ダ愧ジ之ヲ憂ヒ、夜寺ニ入リテ堂板ノ下ニ蟠ル。観音ノ力ヲモテ故ヲ脱シ、本身ニ復シテ家ニ帰ルヲ得タリ。妻子一ニ怪ミ一ニ驚キ、終ニハ甚ダ悦ビ、且悲シミ且泣ク。手ヲ握リ共ニ夫婦父子ト為ルコト故ノ如シ。是ニ於テ太郎次郎ハ之ヲ聞キ、懼レテ遂ニ自殺ス。三郎果シテ甲賀郡之主ト為ル、云々。

〔諏訪大明神社〕大岡村の境内にあり。大岡寺の鎮守なりといふ。

〈その三〉望月保氏蔵「系図」(45)（甲賀郡甲南町龍法師）

伊勢山田之地主大己貴命第二御子建御名方命、是諏訪望月之祖也。自夫二拾八代之苗裔信濃国住人

清和源氏　諏訪重頼

源左衛門尉

望月重宗

信濃守

諏訪貞頼

美濃守

望月兼家（定紋月ニ星九曜、丸之内梶之葉、梶葉筆柏）

隠岐守三郎父重頼寵愛尤深。黎民之崇敬超他事。重宗貞頼申合、衣崎之山頭有竜穴、遊宴事寄、終押落。于時醍醐御宇。歴一月之余、出所者近江国甲賀郡、水口郷綾野岡観音堂寸八分尊像之庵室者、兼家之古跡也。抑此尊像者、父重頼帰依。而兼家寵愛之余、幼年之節附属之。兼家京都着後、朱雀院依勅命、鎮東夷一乱、近江守改名。諏訪町居住之節、窺神霊、除鹿食之穢。則詫文曰、業尽有情、雖放不生、故宿人天、同証仏果。外秘歌有。兼家後入道、而与阿弥改。本国之氏神諏訪大明神信仰、応永弐拾五年、塩野村江奉勧請。御祭礼者毎年七月廿七日。同村之長民尊敬之。并供田敷地之反別者、経公辺除之。勿論別紙絵図之通、其外委者有二棟札一。

（中略）

右者系図譲之者、末世ニ致迄大切ニ致シ、睦シ鋪相、互ニ正月ニハ諏訪社参詣、□（不明）ニ相互ニ年頭相勤可申。猶委シクハ、本家ニ別系有之者也。

于時嘉永四癸亥八月上旬ニ写之。

望月直江

兼行（花押）

同苗松治郎

兼存（花押）

すなわち〈その一〉は、京都下京の両替町通・下諏訪町に鎮座する諏訪社の社伝である。およそ洛中には、諏訪社は二ヶ所にあった。その一つは東洞院通六角より蛸薬師までの御《み》射山町の諏訪社で、足利尊氏に仕えた小坂円忠が建立したものである。もう一つが、当下諏訪町の諏訪社で、御射山町のそれよりも創建は古く、坂上田村麻呂の勧請、源義経の再建と伝える。右の『京雀』は、甲賀三郎の子が住居したと伝える。が、それは、当社が諏訪神人の活動の拠点であったことを伝えるものである。その物語はおよそ『諏訪の本地』に準ずる。ただし三郎が蛇体を脱した観音堂は、水口の宿とある。次の『近江輿地志略』があげる大岡寺の謂いである。その三郎の子が住した諏訪社は、「鹿を食せん」人に、「箸一前」を渡し、それによって鹿食の難を免れようというのは、狩猟を旨とする諏訪本社が「鹿食免」を発行するのに準じたものである。

〈その二〉は、『京雀』ががあげた水口の大岡寺観音院の寺伝である。白鳳年間、行基開基を伝える古寺である。その本尊十一面観音は、甲賀三郎家の守り本尊とある。またその観音堂の前には諏訪社が祀られ、その池は三郎の池中より蘇生した跡とも伝える。林羅山の紹介する「縁起」は、ほぼ『諏訪の本地』に準ずる。かって柳田国男氏は、「大岡寺実録観世音利生記」なる写本が、ほぼ『諏訪の本地』と同じ筋として紹介されている。(46)なお、当寺が、甲賀三郎の末裔と称する望月氏一門と深くかかわることは次にあげる。が、同じ一門に属する望月善吉氏（甲南町杉谷在住）の所蔵の『諏訪の本地』(47)の一本には、本文の後に「大岡寺棟書云」で始まる「大岡寺縁起」の別伝が添えられていたのである。

〈その三〉は、甲賀三郎の末裔とする甲賀望月氏の伝えるものである。その三郎の事蹟は、先の京の諏訪社の社伝、大岡寺の寺伝に準じている。望月三郎の出所は、「水口郷綾野岡観音堂」としており、その一寸八分の尊像を祀る庵室は、「兼家之古跡也」とする。しかもその尊像は、兼家の父の重頼の帰依するものとして、望月家との並々ならぬ関係のあったことを主張している。なお『京雀』の叙述と違って、京の諏訪町に住したのは、兼家自身としている。それのみか、兼家は、後に入道して与阿祢（別に、良仙）と改め、応永弐拾五年に、諏訪大明神を塩野に勧請したなどと叙す。塩野の諏訪社は、甲賀三郎の末裔なる望月氏一統の氏社であった。しかしてこの叙述は、甲賀三郎の末裔と称する望月氏が、長年にわたった諏訪神人としての職を辞し、甲賀武士へ転身した史実を伝承するものと解されるのである。（拙稿「諏訪縁起の成立」(48)参照）

おわりに――ユーラシアに拓く――

右のように、本稿は、日本における英雄叙事詩の代表として、「百合若大臣」と「甲賀三郎」をとりあげ、その伝承世界をきわめて概括的に紹介したものである。しかもそれは、「ユーラシアに拓く」という課題に対して、日本における伝承の実態をあえてあげたのである。それは、日本における伝承の状況が、ユーラシア諸民族のそれと、直接、比較できるものかどうかの課題にこたえるためでもある。

わたくしどもは、これまで紹介された中央ユーラシアの諸民族の伝承する英雄叙事詩が、日本における「百合若大臣」、あるいは「甲賀三郎」に近似するのに驚かされる。それについては、はやく大林太良氏(49)はじめ、諸氏によって、それが日本の伝承の原泉になったのではないかの指摘がある。それらの諸氏の主張は、最近、坂井弘紀氏が、「中央ユーラシアと日本の民話―伝承の比較研究のために―」[50]において、丁寧に紹介されている。その伝播の可能性については、わたくしも否定するものではない[51]。しかし右にあげた日本における相当に複雑な伝承事情からすると、その伝播の具体的過程はそう単純であるとは考えられない。たとえば、仮に中央アジア英雄叙事詩が、日本に及んだとしても、それが日本に辿り着くまでには、いろいろな民族の伝承にふれているに違いない。しかもそれが日本に伝来するまで、韻文伝承のままであったと言えようか。文字文化にふれて、あるいは散文伝承化してはいまいか。しかもそれを受容したとする日本の伝承は、現在みることのできる幸若舞曲の「百合若大臣」でも、祈祷祭文の「百合若説経」でもあるまい。また「読誦《ヨミ》」のカタリの台本になる「諏訪縁起」でも、その展開なる『諏訪の本地』そのままではあるまい。実際にその伝播受容の実態を把握することは、容易ではないであろう。

およそ国際的比較は、文化のあり方を巨視的にみることで、きわめて重要である。まして遠くて近い関係にあると推される中央ユーラシアの諸民族のそれは大事にしたい。しかし、一元的に文化の伝播を論ずることは、慎重でなければなるまい。まずはそれぞれの民族における豊かに伝承の実態をうかがうことが、今は喫緊の課題ではあるまいか。しかしてわれわれは、民族を越える伝播の糸口を見出すにちがいない。

注

（1）千葉大学ユーラシア言語文化講座　平成二十五年〔二〇一三〕
（2）千葉大学大学院・社会文化科学研究科　平成二十七年〔二〇一五〕
（3）横山重・村上学両氏編『毛利家本・舞の本』（昭和五十五年〔一九八〇〕、角川書店）
（4）麻原美子・北原保雄両氏校注『舞の本』（平成六年〔一九九四〕、岩波書店）

(5) 一誠堂、昭和九年〔一九三四〕
(6)(7)(8) 福田晃・金賛會・百田弥栄子共編『鷹と鍛冶の文化を拓く 百合若大臣』(平成二十七年〔二〇一五〕、三弥井書店)
(9) 昭和二十三年〔一九四八〕、日本放送出版協会
(10) 昭和五十四年〔一九七九〕、角川書店
(11) 昭和五十五年〔一九八〇〕、角川書店
(12) 第四巻〈宮城〉(昭和五十七年〔一九八二〕)、第五巻〈秋田〉(同上)、第八巻〈群馬〉(昭和六十一年〔一九八六〕)、第二十巻〈山口〉(昭和五十四年〔一九七九〕)、第二十三巻〈福岡〉(昭和五十五年〔一九八〇〕)、第二十六巻〈沖縄〉(昭和五十八年〔一九八三〕)、同朋舎出版
(13) 昭和六十三年〔一九八八〕、同朋舎出版
(14) 平成五年〔一九九三〕、同朋舎出版
(15)『伝承文芸』第十一号「由利地方昔話集」(昭和四十九年〔一九七四〕、国学院大学民俗文学研究会)
(16)『勝本町の口承文芸』、昭和五十四年〔一九七九〕、勝本町教育委員会
(17) 昭和二十三年〔一九四八〕、中央公論社(『定本』第六巻、昭和三十八年〔一九六三〕、筑摩書房)
(18) 荒木博之・野村純一・福田晃・宮田登・渡辺昭五編、昭和六十年〔一九八一〕～平成二年〔一九九〇〕、みずうみ書房
(19) 野村純一氏ほか編(昭和六十年〔一九八五〕)、みずうみ書房
(20) 荒木博之氏ほか編(昭和六十二年〔一九八七〕)、みずうみ書房
(21) 荒木博之氏ほか編(昭和六十二年〔一九八七〕)、みずうみ書房
(22) 福田晃ほか編(平成元年〔一九八九〕)、みずうみ書房
(23) 藤原岳良氏『ふるさとの民俗』(昭和四十九年〔一九七四〕飽海郡昔話調査会)
(24) 右掲注(16)同書
(25) 昭和六年〔一九三一〕、郷土史蹟研究会
(26) 右掲注(6)同書
(27)『文学』八巻十号(『物語と語り物』昭和二十一年〔一九四六〕、角川書店)(『定本』第七巻、昭和三十七年〔一九六二〕、

筑摩書房）
(28) 伝承文学研究会編『神道物語集』（一）（昭和四十一年〔一九六六〕、三弥井書店）
(29) 『神道集説話の成立』（昭和五十九年〔一九八四〕、三弥井書店）
(30) 右掲注（10）同書
(31) 右掲注（11）同書
(32)（33）第三巻〈岩手〉（昭和六十年〔一九八五〕）、第六巻〈山形〉（昭和六十一年〔一九八六〕）、第八巻〈群馬〉（昭和六十一年〔一九八六〕）、第十二巻〈長野〉（昭和五十六年〔一九八一〕）、第二十五巻〈鹿児島〉（昭和五十五年〔一九八〇〕）、第二十七巻〈禰遣・高知〉（昭和六十四年〔一九八六〕）、同朋舎出版
(34) 右掲注（13）同書
(35) 右掲注（14）同書
(36) 右掲注（29）同書
(37) 岩倉市郎氏編『甑島昔話集』（昭和十八年〔一九四三〕、三省堂）
(38) 岩倉市郎氏編『おきのえらぶの昔話』（昭和十五年〔一九四〇〕、民間伝承の会）
(39) 渡辺昭五氏ほか編（昭和五十七年〔一九八二〕）、みずうみ書房
(40) 福田晃ほか編（昭和六十三年〔一九八八〕）、みずうみ書房
(41) 高島直一郎氏「信州佐久の甲賀三郎」（『郷土研究』第三巻十号、〔復刻版、昭和五十年〔一九七五〕、名著出版〕）
(42) 『京都府北桑田郡誌』（大正十二年〔一九二三〕）、京都府北桑田郡教育）
(43) 『新修・京都叢書』第一巻（昭和四十一年〔一九六六〕臨川書店）
(44) 昭和四十三年〔一九六八〕歴史図書社（初版、大正十三年〔一九二四〕『大日本地誌大系』所収）
(45) 拙稿「甲賀三郎 の後胤」（上）（『國學院雜誌』第六十三巻第六号、昭和三十七年〔一九六二〕（右掲注（27）同書、所収）
(46) 現在、成城大学民俗学研究所（柳田文庫）に所蔵されている
(47) 拙稿「望月善吉氏蔵「諏訪の本地」」（『伝承文学研究』第二号、昭和三十七年〔一九六二〕）
(48) 右掲注（29）同書
(49) 「百合若説経と内陸アジア」（『フォクロア3—魔　その系譜と諸相』昭和五十三年〔一九七八〕、ジャパン・パブリッ

シャーズ）（『神話の系譜』昭和六十一年〔一九八六〕青土社）
（50）『和光大学表現学部紀要』十六号（平成二十八年〔二〇一六〕）
（51）拙稿「「甲賀三郎」「百合若大臣」の神話的叙述」（『神話の中世』平成九年〔一九九七〕三弥井書店）

韓国の英雄説話「地下国大賊退治譚」

金 賛會

はじめに

韓国や日本を含め、東アジアや東北アジアの諸民族の大多数は、シャーマニズムなど、巫俗を基盤とする生活を営んできており、英雄叙事詩にはそうしたシャーマニズムに基づいた思考が反映されており、英雄叙事詩の「東明王篇」や、「百合若大臣」に対応する神歌「成造クッ」にも適応されるものであった。韓国には、こうしたシャーマン的英雄が「本解」という神歌として数多く伝承されている。

また、韓国には、アールネ・トムソンのAT三〇一型に属し、日本の「諏訪縁起・甲賀三郎譚」やチベットの『屍鬼故事』、中国の昔話「馬当古」、テュルク系のクルグやカザフ、シベリア・タタールの『エル・トシュテュク』『ナンバトゥル』などにも通じる、異常誕生をした主人公が地下国などを訪問し、大賊を退治する説話が数多く伝承する。こうした地下国訪問譚を韓国では「地下国大賊退治（除治）説話」と呼んでいる。

本稿では韓国の「地下国大賊退治（除治）説話」などを紹介し、シャーマンによって詠唱される神歌「城主クッ」

や日本とユーラシア地域に伝わる英雄叙事詩と関わって具体的に論じてみたい。

一　韓国の英雄説話「地下国大賊退治譚」の諸伝承

管見し得た韓国の英雄説話「地下国大賊退治譚」は、北朝鮮地域の平安北道、ソウルから済州島まで六九本の伝承である。(1)

韓国の「地下国大賊退治譚」の類話と言える、日本の「諏訪縁起・甲賀三郎譚」は、物語の主人公を兼家とする系統（兼家系、主人公の出生地の近江・甲賀を中心に近畿以西とする）のものと、諏訪とするもの（諏訪系、主人公の神としての示現地である信州諏訪を中心に近畿以東とする）とでわかれる。福田晃氏は、「諏訪縁起・甲賀三郎譚」の類話として世界各地の英雄説話を総合的に取り上げ、「諏訪縁起・甲賀三郎譚」の源流や両テキスト間の先後関係を再検討されている。(2)

AT三〇一「奪われた三人の王女」は、Ⅰ．主人公の超自然的出生・超自然的強さ、Ⅱ・主人公の転落、Ⅲ．捕われた娘たち、Ⅳ．娘たちの救出、Ⅴ．裏切られた主人公、Ⅵ．主人公たちの認知などのモチーフ構成となっている。AT三〇一Aは「超自然的出生・超自然的強さ」の主張が希薄で、誘拐された王女を救出しようとして、敢えて魔女を退治するという展開となっており、「諏訪縁起」の諏訪系に近いという。

これに対して、AT三〇一Bは、「超自然的出生・超自然的強さ」が強調され、それを証明するかのように魔王退治によって王女を救出するという展開となっており、「諏訪縁起」で言えば兼家系により近いという。(3)

そこで次では、韓国の「地下国大賊退治譚」を「主人公の超自然的出生・超自然的強さ」が希薄になっている「A

型」と、「主人公の超自然的出生・超自然的強さ」が強調される「B型」とに分けて、その梗概を示すことにする。

	「地下国大賊退治」（A型）[4]	「地下国大賊退治」（B型）[5]
①超自然的出生・超自然的強さ		ある所に父が早く亡くなり、母一人で商売をしながら一人息子を育てる家があった。その息子は二歳であるのに部屋の高い棚によじ登り、そこに置いてある飴をひっそりと食べるのであった。間もなく七歳になり、彼は数百名が防御している稲の野積みのところに行って、自分が一人で守護できると言い、食糧を盗んでいく泥棒達を全員退いた。
②三人組力士の山めぐり		彼は「灰毛の戦笠の者」と言われ、一人で旅をし、途中、鼻息で木を揺することができる男、塩を背負っていく男とその弟と腕相撲や巨岩持ち上げなどの力比べをして、三人兄弟の仲となる。彼ら三人は、「大力の能力を何かのために役に立てよう」と言い、旅を続け、ある大きな家に入った。
③怪物攻撃と負傷		そこには一人の女がおり、十四名の家族は皆怪物に拉致され、自分一人しか残っていないという。しばらくすると怪物が訪ねてきて、人臭いと言い、女を背中に背負って出るものであった。三人の力士の中で灰毛の戦笠の者が指で怪物の耳を引っ掛けると、地面に巨大な耳が落ちた。その耳の重さを量ってみると、九千斤以上の重量であった。
④姫君拉致	昔、あるところに「アギ鬼神」という大悪鬼が住ん	怪物は血を流しながら姫君を背負ってどこかへ逃げ

	でいた。その悪鬼はしばしばこの世に現れ、町を荒らしたり、美しい娘をさらって行ったりした。ある日、悪鬼は王様の三人の姫君を拉致してとこかへ消えた。	た。
⑤父の条件	王様は群臣を集めて、「姫君を探して連れて帰る者には最愛の末娘をあげたい」と言った。	
⑥姫君探索	しばらくすると一人の武臣が進み出て、「大王よ、臣の家は代々国禄をいただいております。この際、臣の身をささげ、国恩に報いたいです」と言い、姫君を探しに数名の従者を連れて宮中を出発した。	血の跡を辿っていくと、芝生のところでその跡が見えなくなった。
⑦老翁の教示	旅の疲れに山の麓で休んでいると、夢の中に白髪の老人が現れ、「私は山の神で汝の探している悪鬼の巣は山の向こうにある」と教えてくれた。	
⑧深穴発見と穴底降下	老人から言われた通り、山や谷を越えて行くと、不思議な岩があり、その下には穴があった。従者に伝って地下へ降りる縄を作らせ、籠を編ませた。武臣は従者たちに「誰か籠に乗って地下に降り、その様子を探って来てくれる者はいないか」と聞いた。しかし皆、降りる途中で怖くなり諦めた。仕方がないので武臣は、「何かある際には縄を振るから引き上げてくれ」と頼んで、自分が縄の籠に乗って地下に降りた。	よく見ると芝生の中には大きな穴があった。葛の根っこで縄を作り、灰毛の戦笠の者は従者を残し、それに伝って地下に降りながら、もし縄を引っ張るときは引き上げてくれと頼んだ。
⑨井戸の柳木と	地下には広い世界があり、その中で一番立派な家が	

水汲み女	悪鬼の家のようであったので、家の側にある井戸の大木に登り、敵の様子を窺った。しばらくすると一人の娘が頭に水瓶を載せて井戸に現れたが、よく見ると間違いのない王様の姫君であった。	
⑩探索者の変身	武臣がここまで来た一部始終を語ると、姫君は悪鬼の家の入口には恐い門番がおり、そこを通るのは大変危険だという。そこで武臣は道術で自らの身を西瓜に変身させ、姫君のスカートの中に隠れ、警備の厳しい門を通り抜け中に入った。	
⑪悪鬼の弱点	悪鬼は、「何だか人臭い」と言ってきたが、姫君達は、「そんなことはありません。おそらくご病気による気のせいでしょう」と言って、安心させた。そして大宴を催し、大酒を飲ませ悪鬼の機嫌を取り、「あなたも死ぬことがあるのでしょうか」と聞いた。すると悪鬼は、「そりゃ俺だって死ぬことがあるさ。俺の両脇にはそれぞれ二枚の鱗があり、それが取れてしまうと、命はない」と言った。	
⑫怪物退治	姫君達が、酒に酔って深寝入りした悪鬼の両脇の鱗を刀で切り取ると、頭が取れて天井にくっ付き、また再び落ちて首にくっ付こうとした。そこで姫君は灰を撒いて首にくっ付くのを阻止したのでついに悪鬼は死んでしまった。	地下世界は、地上よりよい暮らしをしていた。灰毛の戦笠の者は、拉致された女と姉弟関係を結び、女が持ってきてくれた水を飲んで力をつけた。女は、灰毛の戦笠の者を実の弟だと嘘をつき、怪物を安心させた。そして怪物に毒酒を飲ませ、刀で首を跳ねて殺した。

⑬姫君救出	武臣は王様の姫君と他の娘たちを救出して、籠に乗せて縄を振って引き上げの合図を送り、地上へ送った。	灰毛の戦笠の者は、救出した娘たちを先に地上に脱出させた。
⑭内なる者の裏切りと地下国放置	姫君を引き揚げた従者たちは、約束に反して最後に武臣が乗って帰る縄を降ろさなかった。それどころか大岩を落として穴を塞いだ。姫君を連れて宮殿に帰った従者達は自分らが姫君を救出してきたと偽った。王様は喜んで大宴を催し、手厚くもてなした。一方、何とか命だけは助かった武臣は、部下たちに裏切られたと悟ったがどうすることもできず、自分の身の上を嘆いて暮らしていた。	地上の従者二人は彼女たちを連れて逃げた。地下に取り残された男は、いくら待っても縄が降りてこなかったので池の周りに行き、一羽の鶴を発見した。
⑮援助者	そこへ以前助けてくれた老翁が再び現れ、「この馬に乗れば地上に達することができるだろう」と言われたので、馬に乗って鞭打つと、馬は飛鳥のように飛び跳ねて、地上まで運んでくれた。馬は別れを惜しんで涙ながら泣き、再び穴に入ったが、不幸にも首の骨を折り死んでしまった。	男は鶴を捕まえ、鶴に乗り、鯉を餌として食べさせながら登って行ったが、途中で餌が切れてしまった。すると男はポケットから剣を取り出して自分の太腿の肉を切り取って鶴に食べさせて脱出に成功した。
⑯帰国	王様は約束通り、従者の頭を末娘と結婚させようとした。宴会が盛大に行われるところに武臣が現れ、事の仔細が王様に報告された。	後出
⑰懲罰	真実を聞いた王様は裏切った従者たちの首を跳ねた。	地上に戻った男は、裏切り者を探し出して殺した。
⑱繁栄	武臣は王様の姫君と結婚して幸せに暮らし、それ以来、国は安泰、国は益々栄えたという。	彼は救出した娘を連れて帰り、他のところへ嫁に行かせ、義理の姉弟と仲良く暮らした後、死んだ。

右の韓国の英雄説話「地下国大賊退治」をモチーフ構成に沿って、あげると次のようになる。

この「地下国大賊退治」（A型）は、日本でも名の知られている孫晋泰氏が一九二七年八月、韓国江原郡新南面松岩里七十番地に住む車慶燁氏が提供したものをまとめたものである。孫氏は「本説話の前半部分は不幸にも紛失したので、一度読んだ記憶に基づいて整理し、後半部分は提供者の原稿をそのまま取り入れた」と記す。主人公の超自然的強さに触れないで、王女の失踪を表面から主張している。拉致された王様の姫君を探しに行くときの白髪の老翁による援助や最後のところで老翁が提供してくれた馬での帰国という、老翁による二回の援助が語られている。また、主人公が鳥のように飛翔する馬に乗って帰ったと語る点は、シャーマン的である。悪鬼に酒を飲ませ、その機嫌を取り、油断をさせて殺す趣向は他の伝承にもよく見られるが、悪鬼の両脇にそれぞれ二枚の鱗があり、それを切り取ると死んでしまうという、巨人の弱点を述べる点は、「悪鬼の弱点保持型」に属し、百合若大臣などの巨人説話に繋がる。あるいは裏切り者を退治し、王様の姫君と結婚する趣向は、テュルク族の英雄叙事詩「アルパミシュ」や百合若大臣伝承にも通じるモチーフである。

「地下国大賊退治」（B型）は、一九七九年五月、民俗学者の趙喜雄氏がソウルの道峰地域の公民館に集まった李興権氏（六十九歳）の語ったのを採録したものである。採録者の趙喜雄氏は、「語り手は他にもたくさんの昔話を記憶しており、語る際には相当酒に酔っており、所どころ重要な個所を忘れて語る。公民館に集まった他の人の殆どが地下国大賊退治説話を知っているようであった」と記す。本説話は、主人公の超自然的強さを主張し、姫君の失踪を表面から述べるものではない。英雄の主人公が三人の力士と力比べをして兄弟関係を結び、旅をするのが特徴で話型としては「三人兄弟旅型」に属する。血の跡を辿っていくのは他にも北朝鮮地域の平南・平原やチベットなどの伝承にも見えており、「糸（血）追跡型」に属する。チベットの『屍鬼故事』に見える「マサンヤルカタ」の内容は、牛か

モチーフ ＼ 話型	A型	B型
①超自然的出生・超自然的強さ	X	○
②三人組力士の山めぐり	X	○
③怪物攻撃と負傷	X	○
④姫君拉致	○	○
⑤父の条件	○	X
⑥姫君探索	○	○（血の跡）
⑦老翁の教示	○	X
⑧深穴発見と穴底降下	○	○
⑨井戸の柳木と水汲み女	○	X
⑩探索者の変身	○	X
⑪悪鬼の弱点	○	X
⑫怪物退治	○	○
⑬姫君救出	○	○
⑭内なる者の裏切りと地下国放置	○	○
⑮援助者	○（馬）	○（鶴）

ら異常誕生した主人公が旅の途中、仲間たちに出会い、食べ物を奪う妖女を攻撃すると血を流しながら穴に入り、追ってみると妖女は死んでいたとあり、[6]類似する。英雄は地下国の女が汲んできてくれた異界の生命水を飲んで力をつけ、毒酒を飲ませ怪物を殺す。怪物の巨人的姿を垣間見る。鶴に餌を食べさせながら地上に登るが、やがて餌が切れると自分の太腿の肉を切り取って鶴に食べさせる趣向は、「乗鶴与餌型」に属し、他にも全北・沃溝の伝承にも見える。また、この趣向は、トルコの「エメラルド色のアンカ鳥」やテュルク系の英雄叙事詩にも見られ[7]、その伝承関係が注目される。また英雄が鶴に乗って地下国から帰る趣向は、シャーマンの乗り物の鳥や馬と関連するものである。あるいは、英雄の登った柳の木は聖樹で、古朝鮮国の始祖・檀君が祈りを捧げた場所も神檀樹という木で同じ脈略で考えることができる。シャーマニズムでは天上、地上、地下の世界があり、世界の中心には宇宙木があり、この木

⑯帰国	○	○
⑰懲罰	○	○
⑱繁栄	○	○

を通じて神は上中下の世界を自由に往来するとし、スキタイやシベリア地域においては、鹿の角が世界樹として描写される場合もある。その樹には動物たちが集まる。[8] 地下国大賊退治（B型）は、主人公の「異常成長・超自然的強さ」が強調され、それを証明するかのように、「三人組力士の山めぐり」では旅の途中で出会った、二人の力士と力比べで勝利し、兄弟関係を結ぶ。そして、三人兄弟による「怪物への攻撃と負傷」が強調され、地下国に下り、姫君を救出するという展開となっている。これはAT三〇一B型の「奪われた三人の王女」や、「諏訪縁起・甲賀三郎譚」の兼家系に近いものである。これに対して、地下国大賊退治（A型）は、主人公の「異常成長・超自然的強さ」が希薄で、そのため「悪鬼の弱点」を利用した姫君救出という展開となっており、これはAT三〇一A型の「奪われた三人の王女」や、「諏訪縁起・甲賀三郎譚」の諏訪系に近似するといえよう。

（英雄説話「地下国大賊退治譚」を伝える済州島の金寧蛇窟）

以上の韓国の「地下国大賊退治説話」の六十二の伝承を話型によって分類すると、およそ次のようになる。

①誰を拉致するかによって、「男の妻拉致型」、「郡守の妻拉致型」（「崔致遠〈崔孤雲〉誕生譚型」に結び付く）、「王〈丞相〉の姫君拉致型」（「王様・丞相の条件」に結び付く）

②拉致された女性を追跡する方法として、「糸（血）追跡型」「老翁教示型」「模擬郡守遊びの童子教示型」
③怪物の居場所として、「地下穴降下型（垂直空間型）」と「高山・島の洞穴入型（水平空間型）」
④悪鬼の弱点保持の有無によって、「悪鬼の弱点保持型」
⑤誰が裏切るかによって、「従者裏切り型」「妻裏切り型」
⑥脱出時の援助者の有無によって、「乗鶴与餌型」「伝縄型」
⑦由来譚によって、「崔致遠（崔孤雲）誕生譚型」
⑧悪鬼の強力な力に対抗するため、男に飲ませるものとして、「童参・霊水飲み型」
⑨旅の途中に出会った人と兄弟関係となるのかどうかによって、「三人兄弟旅型」「従者旅型」

二　韓国の英雄説話「地下国大賊退治譚」の伝承様相

「三つの頭を持つ僧と砲手」(9)（竜の報恩型）

1．昔、あるところに弓射り名人の砲手がいた。彼は狩猟に行って帰り道に鷲のような大きな飛行物体を発見し、弓を射ると、その怪物は血を流しながらどこかへ飛んで行った。〔弓の上手〕
2．それから五日後、宮中では王様のお姫が正体不明の怪物に拉致された。〔王様の条件〕
3．王様は、だれか姫君を探して来る者には、婿として迎えたいというお触れを全国に出させた。〔姫君拉致〕
4．彼は先日、矢に刺され逃げた怪物がお姫を拉致して連れていった犯人だと考え、猟犬を立たせ、血の跡を付いていくと山奥の沼に辿り着いた。〔姫君探索〕

5. 猟犬はそこに止まり、吠えてきたので、巨岩を持ち上げると、大きな穴が見えた。砲手は村に下り、従者を連れてきて、外に出てくる際には、縄綱を揺するから引き上げてくれと頼んで、縄に伝って真っ暗な地下に降りて行った。〔深穴発見と穴底降下〕

6. 地下の中には村があり、立派な瓦屋の家があった。井戸の横の柳木の上に登り、様子を窺うと、水汲みにきた女性がいた。よく見るとお姫であったので柳の葉っぱを落として気づかせ、お姫を助けに来た旨を伝えた。〔井戸の柳木と水汲み女〕

7. お姫はこの家の主人は、頭を三つ持っている奇怪な姿の僧で、外に出て行っては婦女子や財産を強奪して飛んで帰ってくる怪物だ。今は羽に矢が刺され負傷し、患っているという。砲手はポケットから紙に包んだ毒薬を取り出して渡しながら、それを怪物の体に塗ってあげるようにと言い、塗られた怪物は間もなく死んでしまった。〔怪物退治〕

8. 砲手とお姫は倉庫の鍵を開け、死にかけている婦女や娘たちに食べ物をあげ、救出する。そして穴の入り口に連れて行って、地下から縄を引き揚げ、脱出させた。〔姫君救出〕

9. 外で待っていた従者たちは、自分たちがお姫様を救出してきたと、王様に報告し、褒美をたくさんもらおうとして、縄を降ろさずに砲手をそのまま地下に放置した。〔内なる者の裏切りと地下国放置〕

10. いくら待っても縄が降りてこないので、彼はこの世に出るのを断念し、山へ狩りに行った。何も捕まえられず、帰る道に一羽の鶴が魚をくわえて飛んでいきながら変な声で鳴いたので、矢を射て落とした。鶴はまもなく死に、魚は涙を流しながら悲しく泣いていたので、そのまま川に放してやった。〔魚救出〕

11. それから何日経ったある日、彼は魚を放した川に遠足に行った。そこで一人の身なりの端正な青年に会うが、自分はこの間、助けてもらった魚で、実は竜王の息子であり、竜宮に招待したいと言った。砲手は亀の背中に乗って竜宮に行き、竜王から手厚いもてなしを受けた。彼は竜宮から帰りに、願えばほしいものは何でも出るという「硯滴（宝物）」と竜王の娘の変身である鶯を褒美でもらった。〔異界遍歴と協力者〕

12．砲手は硯滴（宝物）と鶯を持って、怪物が住んでいた家に帰る。鶯が歌を唄うと綺麗な娘に変身し、兄を助けてくれたお礼としてあなたの妻になって一生を尽くしたいという。〔竜王の娘と結婚〕

13．彼は硯滴（宝物）に向かって縄が降りてくるように祈った。すると上から縄が降りてきて、妻と一緒に地上に帰り、硯滴（宝物）の力で大きな家を建てて住んでいた。〔帰国〕

14．たまたま芝刈りをしに来たある樵がその邸宅を見つけ、不思議に思い、王様に報告すると、王様は事の仔細を聞いてきた。砲手がお姫を助けた張本人であることを知った王様は、彼を宮殿に呼び、手厚くもてなし、お金と高い官職を与えた。彼は竜王の娘と末永く幸せに暮らした。〔繁栄〕

右は、一九四〇年六月、朴英晩氏編集の『朝鮮伝来童話集』に収録された「地下国大賊退治説話」である。この童話集には六十九話の民譚が収録され、一九三〇年代に北朝鮮地域の平南平原郡西海面で採録されたのは確かであるが、誰が語ったのか、その語り手や年令などは明記されていない。本英雄譚では、魚を銜えた鶴が地下国に居残された砲手によって射殺され、魚（竜の息子）だけが助かり、その後竜王の招待による竜宮訪問譚が語られる。そこで、ほしい者は何でも出てくるという硯滴（宝物）や竜王の娘の化身である鶯をもらって地下国の元の場所に戻る。そして硯滴（宝物）の力で地下国を脱出するという内容で竜の報恩が語られるのが特徴である。中国には、馬小屋で異常誕生した主人公が旅の途中、異様な男たちに遭い、蛇に呑まれそうになった蛙（龍王の子）を助けたことにより龍王から金の人形をもらい、血の跡を追い怪物を退治するが、仲間たちの裏切りによって穴の中に置き去りにされる。しかし、竜の助けによって穴の中から脱出し、仲間たちに復讐し、彼ら夫婦を柱の礎石と木の台にしたという昔話「馬当古」が存在するが、韓国の伝承は蛙が魚となっている点では異なるが、竜宮訪問譚や竜の報恩、そして血の跡を辿っていくという点など詳細において中国の伝承と一致する。また鶴は英雄によって犠牲されるのみで、英雄を地上まで脱出させる役割となっていない。あるいは他の伝承に見える裏切り者への懲罰も語られていない。またすでに竜王の娘と結婚しているので、王様が探索の条件として提示した、王の姫君との結婚も実現されていない。英雄の弓射り名人としての超自然的強さが強調されるという点と、王女の失踪を最初から述べていない点ではAT三〇一B型に近いが、同時に王女の失踪も強く主張されている点が特徴といえる。

「崔孤雲の出生」⑽（**「郡守の妻拉致型」「崔致遠（崔孤雲）誕生譚型」「悪鬼の弱点保持型」**）

1．咸鏡道のある町は、都から郡守（郡の長）が赴任すると、いつもその夫人がいなくなったりした。再度ある人が選ばれ、赴任したが、いつものように夫人がいなくなった。〔拉致〕

2．しかし、前もって夫人の体に赤い糸を巻いて置いたので、翌日、郡守は従者たちを連れて糸を辿って行った。〔姫君探索〕

3．糸は深山の石谷の洞窟に入っており、郡守が洞窟に入ってみると、大きな瓦屋の家があった。〔洞窟発見と入窟〕

4．洞窟の中の桃畑に座って、家の中を窺うと、夫人が豚（悪鬼）の毛を梳いていたので近くへ行って見ると、一匹の豚が死んでいるようであった。〔桃畑での再会〕

5．夫人は豚を次のように殺したと語った。「あなた（豚）は、この世で怖い者がいないというが、それでも危機に晒されたら助けなければならないので、秘密を教えてください」と言った。すると豚は、「俺は鹿の血が一番怖いんだ。もし、鹿の血を俺の体に塗ればすぐ死んじゃうよ」と。〔悪鬼の油断と弱点〕
6．夫人が豚から言われた通り、鹿の血を塗ると、豚はすぐ死んでしまった。〔悪鬼退治〕
7．郡守は、たくさんの宝の倉庫を開け、さらわれた娘たちを洞窟の外に出して、救出した。〔姫君救出〕
8．郡守は、洞窟に居残ろうとする者は、火を付けて皆殺した。〔裏切り者懲罰〕
9．夫人は郡に帰ってから六か月後に豚の子供を産んだが、その人が英雄の崔孤雲である。〔帰国・英雄誕生〕

右の伝承は、民俗学者の林在海・金ジャンファン両氏が国の傘下にある韓国精神文化院の企画によって、一九八〇年二月、慶北・盈徳地域を調査して採録したものである。語り手は七十二歳の李ギヤン氏で、この「崔孤雲出生譚」を幼い頃、聞いた話だという。

これは、拉致され妻が異類である豚と交わり、豚の子供である英雄・崔孤雲を誕生させたと語るもので、「苧環型蛇婿入譚」にも通じる話である。郡守が拉致された自分の妻を探索しに行くので結婚するモチーフは用意されていない。また、垂直の地下世界に対応する水平の洞窟の世界が用意される。そのため、縄に伝って地下に降りる趣向は見えない。豚（悪鬼）の弱点を述べる点では他の伝承と類似するが、鹿の血を塗って悪鬼を殺す場面は注目に値する。

前章で述べた高句麗国の英雄叙事詩「東明王篇」において、朱蒙（東明王）が巡狩する時に得た白鹿は、馬や豚とともに北方民族、特にシベリア諸族において代表的な生贄物である。白鹿はシベリアツングース族のシャーマニズムの中で悪霊を追い出す清潔（神聖）な動物として看做されている。英雄叙事詩「東明王篇」でも白鹿は、敵（悪霊）を退ける国家祭祀の生贄として登場している。高句麗では白色の犠牲獣に対する瑞祥は、国家的諸事の瑞祥として表れる。上記の英雄説話「崔孤雲の出生譚」において豚（悪鬼）は、「俺は鹿の血が一番怖いんだ。もし、鹿の血を俺の体に塗ればすぐ死んじゃうよ」と、悪鬼である豚自らが自分（巨人）の弱点を告白する場面が見えるが、鹿は悪霊を追い出す清潔（神聖）な動物として看做されていることと関連するもので、この物語が北方民族、特にシベリア諸族と関連することが考えられよう。

「人間泥棒」[11]（「妻裏切り型」）

1．ある貴婦人が下女と一緒に船に乗って見物に行ったが、途中でいなくなった。　〔姫君拉致〕

2．夫は妻を探しに出かけ、山中に入ると酒屋が見えた。そこの人に聞くと、ここには「人間泥棒の家があり、そこに入る人は見たが、出てくる姿は見たことがない。だから入らない方が良い」と教えてくれる。　〔酒屋の教示〕

3．それでも夫は人間泥棒の家の中に入った。下女は喜んで迎えてくれたが、妻は、「何のためにここまで来たのか」と言い、さらには倉庫に「閉じ込めて置け」と命じた。　〔妻の裏切り〕

4．下女は、「泥棒は今出かけており、一か月後に帰ってくる」と言った。そして、「泥棒を退治するためには力をつけて置かなければならない」と言い、重くて大きい刀をくれた。下女は主人が刀を自由に使いこなせるまで、繰り返し薬酒を飲ませ、力をつけさせた。　〔下女の協力〕

5．そのうち、泥棒は家に帰って来たが、下女は、泥棒は一度眠りに入ったら四日間も寝てしまうと言った。泥棒には首のところに大きな鱗があり、鱗が立ったとき、上の部分ではなく、必ず下のところを切らなければ生き残ると教えてくれた。　〔泥棒の弱点〕

6．鱗が立った時、刀で切ると泥棒は終に死んでしまった。　〔泥棒退治〕

7. 裏切った妻も首を跳ねて殺した。〔懲罰〕
8. 男は、さらわれたたくさんの人を救出し、船に乗って下女と一緒に故郷に帰った。〔帰国〕
9. 男は泥棒退治に協力してくれた下女を妻として迎え、一生幸せに暮らしたという〔結婚・繁栄〕

右の伝承も、前述の「崔孤雲の出生」と同じで、韓国精神文化院の企画によって、崔ジョンヨ氏などが一九八〇年八月、慶南・居昌地域で採録したものである。語り手は八十四歳の趙サンスン氏。採録者が「もし宜しければ昔話を聞かせてくれますか」と趙氏に直接お願いすると、氏は「記憶力が弱い方なのであまり語れないかも知れない」と言いながら、最初は断ってきたという。しかし曾孫が続けて強請ると、仕方がないような様子で「もし抜けたところがあっても理解してほしい」と言いながら、この「人間泥棒」の英雄譚を語り始めたという。

本英雄譚は、怪物の人間泥棒に拉致された妻を探しに夫が異界を訪問したが、妻が心変わりしたので怪物とともに妻を殺して助けてくれた下女と一緒に帰国、再婚するという「妻裏切り型」に属する。この伝承は他にも平北宣川・平北碧潼・平南・鎮南浦・咸南咸興・京畿富川・京畿富川・忠南洪城・全北井邑・慶北清道・慶南居昌などの伝承にも見えており、北朝鮮地域から慶尚南道地域まで広く伝承されている。こうした「妻裏切り型」は、他の国ではあまり見られない韓国の伝承の特徴と言える。なぜ、このような「妻裏切り型」の英雄譚が儒教文化圏の韓国で広く伝承されているのか、韓国民としてはどうしても受け入れがたい伝承で、今後追求すべき課題である。しかし、裏切った妻は最後に死と言う結末を迎えており、夫は裏切った妻の代わりに献身的にサポートしてくれた下女と再婚するという補償が与えられ、これもまた韓国的倫理観の反映と言わざるを得ない。怪物（盗賊）は強力な力持ちとしてその巨人性がよく表れている。怪物が盗賊して帰って来る際には、地面が大きく振動したり、家に帰って来ると何日も眠りに続け、体を触られても微動だにしなかったりする。こうした怪物が巨人で強力な力持ちの場合は、怪物を退治するために、拉致された妻や下女（妻が裏切り者の場合）から力を付ける霊水（泉水・童参・薬など）を飲ませられたり、重い鉄剣が与えられたりする。さらには英雄に怪物を退治できる力が付いているかどうかを確かめるために妻や下女は巨岩や思い鉄剣を持ち上げさせたりもする。場合には怪物の弱点（脇の下の鱗）の情報が妻や下女から先に提供され、そこを攻撃することによって簡単に怪物を退治したりする。怪物の身に毒を塗ったり、酒を飲ませるなど、敵を油断させて退治したりするなど、この趣向は、日本の百合若大臣伝承やユーラシア地域のテュルク系の伝承にも似通っている。

あるいは、怪物はとても恐ろしい者なので、その家に入らない方が良いと勧められる場合もある。その際、英雄は妻や下女の助けによって何重にもなっている門を警備する者に餅を投げつけながら通過したりする。あるいは、英雄を西瓜に変身させ妻や下女のスカートの中に入れて通過したりもする。こうした変身や蘇生のモチーフは、「全北・錦山」の伝承にも見られる。白鷺に金魚の餌や自分の腕の一部を切り取って食べさせ、脱出に成功した英雄が丞相の家に行って見ると、姫君はすでに死んでおり、遺体は草堂に置いてあった。その草堂の門を開けた際、一匹の猫が入ったが、その猫は実は姫君の魂でその魂が姫君の体内に入ることによって姫君は蘇生した。そして姫君を蘇生させたという噂が世間に広まり、別の丞相家からも病人を助けてくれという連絡があった。困っていると、白鷺が現れ、蘇生術を教えてくれた。そこで英雄は丞相家の二人の姫君を妻として迎え、幸せに暮らしたという。日本の甲賀三郎譚でも英雄が大蛇の身から人間に変身する趣向が見られるが、ここでも英雄が死者を蘇生させたりするなど、英雄の行為はシャーマ的である。白鷺などの鳥もあの世とこの世を行き来するシャーマンの使者であり、この要素もユーラシア地域のテュルク系民族などの伝承に通じる。

おわりに――英雄説話「地下国大賊退治譚」のユーラシア大陸への広がりとシャーマン

韓国の英雄説話「地下国大賊退治譚」は、地下国などの異界を遍歴した英雄が白鷺（鶴、馬）などに乗って帰国し、危険に晒されたときには西瓜に変身したり、死んだ姫君を蘇生させたりするなど、彼の行為はシャーマン的であった。前章で述べたように、英雄叙事詩である高句麗国の「東明王篇」は、高句麗の建国英雄で実在した東明王の事績を荘重で雄大な節句で描き、最後は英雄の死を述べ、建国英雄としての雄大さを韻文体で詠うものであった。英雄の朱蒙は、敵地の松譲王が降伏してこなかったので、西方に狩りに出かけ、白鹿を獲り、それを逆吊りにして呪言を唱え、雨を降らせて、松譲王の国を水没させており、彼の行為はシャーマン的である。テュルク系民族において英雄叙事詩を語る人を「バフシ（バクス）」と呼ぶ。この言葉は、カザフやクルクズではシャーマンを意味しており、テュルクの英雄叙事詩にはシャーマンの他界旅行の痕跡が具体的に認められる。韓国でも神歌として英雄叙事詩を語る男シャーマンを「バクスムーダン」「バクス」と呼ぶこともあり、テュルク系民族の英雄叙事詩を語るシャーマンの「バフシ（バクス）」との関連が注目されるものであった。

そこで英雄説話「地下国大賊退治譚」とシャーマンとの関連を探るために、神歌「城主クッ」をあげてみたい。神歌「城主クッ」は、韓国の本土に伝承される祭文で、家を新しく建てた時と、引っ越しをして家主が建築神である成造神を新しく迎え入れるときに行われる。「城主迎え（成造クッ）」巫祭や読経師による家内の安泰・無病息災と幸運・財運を祈願する「安宅」巫祭において唱えられる神歌である。これは建築神であり、家内の安泰・無病息災と幸運・財運を司る城主神の由来を叙述する英雄叙事詩である。(12) その梗概を英雄説話「地下国大賊退治譚」のモチーフと対照して示すとおよそ、次のようになる。

モチーフ＼諸本	神歌「城主クッ」	「地下国大賊退治」（B型）
（一）超自然的出生	天下国のチョンサラン氏と地下国のジタル夫人が結婚して三カ月には血が集まり、十カ月になると逞しい若君を生む。若君は七歳になると一文字を教えれば十文字を悟るなど、皆将来は必ず大物になると信じた。両親は若君の名前を黄山庭で生まれたことに因んで黄羽楊氏と名付ける。	①超自然的出生・超自然的強さ
（二）結婚	黄羽楊氏は元気に育ち、二十歳の折に忠清道鶏竜山に住む美しい姫君を妻として迎える。	⑱結婚
（三）天下宮の廃虚と差使の下向	黄羽楊氏は、ある日、不吉な夢を見て鎧と兜で武装し、板の間に出て警戒を強めた。その頃、天下宮では予測できなかった強風が吹いてきて、建物がひどく壊れ、宮は廃虚となってしまった。そこで満朝百官を呼び集め、宮を再建するための対策を協議し、黄羽楊氏が選ばれた。満朝百官は、力持ちで臨時特使の差使を黄山庭に送った。	
（四）竈神の裏切り	黄山庭に着いた差使は、黄羽楊氏を捕まえて行こうと家を攻めるが、家の守護神・業王に妨げられて失敗する。差使が困っていると、竈神は、黄羽楊氏が普段自分を丁寧に祀ってくれないことに不満を持ち、「明朝、黄羽楊氏が鎧と兜を脱いで母を迎えに行くので、その際に捕まえて連れていけば」と、告げ口を言う。	⑭内なる者の裏切り ②三人組力士の山めぐり
（五）妻の鉄の道具用意	差使は、黄羽楊氏に天下宮からの召集令状を提示し、宮の再建を命じ、旅の準備期間として三日間の暇を与えて帰った。天下宮からの突然の召集に悩んで飲食を全廃し、悩んでいる黄羽楊氏の姿を見た夫人は、夫を落ち着かせ、鉄の粉で宮作りに必要な道具を作ってやる。	⑫怪物退治
（六）姫君拉致	旅の途中、異界の沼津庭に着いた黄羽楊氏は、そこに住んでいる沼津王に騙	④姫君拉致

	され、着ていた服を脱いで、沼津王の服と交換する。黄羽楊氏の服に着替えた沼津王は、黄羽楊氏夫人が絶世の美人であると聞き、拉致して沼津庭に連れて行く。黄羽楊氏夫人は沼津王に「明日が舅、明後日が姑の忌日であるから男語らいできない身である」と、臨機応変の機転を使って貞操を守る。	
（七）地下空間（精進屋）幽閉	黄羽楊氏夫人は、「私の身には七鬼神が取り付いており、裏庭に精進屋を作り、差入れの飯を食べながら三年間隔離した生活を送れば取り付いている鬼神が離れるはずです。その時にあなたと就寝を共にしましょう」と言って、精進屋に籠もる。	⑧深穴発見と穴底降下
（八）天下宮の完成	天下宮に着いた黄羽楊氏は、壊れた宮を建立しようと地ならしをし、山の木を切って柱を建てて宮作りを完成させる。天下宮を発って旅の疲れでしばらく眠りに陥ると不吉な夢を見る。占い師に占ってみると、家は壊れ、妻は他人の家に嫁に行っているという夢であった。馬に乗って急いで故郷に帰ってみると山川は昔のままであるが、懐かしき家は大破して姿を消し、ただ礎石のみが残っていた。	
（九）烏の教示	黒丸烏の鳴き声に悟られ、礎石の下を覗いてみると、「あなた様、生きて帰れば沼津庭で、死んだ霊で帰ればあの世で会いましょうね」という流血の手紙があった。	⑦老翁の教示
（十）姫君探索	黄羽楊氏は、血書の手紙を懐に大事に納め、無情な歳月を嘆き、涙を流し、溜息を吐きながら沼津庭に赴く。	⑥姫君探索
（十一）井戸の柳木と水汲み女	沼津庭に着いた黄羽楊氏は、井戸水の横にある柳の木の上に登って天辺に座って夢を通して自分の居場所を夫人に知らせる。黄羽楊氏夫人は、精進屋で夫との再会を告げる三つの夢を見て、水汲みに沼津庭の井戸に着き、夫と対面する。	⑨井戸の柳木と水汲み女

（十二）探索者の変身	黄羽楊氏夫人は、「もし、あなたとこのように長話を交わす姿が沼津王に見つけられたら私達の命は無事ではないはずです。私のスカートの中で隠れ住み、沼津王を討ち取ってから再会の喜びを交しましょう」と言う。黄羽楊氏は三度宙返りをして自ら身体を青鳥に変え、夫人のスカートの中に隠れた。	⑩探索者の変身
（十三）酒飲作戦・悪鬼退治	黄羽楊氏夫人は沼津王に、「あなたと百年の縁を結ぶようになったのでお祝いの盃を交しましょう」と機嫌を取り、沼津王にたくさんの酒を飲ませる。酔い潰れた時、夫人は門を抜け出し、夫を呼び出す。青鳥に身を変えた黄羽楊氏は、再び三度宙返りをして元の姿に戻る。黄羽楊氏は沼津王に罪状を突きつけ石函の中に入れ、退治する。	⑪悪鬼の弱点 ⑫怪物退治 ⑬姫君救出
（十四）懲罰	沼津王は街路のチャンスン（村の守護神）になり、往来する人の挨拶を受けて暮らす身となる。沼津王の妻も下卒になり、道歩く人々が吐き出す唾をもらって生き、子供達はノロ鹿、鵲、烏、雉子、鳩となり高山で暮らし、狩人達の獲物となった。	⑰懲罰
（十五）帰国	仇を討ち取った黄羽楊氏夫婦は、故郷に帰る途中に日が暮れてしまい、葦林の中で夫人のスカートを敷いて、一夜を過ごす。	⑯帰国
（十六）神々示現	黄羽楊氏は建築や家を守る城主神、夫人は地神として現れ、村々を訪ねながら縁のある家庭に入り、家を建てたり、子宝に恵まれない家には子宝を授けたりした。	⑱繁栄

以上のように、シャーマンによる英雄叙事詩「城主クッ」は、（一）超自然的出生、（二）結婚、（三）天下宮の廃虚と差使の下向、（四）竈神の裏切り、（五）妻の鉄の道具用意、（六）姫君拉致、（七）地下空間（精進屋）幽閉、（八）天下宮の完成、（九）鳥の教示、（十）姫君探索、（十一）井戸の柳木と水汲み女、（十二）探索者の変身、（十三）酒飲作戦・悪鬼退治、（十四）懲罰、（十五）帰国、（十六）神々示現のモチーフ構成となっており、夫が留守中

に妻が拉致されるので「妻拉致型」に属する。英雄叙事詩「城主クッ」は、最後のところで家の建築を司る城主神示現を志向したため、(三)の「天下宮の廃虚と差使の下向」と(八)「天下宮の完成」を設けており、夫の不在中に妻が異界の悪鬼に拉致され、苦難を強いられる展開となっているが、それ以外は地下国大賊退治説話とほぼ類似する。これは、塩釜明神の申し子として異常誕生と異常成長をした師門が巻狩りに出かけた際に、悪党の中将が姫君を拉致し、それによって姫君は精進屋に閉じ込められるなどの苦難を強いられるが、最後は死んだ師門も蘇生し、悪党の中将を懲罰し、末永く繁昌したという「師門物語(迫合戦、稲瀬ケ城森館軍記)」ときわめて近似する。(13)

このように師門の死や蘇生、そして流浪・遍歴の旅、姫君の精進屋籠りなどは、きわめてシャーマン的であり、「師門物語」も韓国の「城主クッ」と同じように英雄叙事詩の範型に属する。シャーマンによる英雄叙事詩「城主クッ」は、拉致された姫君探索の手掛かりとして、黒丸烏の教示や姫君が残した血書が重要な役割を果たす。「全北・沃溝」の伝承でも地下国からの脱出において鶴は重要な役割を果たす。内容を見ると、ある男が稀に見る力持ちで、力比べをするため、全国の山川を回る。途中で岩を拳で粉にすることができる「岩山」、大木を息で倒せる「亭子山」と力比べで勝ち、兄弟関係を結ぶ。三人は一緒に山川を回り、途中、立派な瓦屋の家に入り、一夜の宿を乞うと、女が出てきて、「夫は怪物で帰った際、見つかったら殺される」という。仕事から帰ってきた怪物に女は、実家の兄三人が訪ねて来たと嘘を付き、怪物を安心させる。怪物が寝ている間、女は姿が見えなくなった。糸を手繰っていくと、穴が見えた。葛で縄を作り、弟二人を地下に降ろしたが、途中で止めたので男が下る。実は怪物の正体は猪であった。怪物は泥鰌が自分の魂であり、十匹を捕えて殺さない限りは絶対死ぬことはないと漏らす。英雄は怪物の弱点を利用して殺し、女を先に地上に送ると、地上の弟たちは自分の嫁にしようと裏切り、男は地下に取り残される。その際に一羽の鶴が飛んで来て、「もし地上に上りたければ、泥鰌が十匹必要だ」という。鶴は「あなたを載せて上る途中、私が口を開けて、クァと鳴いたら泥鰌を口に入れてくれ」と頼んできた。九匹の泥鰌を与えたが、途中で切れたので英雄は自分の指を切って鶴に与えて、地上に帰ることができたという。「平北・義州」の伝承では、部下の裏切りで地下に取り残された男が魚を釣っていたが、鶴が飛んで来て、もし魚をくれたら穴の外に運んでくれると言った。そこで男は次から次へ魚を与えたが、エサが切れてしまい、最後は自分の膝（太腿）の肉を切り取って鶴に与えて脱出に成功したという。

鳥は天上界を往来する神やシャーマンの使いで、ここで鶴に乗って地上に帰ってくる英雄は、きわめてシャーマン的であると言える。また、自分の膝（太腿）の肉を切り取って鶴にあげて脱出に成功するという事例は、大鷲に乗り、自分の太腿の肉を食べさせながら、地上への帰還に成功するというヨーロッパの「熊のジョン」や、王子が不死鳥に太腿の肉を与えて地上世界に戻るというイランの「林檎庭園」などにも見られる。これは、日本の「甲賀三郎譚」において、英雄の三郎が「鹿の焼皮を食べながら道を行き、四八六枚がすべて無くなったとき、地上に出ていた」とする趣向とも通じる。あるいは、韓国の「地下国大賊退治説話」において、英雄が拉致された姫君の探索に血の跡が手掛かりとなるが、これはテュルク系の「エメラルド色のアンカ鳥」において、「兄妹三人が悪鬼の血痕を辿っていくと深い井戸に着いた」[14]とか、同じテュルク系の一派・カルムイク族の「マサンの冒険」においても「岩の間の穴に続いている血の跡を辿っていくと、地下に十階建ての家が見えた」[15]とか、イランの「林檎庭園」において「悪魔の血の跡を辿って行くと、地下に悪魔の住いに着いた」[16]と述べる伝承にきわめて類似する。また、チベットの『屍鬼物語』の「マサンヤルカタの物語」[17]においても英雄が鶴に乗って帰国することや血の跡を頼りに怪物の住処や姫君の拉致された場所が特定できることとなっている。このように、英雄の「変身と蘇生」「血痕の追跡」「乗鶴与餌」など、韓国の英雄説話「地下国大賊退治譚」に見られる趣向は、東北アジア、中央アジア、ヨーロッパなどのユーラシア大陸に広く見られ、内容は勿論、こうした共通の要素と伝承の広がりは、英雄叙事詩を語り継がれてきたと考えられるシャーマンや各国の独自な伝承状況の問題とともに今後究明すべき重要な課題である。

注

（1）六二の伝承地域は、「平北定州（1）、平北宣川（6）、平北鉄山・新義州（1）、平北碧潼（1）、平北義州（1）、平南平原（2）、平南鎮南浦（1）、咸南定定（1）、咸南咸興（1）、ソウル道峰（2）、京畿議政府（1）、京畿江華（1）、京畿甕津（1）、京畿楊平（1）、京畿富川（1）、江原春川（1）、江原洪川（2）、江原寧越（1）、忠北堤川（1）、忠北中原（1）、忠南燕岐（1）、忠南大徳（1）、忠南洪城（1）、忠南洪城（1）、全北沃溝（1）、全北完州（1）、全北群山（1）、全北井邑（1）、全北淳昌（2）、全北錦山（1）、全北鎮安（1）、全南咸平（1）、全南新安（1）、全南和順（1）、全南扶安（1）、全南務安（1）、大邱（1）、慶北星州（2）、慶北清道（1）、慶北達城（1）、慶北善山（1）、慶北月城（2）、慶北盈徳（1）、慶南居昌（3）、慶南密陽（1）、慶南晋陽（1）、済州涯越（1）、場所未詳（2）」である。

（2）『神道集説話の成立』（三弥井書店、一九八四年）の「第一章諏訪縁起・甲賀三郎譚の源流―その話型をめぐって―」。

（3）注2に同じ。

（4）孫晋泰氏『韓国民族説話の研究』（乙酉文化社、一九四七年）、『朝鮮の民話』（岩崎美術社、一九八六年）所収

（5）韓国精神文化院編『韓国口碑文学大系』（1―1）。

（6）斧原孝守氏「中国大陸からみた「力太郎」の源流」（アジア民間説話学会日本支部大会資料集、二〇一七年二月二十五日）、金賛會「「斧原孝守氏の話題提供へのコメント」（アジア民間説話学会『AFNS NEWS LETTER』二三号、二〇一七年五月）。

（7）坂井弘紀氏「中央ユーラシアと日本の民話・伝承の比較研究のために」（『和光大学表現学部紀要』六号、二〇一六年三月）。

（8）金スグワン氏「平壌地域高句麗壁画の狩猟図に見える生死観」（『高句麗研究』一五輯、二〇〇三年）、坂井弘紀氏「英雄叙事詩とシャーマニズム―中央ユーラシア・テュルクの伝承から」（『和光大学表現学部紀要』六号、二〇一六年三月）参照。

（9）朴英晩氏『朝鮮伝来童話集』（学芸社、一九四〇年）。

（10）韓国精神文化院編『韓国口碑文学大系』（7―6）。

（11）韓国精神文化院編『韓国口碑文学大系』（8―5）。

(12) 拙著『お伽草子・本地物語と韓国説話』（三弥井書店、二〇一六年）。
(13) 前掲注12に同じ。
(14) 前掲注7に同じ。
(15) 金玄生氏「韓国怪物退治譚の研究」（嶺南大学大学院博士学位論文、二〇〇九年十二月）参照。
(16) 金ヨンヨン氏「イランの地下国大賊退治類型説話に関する研究」（『中東研究』第二九巻三号、二〇一〇年）。
(17) 前掲注16に同じ。

中国の「百合若大臣」と「甲賀三郎」

百田　弥栄子

中国の「百合若大臣」

（一）西南と西北にみる百合若譚

今日、「百合若大臣」を語ろうとする場合、日中韓ばかりか広く東アジア、中央アジア、西アジアの方まで視野を広げるべきであることは、論を俟たない。私も日頃中国の神話伝承に接している関係で、視野を広げながら、その密度や深さを知ることが重要であると思うようになった。

そこで中国の「百合若大臣」をみていくと、これまで西南部（雲南省、貴州省、広西壮族自治区）に十二事例、西北部（新疆）に四事例、計十六事例を収集することができた。以下に示すと、

1　雲南省徳宏の景頗《テンポー》族「凱剛《カイカン》と凱諾《カイヌオ》の物語」

2　雲南省怒江の傈僳《リス》族「アオバトの物語」

3 雲南省怒江の勒墨人《ロモレン》（白《ペー》族の一族支）「虎家の伝説」
4 雲南省昭通の苗《ミャオ》族「鷹がヒヨコを捕らえる訳」
5 雲南省金平の苗族「兄弟の遺恨」
6 雲南省の瑤《ヤオ》族「竹笛」
7 雲南省文山の沙人《シャーレン》（壮《チワン》族の一族支）「九尾の犬」
8 貴州省西南部の布依《プイ》族「作物を喰うイナゴ―六月六日の祭りに関して―」
9 広西壮族自治区百色の彝《イ》族「阿扎《アジャ》の伝記」
10 広西区河池の毛南《マオナン》族「兄と弟」
11 広西区北部の毛南族「朗追《ランジュエイ》と朗錘《ランチュエイ》」
12 広西区南端の京《キン》族「やさしい弟と腹黒い兄」
13 オイラト蒙古族「賢い蘇布松《ソブソン》・都日勒格《トゥリロコ》可汗」
14 オイラト蒙古族「桑斯尓《サンスール》の蟒古斯《マンクス》三兄弟との戦い」
15 新疆区の哈薩克《カザフ》族「非道の兄」
16 新疆区の維吾尓《ウイグル》族「マゼブム」

である。いずれの英雄も、日本の「百合若大臣」にみるような武芸の達人、妖怪退治、兄弟の裏切り、愛妻との長期の別離、英雄の突然の帰還、英雄の変貌による識別難などの諸要素を語っていた。

毛南族「兄と弟」
『民間文学』1982年第8期

それはさておき、中国の「百合若大臣」について、私は福田晃先生のご教示の下、『鷹と鍛冶の文化を拓く　百合若大臣』（福田晃・金賛會・百田弥栄子編著　三弥井書店　二〇一五年）で基礎的な考察を進めたことがあるが、本稿では更に考察と発見を加えてみたい。

さて、西北部の新疆に百合若譚が見られる点については、かつて〝難題譚〟について検討した際、中原一帯に「特徴的にみられる「難題型」の「猫に負ける大鼠」は、なぜか日本の姥捨伝承には見当たら」ず、「むしろ遙か遠い新疆の地に『今昔物語集』にみられる「親子馬」「木の本末」のような難題があり、雲南省、四川省のような西南部に、日本の伝承と関わりの深い「もっこ型」や「福運型」が語られていた」と、新疆の地へと誘われる系譜に言及したことがある（「中国の姥捨伝承」『中日文化研究所論文集』第二号、二〇一四年）。私にとっては継子譚や竈神の神話などに展開する「もっこ型」や「福運型」よりも、「親子馬」や「木の本末」の方が、〝難題譚〟としてはるかに親しい。したがって新疆の地に百合若譚が伝承されていることに、驚きはない。それは更に遙かなる中央アジアへ、西アジアへとつらなる展開を期待させるからである。

それよりも、広い中原一帯に百合若譚が〝見られない〟ことの方が、むしろ意外である。この点については、金関丈夫氏が「中国の百合若」（『木馬と石牛』岩波文庫　一九九六年（初一九五五年））で「中国の百合若大臣は、京劇の主人公「薛平貴《せっへいき》」である」と指摘され、薛平貴の名は京劇以外に見えず、民間伝承中の無名の英雄だったので、「『征東伝』の薛仁貴《せつじんき》の名にあやかって、のちに与えられたのであろう」と推察された。

薛仁貴《シュエレンクエイ》ならば唐代のかくかくたる名将で、『満洲の伝説と民謡』（満洲事情案内所　康徳七年（一九四〇年、初版康徳三年））によると、満州では薛仁貴は「半神的英雄として人気を集め尊敬をはらわれている」として、関連の伝説が九話挙がっている。それはおそらく「『薛仁貴演義』が大衆の間に盛んに愛読され来った結果とみられる」と付記されていた。『薛仁貴征東』なども古典小説として親しまれている。もちろん中国でも、薛平貴は薛仁貴の変容であるという見解で一致しているようである。文字で記載された著作が民間伝承に影響を及ぼすのは、普遍的な現象であるから。

更に3、の雲南省怒江の勒墨人（白族の一族支）「虎家の伝説」についても、新しい知見を得た。梗概はすでに紹介したが、これは雲南省怒江傈僳族自治州碧江の俅江両岸に居住する勒墨人の村に調査に入った張旭氏（白族）が採集し、「白族トーテム漫筆」という随筆の中に記録されたものである（『山茶』一九八一年第四期）。張旭氏が「碧江第四区白族虎家伝説」とされているので、私も「虎家の伝説」としたが、これは「この虎子の子孫が、今の勒墨人の中の虎氏族である」ので、むしろ「虎家の神話」とした方が良いと考えている。なおこの「家」は種族集団の意味で、ここに簡単に再録すれば、

突然の大洪水。阿卜弟と阿儀娣兄妹は大きなヒョウタンに入れられ、天から落とされて、洪水を漂った。兄妹は結婚して七人の娘が生まれたが、兄は亡くなったから、母となった妹は娘たちを育てた。娘たちが成長すると、虎が求婚に来た。虎は「承知せねば娘たちを噛み殺す」と脅した。末娘が母のために承知した。母と姉たちは、あの凶暴な虎のところにどうして嫁に行かせられようかと、相談した。それを盗み聞きした虎は、りりしい若者の姿となってやって来て、末娘を連れ去った。末娘は二人の男児を産んだ。兄弟は二人とも成長して狩人になった。兄は名を〝虎子《フーズ》〟といった。森には底なしの黒穴がある。ある日、兄が洞に落ちた。弟のしわざだった。兄は底なし穴にぐんぐん落ちていき、光明のある世界についた。そこは小人の国で、落ちてきた虎子にびっくり仰天。小人たちは虎子の為に鼠や魚、鮭、蛇、小鳥など、せっせと捕って与えた。けれども数年で食べ尽くしてしまった。小人たちは鷹に頼んで虎子を外に出してもらおうと、相談した。鷹は「先に大きな箕二つ分の鼠肉を食

わせよ」と要求した。小人たちはあたふたと箕三つ分の鼠を捕って与えた。鷹は虎子を背にして飛び上がった。そのうちに腹がすいてきた。虎子は自分の腿の肉を鷹に与えた。人は膝頭のところに窪みがあるが、それは鷹がつつき食べた痕である。こうして虎子は穴を脱出した。

一方、兄を穴に落とした弟は、家に戻って兄嫁に結婚を迫った。兄嫁は「夢に夫が現れないから、まだ生きている」といって、拒んだ。それでも弟は結婚を迫った。兄が戻ってみると、兄嫁はすでに夫を識別できなかった。そこで「もしも私の夫なら、私のベッドに。そうでなければ牛小屋に」というと、その男はまよわずベッドに行った。夫だった。夫婦はこうしてまた一緒になった。弟はあちこちを流浪し、鬱々として死んでいった。この虎子の子孫が、今の勒墨人の中の虎氏族である。

という物語。勒墨人の始祖は天子と天女という尊い出自で、虎との婚姻によった子孫が繁栄したという。兄妹婚の発端をもち、虎氏族の起源を説く神話である。「成長して狩人になった」兄弟は天人天女の血筋を伝えているから、〝鉄人〟であったことだろう。そこには「鷹と鍛冶」の系譜が読み取れるのである。

(二) 哈尼《ハニ》族の「百合若大臣」

その後、探索を続ける中で、雲南省の哈尼族が「俚閣《リーゴ》と尼莫姿嘎《ニモズガ》」なる百合若譚を伝承していることに気づいた(『山茶』一九九二年第五期)。それは大略、

哈尼族は代々〝地上は高人国、地下は矮人国〟と伝えてきた。

父母を亡くした兄弟が、木舟を造って河に出る。舟は二つになり、兄は下流へ、弟は上流へと流れた。兄は猿の住む竹林で魚を捕って暮らした。弟は人影のない村に流れ着き、隠れていた姉妹に大虎と大鷲が出たと聞いて

これを射殺した。姉はあばた顔、妹は美人。弟は姉には顔に粉を、妹には墨を塗るようにといい、兄を探しにでかけて、猿に追われていた兄を助ける。兄は色白の姉が気に入って姉と、弟は妹と結婚する。妹は家宝の銀の腕輪の片方を「必ず身につけて」といって弟に差し出す。兄は弟の嫁に横恋慕。妻を連れ出して亡き者にし、弟を山に連れ出して深い穴に突き落として義妹に結婚を迫る。村長も女の一人暮らしは難儀だといって兄に肩入れする。妹は「九十九日たっても夫が戻らなければ、白麻の包頭（死者を悼むかぶりもの）をして嫁になろう」と返答する。九十九日が過ぎて、義兄は義妹と結婚する。

弟が落ちた所は矮人国（小人国、地下界）の果樹の梢。そこは鷲の巣だった。穴の口から兄が投げ落とした石が矮人国の水溝を塞いで水源を断ってしまったから、弟は修復して家を建てる。矮人は感謝する。ところが弟は矮人国の作物をあらかた食べてしまうので、村長は竹鼠に弟を送らせることにする。七尾の竹鼠が弟に尾を捕まらせて穴を掘りつつ上へ。竹鼠の尾が一本ずつ抜けていき、最後の一本も抜けて禿尾になる。竹鼠は「もう高人国には行くのは無理だ」という。そこに綿竹の小屋掛けがあり、竹鼠は綿竹の根を一日かけて掘る。夕刻、数百羽のサギが来て綿竹に休むと竹はたわみ、パッと飛び立った反動で弟は地上に戻る。

ちょうど妻が水汲みに来たところ。妻からの腕輪を上からそっと水桶に落とすと、妻は家に戻って気づき、水辺に戻って夫婦は再会した。弟は人々を集め、兄めがけて矢を放った。訳を知った人々は夫婦を祝福した。

という百合若譚である（これで十七事例）。

兄弟が川を東西（上流と下流など）に分かれて流れて行って、別々の運命をたどるというモティーフは、他にも景頗族《チンポー》の「凱剛《カイカン》と凱諾《カイヌオ》の物語」、傈僳族《リス》の「アオバトの物語」、瑤族《ヤオ》の「竹笛」、沙人《シャーレン》の「九尾の犬」、京族《キン》の「やさしい弟と腹黒い兄」など、六事例が語っている。このモティーフは他の伝承にあまりみかけることがないので、中国の百合若譚に特徴的な要素かも知れない。

主人公が矮人国（地下界）から高人国（地上界）へ生還する方法として、ここでは竹鼠の能力と竹のしなやかな性質に拠っている。竹鼠は竹の根っこを食料とするきれいな鼠である。前述の「虎家の伝説」にも鼠、鼠の肉がさかんに登場している。「鼠」は『竹取物語』にかぐや姫が「火の中にうちくべても焼けぬ鼠の裘」を所望したとあるように、鼠は火に強い。「鼠の嫁入り」では鼠娘の父親は娘を太陽の嫁にしようと考える。中国でも同様で、鍛冶屋に嫁入りする鼠娘や鞴に潜る鼠がおり、雲南省紅河県の個旧という鉱山には鼠を祀る廟があって、落盤事故に備えている。鼠は鍛冶文化の主要な構成員である。

(三) 叙事詩

さて、中国の百合若譚として前掲『百合若大臣』で最初に挙げたのは、1、の雲南省徳宏傣族自治州の景頗族の「凱剛と凱諾の物語」である。出典は一九八三年の『景頗族民間故事』。その後、民間叙事長詩の「凱諾と凱剛」に気づいた（これで十八事例）。出典は一九八一年の『山茶』第三期。『山茶』ならば見ていたはずなのだが、見落としである。

これは雲南省民族民間文学徳宏調査隊が一九六〇年に徳宏傣族景頗族自治州の盈江県に入って蒐集し、初稿を作成した。一人の老歌手が歌った貴重な叙事詩であるという。〝文革〟後の一九七九年、更に段勝鴎、徐鵾、周興渤の三氏が現地を訪ねて調査し、原稿に手を入れ、討論を経て完成させた。これは歌手たちが物語を基礎に脚色して〝木占調〟（民謡の節回しの一つ）で唱ったもの。凱諾は景頗族の英雄で、景頗族の叙事詩の中でも突出した代表作であるという（段勝鴎、徐鵾、周興渤「景頗山上盛開的斑色花―景頗族文学簡況―」『山茶』一九八〇年第一期）。

この「凱剛と凱諾」は「語られる物語」として広く流布しているが、このように英雄叙事詩として節をつけて詠われていたことも確かめられた。叙事詩としての発表の方が数年早いのである。思うに〝文化大革命〟（一九六六〜一九七六年）が十年という長きにわたったために、民間の信仰や習俗、伝承などは〝毒素〟として退けられ、唱本（歌のテキスト）は没収され、伝承者は迫害を受けた。歌手たちは大事な叙事詩のテキストを油紙に厳重に包んで大木の下や洞などに埋めて隠したが、十年後に掘り出そうとするとすでに無くなっていた、その場所が分からなくなったということもしばしばだった。おそらくこのような英雄叙事詩も、この「凱剛と凱諾の物語」の例のように、しばらく前までは詠われるのが主流であったことだろう。すでに挙げた十七事例の多くも、詠われていたものはこの「凱剛と凱諾の物語」だけに留まることはあるまいと思う。

それは私が訪ねた山がちな村々には必ず〝民間芸人〟（村の事象に通じ、儀礼を主宰して尊敬を集める知識人、エンターテイナー）がおられた。夕暮れになって祭りが始まると、歌手（民間芸人、シャーマン）がテキストを見ながら（テキストも見ずに）詠う歌に合わせて跳舞、円舞になった。もちろん祭りや儀式では自分たちの言語（漢語でなく）で歌う。そのような景色を目の当たりにするにつけ、物語は詠うのが本来であったであろうと思うのである。多くの文字をもたない種族集団にとっては、オーラルが自然であった。現在、叙事歌の復元への追究、努力が続けられている。

（四）神鷹の登場

改めて十八事例をみると、多く兄弟（地主と小作など）は黄金の魚の子、天神の孫で虎神の子、天女の子のような神の子孫、その血脈など、英雄の聖なる出自を語っている。

英雄が成敗する妖怪妖魔は「刀砍不死、箭射不傷」。どんな宝剣宝矢も妖怪の体を傷つけることはできない、という〝鉄人〟である。皮肉が裂けると傷口をひと嘗め、首をはねられても元通りに胴にくっつく、犬に咬みつかれても肉はたちまち生える。このような不死の鉄人に相対し、英雄は宝剣を鍛え、鏃を打ち出す。村人たちは毒草毒菌を集め、鏃に塗って待ち受ける。英雄も妖怪妖魔に劣らず、鍛冶の達人であった。それでも逃げる妖怪には、剣に鶏糞（犬糞）を塗る。さればさしもの妖怪も一刀で討たれるのである。中国の天神（雷神）は鶏の姿であるとされている。私が〈オンドリ雷神〉と呼ぶ最強の鍛冶神である。〈オンドリ雷神〉じきじきに出馬するまでもない。妖怪は鶏糞ですら歯が立たない。〝鉄人〟の妖怪を成敗する鍛冶の英雄は、強いばかりか人々に安寧をもたらす真の英雄であった。

全体に小鳥の群のさえずりと竹笛の音が響いている。英雄が落とされた穴の底で竹笛を作って吹くと、傍らに伸びた竹に小鳥たちが集まってきて、その音が欲しいとおねだりして竹をしなわせ、英雄が梢に手をかけるやぱっと飛び立つ、反動で英雄は故郷に撥ね飛ぶ。英雄はさぞや笛の名手であったことだろう。もらった竹の長さ太さによってその小鳥の声が決まるという、鳥たちの声の起源を語る神話でもある。そして竹も、中国には天地を支える途方もない竹があり、複数の太陽がいっぺんに出ても焼けず焦げず溶けず、天と地の距離を支えている。複数の太陽を射るのもこの竹で、竹筒から始祖が誕生したと伝える民族もあまた見かける。この竹を笛にした声を、小鳥たちは競って頂戴した。この場面は傈僳族の「アオバトの物語」、沙人の「九尾の犬」、彝《イ》族の「阿扎《アザ》の伝記」、瑤《ヤオ》族の「竹笛」、毛南《マオナン》族の「兄と弟」と「朗追と朗錘」、京族の「やさしい弟と腹黒い兄」など、六事例が語っている。

口承文芸学会の会報〈伝え〉第四十六号（二〇一〇年二月）は、福田先生の「放鷹文化への誘い」が巻首を飾っている。その中に、

静岡市駿河城址で開催された鷹狩の実演、講演の後、懇親会で、向いに座った諏訪流の宗家・田籠善次郎氏に、

おそるおそる放鷹に笛を用いたかどうかと尋ねる。と、「昔は鷹を呼ぶのに使っていた。その証拠に、それぞれの笛には、鷹の名が記されていた」と答えられる。

とある。日本でも鷹と笛はセットであり、放鷹、鷹狩の場面で効力を発揮していた。

百鳥たちが網の端をくわえて英雄を天へ運ぶ場面では、どれほどの小鳥の大群が力を合わせたことだろう（毛南族の「兄と弟」など）。

底なし穴の脱出にはもう一つ、大鷹（大鷲）を駆る。英雄は大木の梢で雛鳥をねらう大蛇を退治し、大鷹はお礼に背を貸す。穴（地下世界）から地上までには大変な距離があり、大鷹が疲れひもじくなってふりむくたびに、その口に肉片を入れてやる。肉がなくなると、自分の太腿をえぐって与えるという場面は、英雄叙事詩が好むモティーフでもある。鷹飼、放鷹の技であろうか。西北のオイラト蒙古の「賢い蘇布松《リブソン》・都日勒格可汗《トウリロコ》」と「桑斯尓《サンスール》の蟒古斯《マンクス》三兄弟との戦い」、ウイグル族の「マゼブム」が語るが、西南の白族《ペー》・勒墨人《ロモレン》「虎家の伝説」や苗族《ミャオ》「鷹がヒヨコを捕える訳」と「兄弟の遺恨」も語っているから、決して西北に限ったモティーフではない。鷹を英雄のシンボルとする塔吉克《タジク》族のような民族もある。英雄は鷹骨製の笛を愛用するのである。

シンボルといえば、鷹のシンボルカラーは白である。天や太陽を象徴する色でもある。鶴や鳩も白い。天女は天から池や湖のほとりに白鳥や鶴、鳩のような、白い鳥の姿になって飛来する。後漢の蔡邕撰の『月令章句』に「鷹は化して鳩となる」ともある。発端に羽衣説話を語っている毛南族の「兄と弟」には、大工が「蘆の茂みに潜んで白鳥を待ち受ける」場面がある。「白鳥は飛来して湖畔で羽衣を脱ぎ、大工は七枚の羽衣を手に取った」。白鳥は蘆や茅、真菰などの水辺の植物が生い茂った原に飛来し、肥大した根を餌としてついばむ。根に沈殿した鉄分（水酸化鉄）を好むのであった。「沈殿した水酸化鉄が、鉄バクテリアの自己増殖によって固い外殻を形成し、褐鉄鉱の団塊（スズ）

となったものは、そのまま露天タタラで製鉄することができた」と、真弓常忠氏は論じられる（『古代の鉄と神々』学生社　二〇〇〇年（初一九九七年））。それはまた中国にあまた語られる白鳥処女説話、羽衣説話の舞台で、この広い地域に飛来する白鳥の群を求めて、鷹もまたやってくる。鍛冶文化の原風景であり、百合若譚もまたこの原風景を共有しているのである。

一方、村人を毎日一人づつ捕らえたり、激しい強風稲妻雷鳴を起こして金馬駒を浚ったり、悪さをする鷹も語られる。そしてその悪鷹は、次の「甲賀三郎」では大風、つむじ風となって登場する。

中国の「甲賀三郎」

（一）狩猟文化

諏訪神の前生譚である甲賀三郎譚は、すでに関敬吾、荒木博之、福田晃など諸先生によって世界的に伝承されていることが明らかになっている。また福田先生は、主として『神道集』に所載される甲賀三郎諏方の「諏訪縁起」は東日本の地域に、「室町物語」の甲賀三郎兼家の「諏訪の本地」は西日本の地域に分布しているとされ、「この物語は、狩猟を旨とする諏訪信仰とかかわり、その狩猟文化のなかで伝承されてきたことはことわっておきたい」と論断された（本書「日本の語り物文芸」）。かねてからのご主張である。

また、荒木博之先生は「わが甲賀三郎譚が「熊のジョン」の類話を踏まえて成立したものであることはほぼ間違いがなさそうである」として、一九七八年に御論考「甲賀三郎譚と熊のジョン」を著された。そこで日本や韓国、ヨーロッパなどの二十四事例に、「主人公の怪物を追っての地下界への下降」「地下界での盗まれた王女の発見救助」「主人公の仲間による地下界への放置」「邪悪なる仲間への罰と主人公への褒賞」という中核部分がみられ、わが甲賀三郎譚が「熊のジョン」の一類話として位置づけることができる、と指摘された（『昔話伝説研究』第七号）。「熊のジョン」は「地下界に住む怪物にさらわれた王女を主人公が仲間と協力して助け出すが、仲間の裏切りによって主人公は地下界に放置される。しかしながら超自然的な援助によって地下界から地上に戻り、仲間の裏切りをあばいて、王女救出の自らの正当性を主張し、王女とめでたくむすばれる」という物語であるとする。

取り急ぎこの「熊のジョン」に相当する事例を中国に探すと、内蒙古自治区莫力達瓦自治旗の達斡尔《ダフール》族の「熊息子」（「熊児子」『達斡尔民間故事選』内蒙古人民出版社　一九八七年）と、新疆維吾尔自治区の維吾尔《ウイグル》族の「英雄艾里《アイリ》・庫尔班《クルバン》」（『新疆民族神話故事選』新疆人民出版社　一九八九年）を挙げることができる。

母娘が草刈り（柴刈り）をし、娘がおしっこというので、母は先に帰る。熊が娘を襲い背に負って深山へ。母は娘を捜し回るも、みつけられずに日が暮れる。熊は洞に着くと大石で洞口を塞ぐ。熊は娘のために野ウサギや野鶏、果実を運び込み、一緒に暮らす。そのうちに娘は男児を産む。男児は成長が早く、数ヶ月で母と同じ背丈になり、力も強い。息子は母からこれまでのことを聞き、祖母の所に戻ろうとすると、熊が阻もうとするので殺す。熊息子のうわさをきいた代官（国王）は、熊息子に長年の懸案だった人喰い虎や悪龍退治を命じる（獣の言葉が分かる熊息子は虎をてなずける）。更に百頭の満蓋《マンガイ》（蟒の妖怪）退治（魔王退治）を命じられ、熊息子は途中で義兄弟となった二人の鬼（五人の英雄）と一緒に退治に向かう。満蓋は底なし洞に逃げ込み、熊息子が綱で降りていく。そこには天女のような娘（二人）がいて、粉挽き小屋の鉄卵が満蓋の霊魂（地下の箱に泳いでいる魚の腹の卵が魔王の霊魂）というので、行って卵を割って退治する。娘（魔王の数人の娘たち）を上に上げると、鬼たち（英雄たち）は綱を降ろさず、互いに娘を巡って闘い合う。熊息子が洞の奥に進むと大鳥がいる。老人（魔女）が「地上に出るには大鳥（大鷹）の背にのって十八日（十九日）かかる。その分の食料が必要」と教える。熊息子は食料を用意して大鳥の背にのる。十七日目に食料が尽きると、自分の太腿の肉をそいで与えて、ようやく洞を出る。まだ闘っている鬼たちを宝剣で退治する。娘を家に送り、代官に報告。代官は民のために三悪を除いた熊息子を武官にとりたて、祖母と母を呼んで太平な日々を送る。（熊息子は巴図尔《バトゥール》（巴図尔は英雄の意）の称号を与えられ、王位を譲られようとするも、郷里で畑仕事をするといって家に戻り、魔王の二人の娘と幸せに暮らす）。

という物語。その伝承地域が西北の新疆と、遙か離れた東北の内蒙古であることも、その間の広い空間にはまだまだ伝承されているであろうことが推測される。

(二) 地上への生還

中国の甲賀三郎譚は「熊のジョン」二事例のほか、手元に六十事例が集まっている。ここにそのおおよその梗概を示すと、以下のようである。

二人の狩人の若者甲、乙（兄弟。樵、漁師、農夫）が狩にでかけると、突然のつむじ風。斧（鎌、ヤス、天秤棒など）を放り投げると、美しい刺繍靴が落ちてくる。都では公主（領主の息女。許嫁）がさらわれたと大騒ぎで、「公主を救出した者を婿にする」というお布令が出ている。若者二人は血の跡をたどり、底なし穴に至る。若者乙が籠（藤蔓）に乗って（綱を伝って）地下に降りると、娘が血のついた服を洗濯（洗髪、水汲み）している。妖怪にさらわれた娘で、若者乙は妖怪に刀を振り下ろす。公主は穴の下に来ると、若者乙に婚約の証として腕輪（簪など）を渡す。若者甲は公主を地上に引き上げると、綱を切り（大石を投げ込む、大石で塞ぐ）、王宮に行って公主を救出したのは自分だと名乗り出る。

こうして若者乙は地下界に放置されてしまうのだが、彼が些かの遍歴の末に地上に戻るには、主として二通りの手段がある。その一は「熊のジョン」が語る大鳥（鷹、鷲、鳳凰）の背に乗って地下界を離れる手段。その二は、

> 地下界に放置された若者乙は、鉄鎖（鉄柱）に縛られた（大石の下敷きになっているなどの）龍を助ける。龍王（五海龍王、南海龍王）の三男（次男。龍女）で、若者乙を背に龍宮へ。龍王から土産（宝のヒョウタン、黒猫など）をもらって、無事に国に帰る。

という龍（龍宮）の超自然的な力による手段である。私はこれら二つのモティーフを〈鷹の飛翔〉と〈龍の援助〉のように表したい。ただ、百合若大臣譚に多くみられた竹の柔軟姓を利用して脱出する場面は、今のところ見当たらない。そしてその後は、

> 若者乙はただちに王宮に出向いて公主と再会し、国王に証拠の腕輪を見せる。めでたく公主の婿となり、若者甲は処刑される。

と語られる。

結局中国の甲賀三郎譚は、おおよそ、

（1）突然のつむじ風に主人公（狩人、農夫など）が斧（鎌など）を投げ上げる
（2）つむじ風の妖怪は傷つき、きれいな刺繍靴が落ちてくる
（3）町に戻ると娘を救った者を婿にするという国王（領主、金持ちなど）の壁紙
（4）主人公は仲間と血の痕をたどり、底なしの穴に至る
（5）主人公が綱（籠）で穴の底に下り、美しい娘をみつけて妖怪を退治する

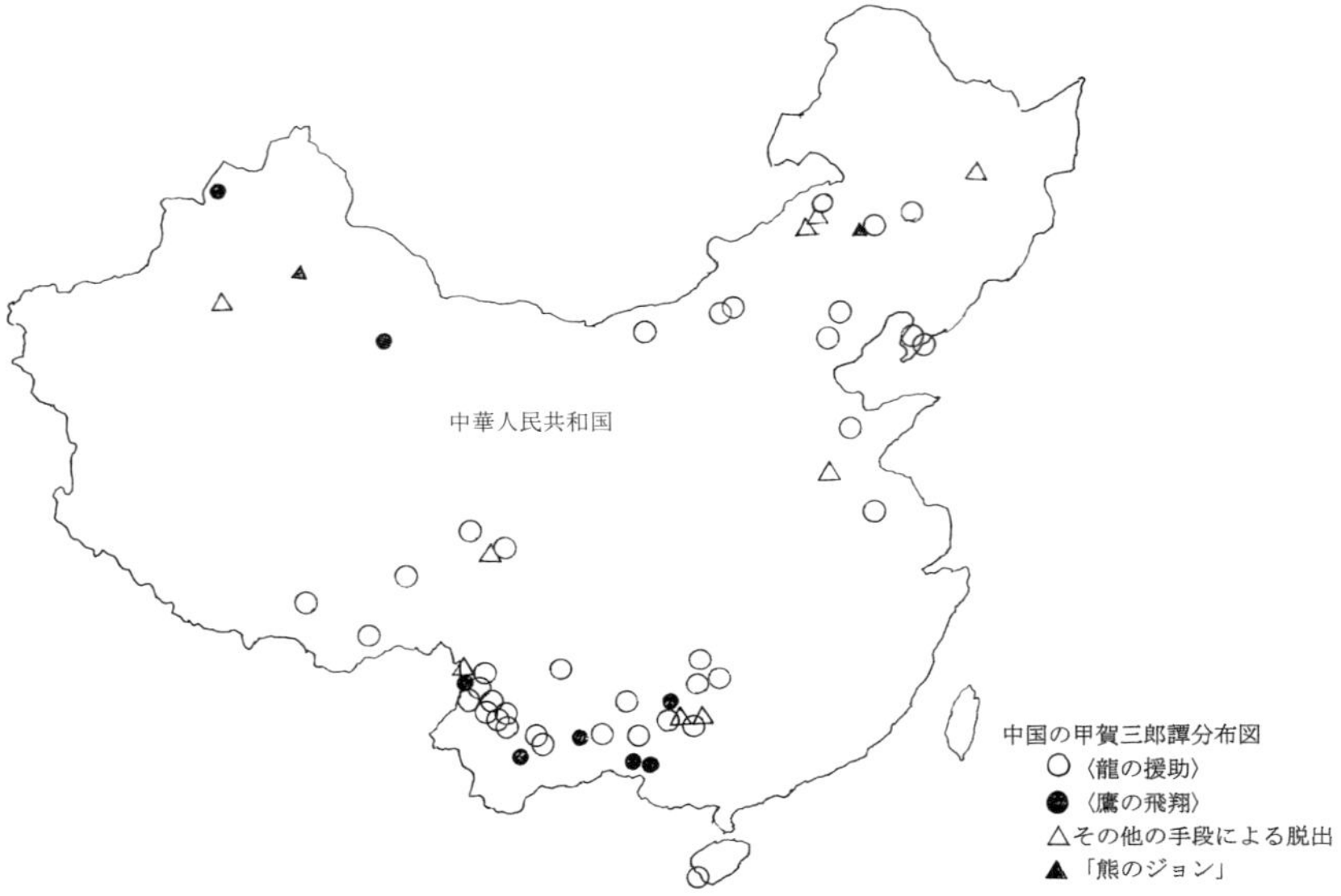

（6）主人公は娘を籠に乗せて地上に上げさせる

（7）仲間は美しい娘を見て綱を切り、主人公を地下界に放置

（8）主人公は地下界を放浪し、龍（蛇）を助ける、もしくは鷹の雛を助ける

（9）龍（鷹）の援助などによって地上に生還

（10）邪悪なる仲間への罰と主人公への褒賞

という物語である。

そこでこれら中国の甲賀三郎譚六十二事例を「中国の甲賀三郎譚分布図」に示してみた。（9）の主人公らが底なし穴を脱出する手段に注意して、〈鷹の飛翔〉（鷲、鳳凰、鳥の大群、大鳥も含む）は●、〈龍の援助〉は○とし、△は「壁に剣（針）を刺して登っていく」「自力で洞を登る」「天女や神の力で脱出する」などと語る三つ目の手段の場合である（「熊のジョン」型は▲）。

結局（8）の主人公が地下界をさまよって後、「龍（蛇）を助ける、もしくは鷹の雛を助ける」場面で、〈龍の援助〉○は四十一、〈鷹の飛翔〉●は十一、△は八となった。〈龍の

援助〉が大半を占めている点については、私のこれまでの関心が主として中国の西南部にあったためで、その他の地域への目配り不足の結果かと思う。今後も他地域への関心を持続していけば、〈鷹の飛翔〉が増えていくことも期待される。

なお、〈龍の援助〉のいくつかについては、

　龍の援助で地下界を脱出した主人公は龍宮に招かれ、龍王から宝のヒョウタン（宝の灯籠等）をもらう。家に戻る途中空腹を覚えると、ヒョウタンが食事を出す。これを強盗（宿の主人等）に見られ、ヒョウタンを盗まれる（殺される等）、龍がかけつけて強盗を成敗し、主人公は証拠の品によって婿となる。

などのように龍宮女房の後話が語られる。あろうことか、主人公が美しい娘を連れ帰ったという噂を聞いた皇帝が、主人公に難題を課す事例もあるが、当然ながら皇帝のもくろみは常に水の泡となるのである。

また〈鷹の飛翔〉によって底なし穴を脱出するモティーフは、前述した通り、西北のオイラト蒙古族の「狼娃《ランワー》、石《シー》娃《ワー》と幺娃《ヤオワー》」や維吾尓族の「英雄艾里・庫尓班」ばかりか、西南部の傈僳《リス》族の「白馬、神鷹と孤児」、哈尼《ハニ》族の「吾西《ウーシー》と紅壁虎姑娘」（壁虎はヤモリの意）などでも語られていた。西北のモティーフとして注意されていたかも知れないが、荒木先生が「汎世界的に見られるモチーフ」とされた通りである。

中国の伝承であるからには龍蛇が登場するのはいかにも似つかわしい。けれども鷹や鷲のような猛禽類がこの発端ばかりか、地下界から地上界への脱出の場面〈鷹の飛翔〉でも活躍する姿は、印象的である。ここにあらためて福田先生の「狩猟文化を背景とし、その狩猟の営みのなかではぐくまれた馬飼、鷹飼文化に支持されてきたもの」（本書「日本の語り物文芸」）という御説の重さに思い至るのである。それは「百合若大臣譚」とも共通している。

（三）風切り鎌

さて、「熊のジョン」型は（4）～（10）を語っていて甲賀三郎譚であることを主張しているが、発端部分の（1）～（3）は、あるいは中国の甲賀三郎譚が好むモティーフであるようだ。発端は「突然起ったつむじ風に向けて、主人公が斧や鎌などを投げ上げる」「つむじ風の妖怪は傷つき、きれいな刺繍靴が落ちてくる」という場面で幕を開ける。それは例えば「真っ黒なつむじ風が公主を巻きつつ来る、鎌を投げると血が落ちる」「西北から大風、女人を巻き上げてさらう、斧を投げ、血の跡をたどる」「東南方向からつむじ風、山刀を投げつけると、黒雲から刺繍靴が落ちてくる」「大蛇が強風とともに娘をさらっている」「九頭の大鷲が大風とともに娘をさらっていく」などと、語るのである。

私はこの発端の場面に興味を覚えている。それは大風が吹くと風に向かって鎌や刃物を投げるのは、おそらく日本の各地にみられる「風切り鎌」の習俗に相当するものと思われるからである。これは一般に「鎌をかかげて風を防ぐ」「風害を除くために刃物を用いる呪法」とされてきた。奈良飛鳥の西北にある法隆寺五重塔の相輪にも、四本の鎌が差し込まれている。これも風鎮めのためのものであったという。

そういえば二〇一〇年八月に敦煌に莫高窟を訪ねると、参道に高い二層の牌楼が建ち、屋根の中央に長刀鉾が天を突いていた。扁額に「莫高窟」とある。焼け付くような日差しに日傘を差して参道を莫高窟に向かおうとした時、強風が吹いて、日傘が一瞬でおちょこになった。骨まで折れてしまったから、風の強さが知れよう。堂々とした牌楼に、あたりにふつりあいな長刀鉾が掲げられている意味が諒解されたことだった。

吉野裕子氏は「風は木気で金剋木、風を撃つ最上の手段は金気を以て木気を剋すること」とされるので（『陰陽五行思想からみた日本の祭』弘文堂　一九七八年）、風上に向けて鎌をたてる風切り鎌の風習は理にかなった対処法であった。

井本英一氏の『境界　祭祀空間』（平河出版社　一九八五年）によれば、「刃物で風神を鎮めるという民俗例は、スコットランド高地人は風に向かってナイフを投げ、エストニア人は風を鎌できりつける。ドイツ・スラヴ・エストニア人は風にナイフを投げかけると、ナイフは風の血で赤くなる」のように、「世界的にみられる」。「民俗誌的にみると、風を鎮める際に鎌やナイフを風に向かって振りまわすのが古いしきたりであった」という。それならばこの「風切り鎌」の習俗も、汎世界に及ぶものなのであろう。

私は黒龍江省牡丹江のほとりの村から帰国された友人、中島幼八氏から、

　嵐で雷が鳴ると、養母が包丁を戸口から外に投げた。「どうしたの」と聞くと、「禿尾巴老李《トゥウエイパラオリー》が通るから。嵐もつれてくる。嵐をもたらすから」といった。

という話を伺ったことがある。養母氏が鎌や包丁のような金物を、強風に向けて反射的に投げる行為は、あたかも日本の「風切り鎌」を思わせる。

この「禿尾巴老李」とは、直訳すれば「尾のない龍の李さん」「ちびた尾の龍の李さん」という意味。尾を切られた龍、尾の短い龍のことで、西南から東北にかけて、禿尾巴龍や禿尾龍、特掘、断尾龍、短尾龍、掘尾龍、禿把老李など、さまざまに呼ばれて親しまれている。それだけ各地に「風切り鎌」の習俗がみられることを、意味している。もちろんこの龍は、土地によっては蛇にとって代わることもある。

この習俗は、「龍の嫌いな鉄の刃物を外に投げだして、禿尾巴老李の怒りをおさめて農作物に雹害がないことを祈るのであろう」と、櫻井龍彦氏は論じられる（「開発と災害伝承のなかの龍」『アジア遊学』第二十八号　二〇〇一年）。確かに多くの伝承で、「妻が蛇を産んだ（金翅金鱗の小青龍がとぐろを巻いていた）、帰ってきた夫は黒い怪物

（金色の龍が妻の乳を飲んでいるの）を見て驚き、鉄鍬（斧、菜切り包丁など）で切りつけた」とか、「娘が飼っている龍は大きくなると海で大波を起こすようになり、娘は龍を叱る。龍は後悔し、尾を立てて娘に切ってくれと頼む」とか、草刈り機で豚草を刈っている時、鎌を振り回している時、誤って龍尾を切ってしまった、雷公や許真君、和尚などに切られたとか、語られている。結局のところ龍は共通して尾を切られるのである。

文献をみると、『捜神后記・蛟子』にも記載があるが、その中で晋宋の頃の裴淵撰の『広州記』の「掘尾《ジュエウェイ》」（掘は方言でしっぽの欠けた意。絶と同音）に、

浦渓口有龍母養龍、裂断其尾：因呼其渓為龍窟、人時見之、則土境大豊而利渉。

（広州の浦渓口に龍を飼う龍母がいたが、誤って子ども龍の尾を切り落としてしまった。それで浦渓口を龍窟というようになった。人がこの尾のない龍に会うと、土地は肥沃になり商売は繁盛する）

という貴重な記載がある。

なぜなら、この〝禿尾巴老李〟、すなわち「尾のない龍の李さん」は尾を切られた後、「娘にこれからは水が足りない所に行って水を吐き出すようにとさとされると、田畑の灌漑のために、毎年清明節前後に墓参りに帰ってくる」「川辺（黒龍江）に住んで、人々にたくさんの慈善を施した」「毎年旧暦三、四月に大風が吹くと、人々はあの龍（蛇）を扶養した老婦人の墓参りをしているのだと頷き合った」「二年続きの旱魃。人々が龍が淵で雨乞いをすると、掘尾龍が現れて中空を飛び回り、雷鳴とともに雨が落ちてくる」「ひでり、禿尾巴龍が母の墓の上を旋回すると、雨粒が乾いた田畑に降りそそぐ。人々は〝李老爺《リーラオイエ》〟（老爺は身分のある男子への尊称）と歓声を上げる」などと語っているからである。こうして毎年五穀は豊穣で、禿尾巴老李のための廟が各地に建てられた。

このようにみてくると、「風切り鎌」の習俗は〝風鎮め〟のためとばかりはいえなくなる。〝禿尾巴老李〟、尾を切

られた龍は、毎年清明節の前後、母の墓参りに故郷に戻り、清明節後の農繁期にそなえて慈雨を降らすという観念があった。「禿尾巴老李の怒りをおさめて農作物に雹害がないことを祈るのであろう」を越えて、禿尾巴老李には大地を沃野にするという思想が読み取れるのである。なお清明節は冬至から数えて一〇五日目〜三日間、四月初めの頃に当たり、中国には一族うち揃って墓参りをするという習慣がある。

すると甲賀三郎譚は、肥沃で豊かな暮らしを宣言しているかのようである。

（四）浚われた娘たち

さて、（1）の「つむじ風の妖怪」には妖魔、悪魔、八頭妖怪のような怪物と九頭蟒、巨蟒、鰲魚（大亀）のような龍蛇類、それに岩鷹、多頭怪鳥、九頭鷲のような猛禽類の三種がいて、にぎやかである。そしていずれの妖魔も宝剣宝矢が無用の長物となる〝鉄人〟である。いうまでもなく、この鉄人のような妖魔を一矢で傷つけ一刀で首を斬る主人公の英雄は、とうてい妖魔の敵ではなかった。

この「突然のつむじ風に娘が巻き上げられる」場面は、祭りの起源を語る神話的な伝説とも共有する。たとえば、雲南省昆明から湖南省にかけて居住している苗《ミャオ》族は、

鷹（白野鶏）が村の美しい娘を強風とともにかすめ捕る。狩人が鷹を射る（鷹が落下、美しい刺繍靴が落ちてくる）。狩人は鷹の羽根を一本抜いて頭に挿すと、立ち去る。大洞から救出された娘は髪に白野鶏の羽毛を挿した若者に救われたと知る（救出された娘は降るような縁談に見向きもせず、髪に鷹の羽根を挿す）。新年（翌年の四月八日の祭り、秋祭り）に、娘は群衆の中に鷹の羽根を挿した若者をみつけ（祭りに現れた若者は鷹の羽根を挿した娘に気づき）、二人は再会し、結婚する（「苗族銀叉的伝説」『南風』一九九〇年第三期、「蘆笙是怎様吹起来的」『山茶』一九九二年第一期）。

と語り、これが苗族の村での自由な結婚の先例となったという。後に武陵山の苗族の娘たちはみな意中の人に出会いたいと、鷹の羽根を髪に挿すようになった。

広西壮族自治区龍勝の侗族《トン》も、若者が「岩鷹の羽根か鶏の羽根を頭巾に挿してやってきた若者がいれば、それは私だ」といって、去って行く、数年後の村祭りで、娘はめでたく若者と再会する、と語るのである（『侗族民間愛情故事選』広西人民出版社　一九八五年）。なお、野鶏は中国にあっては鍛冶の首である雷神（天神）の姿で、「鷹は鶏を源とする」（鷹源于鶏）と言い習わされている通りである。

また湖南省湘西武陵山一帯の苗族も、祭りに関して同様に神話的な伝説を持つ。

岩磨鷹がきらきら輝く物を銜えて飛んで来る。狩人がすばやく矢で射ると、落ちてきたのは美しい刺繍靴。これをはく娘はきっともっと美しいと狩人は思った。狩人は靴を拾った川辺に坐って水車をぼんやりみつめ、この水車を秋祭りに八人秋《バーレンチウ》（八人乗りのブランコ）にして、刺繍靴の娘を探そうと決心。立秋節の日、苗山は喜びの海となった。狩人は刺繍靴を腰帯にはさみ、最初にブランコを回した。すると腰に刺繍靴を結んだ娘がブランコを回している。二人は互いを認めて歌を交わしあった。以来、八人秋は秋祭りの行事の一つになった。ブランコが一番上にきた二人は必ず対歌をし、見物人が満足するとブランコを回す（「八人秋的来歴」『民族文化』一九八三年第六期）。

なお八人秋は、水車のような大輪の軸を中心にして、四本の横木にそれぞれ二人づつ計八人が均等にぶら下がって回すブランコ。また靴の原文は「鞋」で、布製の短靴のこと。ここでは美しい刺繍が施されたもの。

祭りはどこの民族も作物の豊作を祝ったり、予祝したり、祈願し感謝するもの。そのような祭りに関して甲賀三郎譚の発端（1）（2）が語られているのである。

更につむじ風にさらわれる娘たちをみると、国王や領主、富豪の娘たちばかりか、龍女（龍王の次女）や地府（あの世、黄泉国）の天女、それにタニシ、ヤモリ、トカゲなどが変じた霊的な娘たちである。彼女たちは、たとえば、

その夜、九頭の黄風鬼の第五の頭を膝に置き、虱を捕る。鍾馗髭の中に黄金の長い鬚をみつけ、これが術を使う宝器と気づいて引き抜く。黄風鬼が怒るが、「鬚の中にたくさんの虱を蓄えている人の奥さんに誰がなりたいものですか」といいつつ三本とも抜く。

のような知恵深い娘であり、ヤモリが変じた娘は主人公たちを糸を張って捕らわれた洞まで導き、大鬼を退治した主人公に「白羊と黒羊が戦っているが、白羊にまたがれば洞口まで連れて行ってくれる」とか、「白山羊と黒山羊がかけてきたら、白山羊にまたがれば上の世界に戻れる」などと教える。

芒古斯《マンクス》（蟒古斯）に捕らわれた公主は「十二頭魔のどの頭にも霊魂があるが、主魂は川の北側の岩洞にある」とか、「四十五頭と三十五頭、十五頭の蟒古斯の霊魂は、あそこの夜具の上の小箱の中の三匹の幼蛇だ」などと耳打ちする。若者に蟒蛇の宝剣を渡し、若者が蟒蛇を斬るたびにすばやく大量の灰を撒く公主もいる。もちろん蟒蛇は斬られた部位をつなぐことができずに退治されるのだが、公主は蟒蛇が灰にめっぽう弱いことを承知していた。

公主はまた「魔鬼の霊魂には金銀の魚が付いている。それを殺せば魔鬼は倒れる」とか、「九頭妖王の胸に赤い斑点があるが、それがただ一つの弱点」「人熊は鉄人、ただ首に赤い斑点がある。就寝時にはっきり見える。ここをひと突きせよ」「九頭妖王の胸にある赤い斑点を突くように」「老鷹妖怪の脇に宝剣がある、妖怪を退治することができるのはこの宝剣だけ」などと教えるのである。

興味深いのは、妖魔、大蛇の頭部に鉄鍋や銅鼓をかぶせる古代（戦国～前漢）の葬式が語られている点である。鉄人たる妖魔は主人公が首を切り落としてもたちまち元通り。そこで貴州省黄果樹の苗族の「阿庫と替久」（『黄果樹的

故事』貴州人民出版社　一九七九年）は、

富豪の娘、実は龍女（龍王の次女）と若者は大蛇を酔わせ、若者が首をはねると、娘は間髪をいれずに鉄鍋を首にかぶせた。大蛇の首は再びくっつくことはなかった。

と語り、広西区の苗族の「長亜蒙《チャンヤーモン》と長亜開《チャンヤーカイ》」（『広西苗族民間故事選』広西壮族自治区民間文学研究会（内部資料）一九八二年）も、

美しい娘（龍女）に求婚したりりしい若者（大蛇）が、初夜に大蛇の姿になったのを家人に見られ、娘を懸崖の石洞にさらう。若者は大籠を編みロープをなって下に降り、大蛇の首を切る。娘はすかさず大きな銅鼓を首にかぶせた。

と語る。龍女の超自然の霊力が発揮されるのだが、この場面は貴州省畢節地区赫章県可楽郷の可楽遺跡（古墓群）で発掘された〝套頭葬〟を思い起こさせる。二〇〇一年に発掘されたもので、死者の頭頂に銅釜をかぶせて埋葬するという国内では他には見られない方式。「古夜郎民族特有の葬式と思われる」とされている。頭部に鉄製の鍋や銅製の鼓をかぶせる魂鎮めである（『赫章可楽二〇〇〇年度発掘報告』二〇〇八年六月　文物出版社）。

このような娘たちは、そもそも龍女や天女などという聖なる出自をもち、巫女的な性格を有して、英雄と共に魂鎮めのため、豊饒のために奮闘するのである。

テュルクの英雄伝承

坂井弘紀

広大なユーラシア大陸にはテュルク系の言語を話す人々が広がる。テュルクの人々は、さまざまな自然環境のもとで多様な生業に従事してきたが、もともとは騎馬遊牧の民であった。テュルクとは「テュルク系の言葉を話す人々」と端的に定義されるが、それと同時に、この言葉に基づく言語文化を共有している点が注目すべきことである。そしてその言語文化とは口承文芸を基礎としているものであり、その口承文芸の主軸たるジャンルが英雄叙事詩である。幾世代をも超えて語り継がれてきた英雄叙事詩こそ、テュルク文化の主柱なのである。

英雄叙事詩はいくつかの基本的なモティーフから構成され、それぞれの物語には共通する点が多い。日本でいえば、中世語り物文芸においては、「甲賀三郎物語」や「百合若大臣」、「小栗判官」、「田村三代記」が、多くの点において、ユーラシアの英雄叙事詩と類似したモティーフや構成をもつ[1]。本稿では、『百合若大臣』（以下、『百合若』）に類似する、英雄叙事詩『アルパムス・バトゥル』と『甲賀三郎物語』（以下、『甲賀三郎』）の類話である英雄叙事詩『エル・トシュテュク』・昔話『エメラルド色のアンカ鳥』を取り上げて、それらの共通点・類似点を確認していきたい。

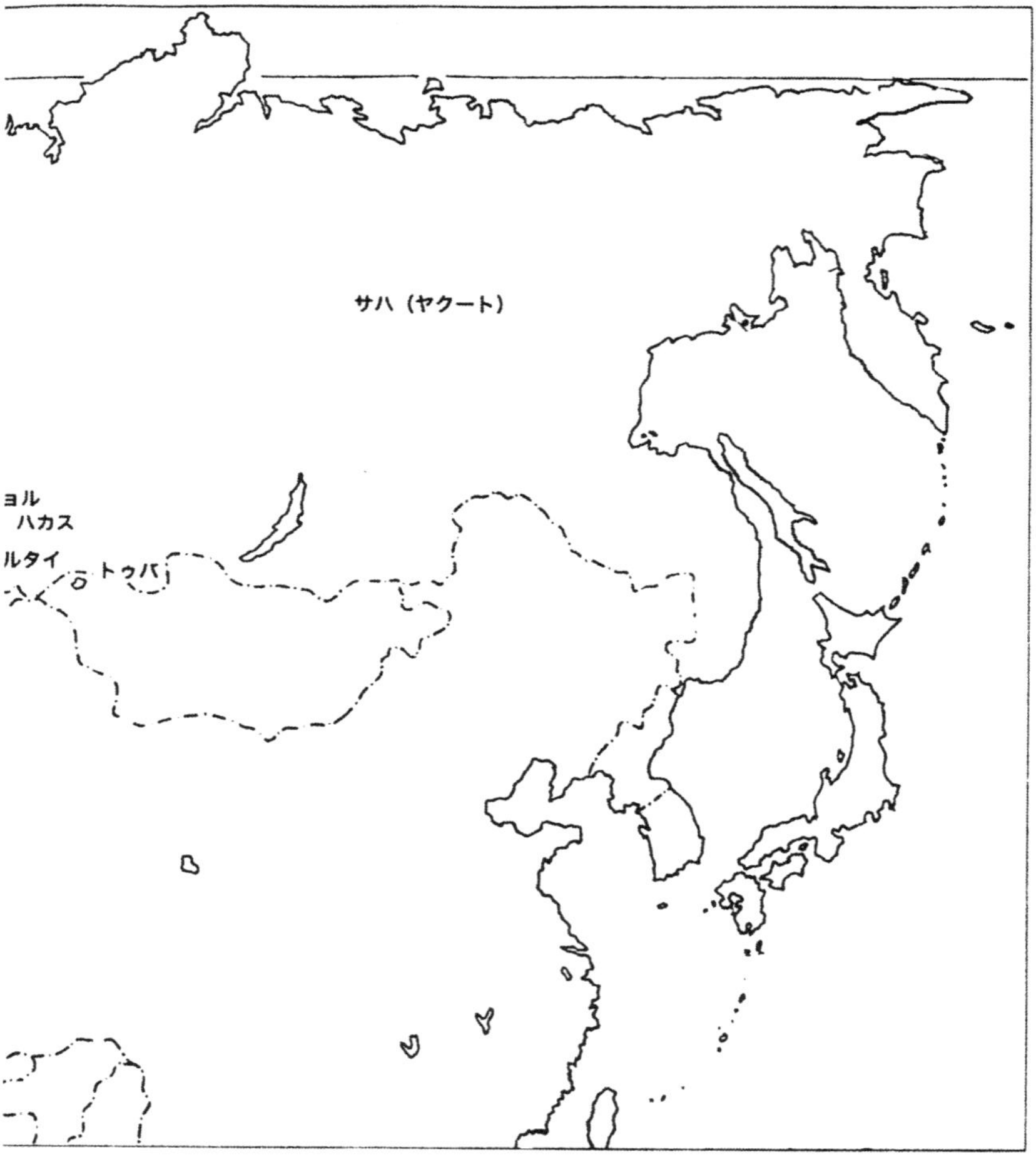
サハ（ヤクート）
ヨル
ハカス
ルタイ
トゥバ

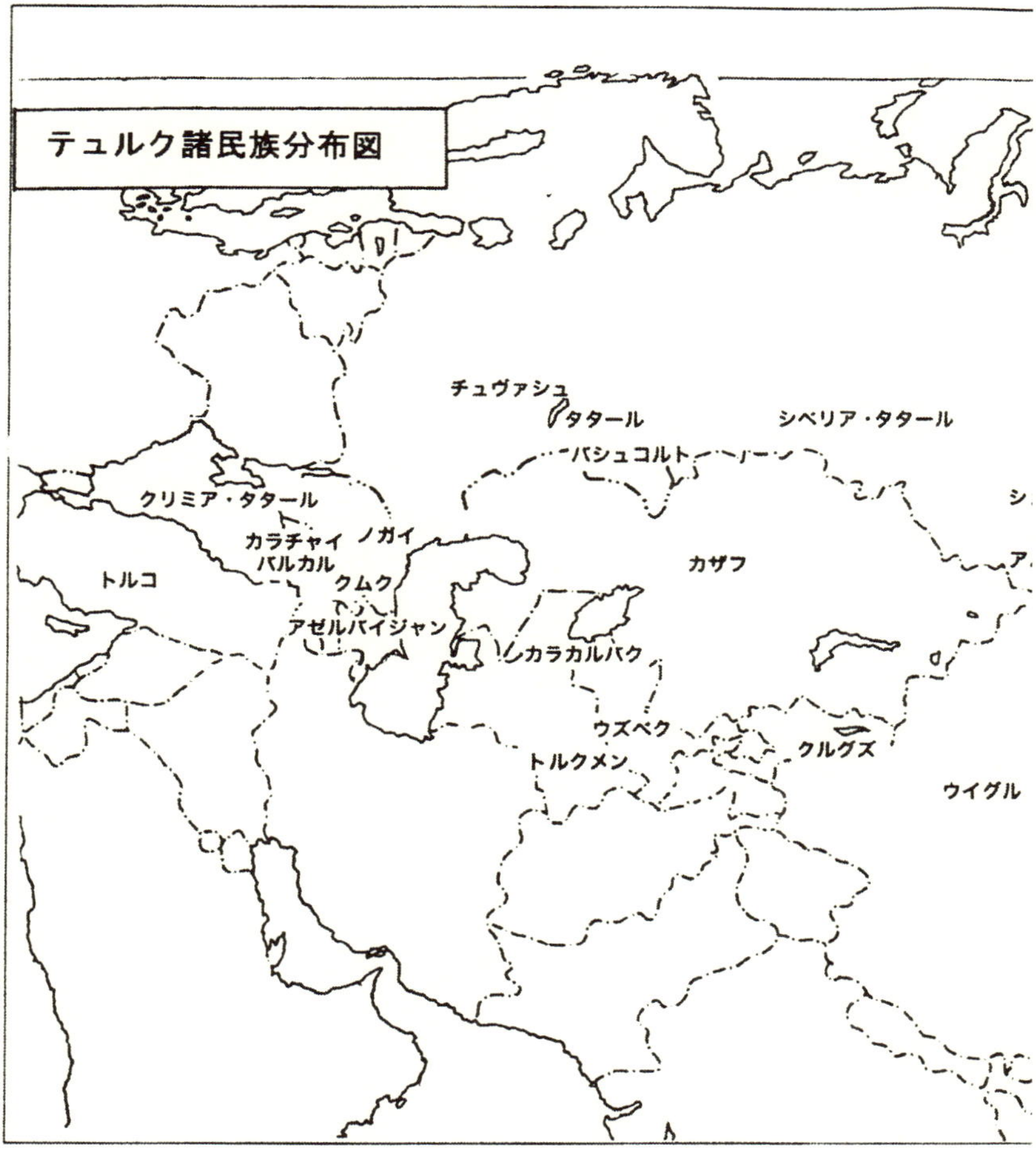
テュルク諸民族分布図
チュヴァシュ
タタール
シベリア・タタール
バシュコルト
クリミア・タタール
カラチャイ
ノガイ
バルカル
カザフ
トルコ
クムク
アゼルバイジャン
カラカルパク
ウズベク
クルグズ
トルクメン
ウイグル

一 『アルパムス・バトゥル』と『百合若伝説』

(一) 『アルパムス・バトゥル』とは?

『百合若大臣』の類話は世界各地に広がっているが、神話学者の大林太良氏は「弟の裏切りと求婚、鳥の文使い、英雄の生還、弓試合と剛弓などの諸点においてこのアルパ《マ》ミュシ《マ》ュ叙事詩は百合若伝説と著しく類似して(2)」おり、「百合若伝説の系統論は、内陸アジアも考慮に入れて、従来以上の広範な比較(3)」が必要であると述べる。そして、『アルパムス・バトゥル』をおそらく想定して「百合若の話というのは、やはり内陸アジアを通ってきた可能性が高い(4)」と指摘する。それでは、「百合若伝説と著しく類似」する、内陸アジアに伝わる『アルパムス・バトゥル』(以下、『アルパムス』)とはどのような英雄物語なのであろうか。日本とは大きく環境の異なる乾燥したユーラシア中央部で語り伝えられてきた『アルパムス』とはどのような話なのだろうか。

『アルパムス』は、中央アジアのカザフやウズベク、カラカルパク、ロシアのウラル地方のバシュコルト(バシキール)やヴォルガ地方のカザン・タタール、西シベリアのシベリア・タタール、アルタイ、西アジアのトルコなど、広くユーラシアのテュルク系民族に語り継がれてきた(5)。「アルパムス」は主人公の名前、「バトゥル」とは勇士・勇者という意味である。ユーラシア各地に伝わる『アルパムス』の各テキストには登場人物やエピソードなどに違いがあるものの、基本的に同一の物語である。ここでは便宜上、これらの物語を『アルパムス』に統一する。ユーラシア各地に広がるテュルク諸民族は、口承文芸の豊かな伝統をもっており、様々な知識や経験をそこに込めて伝えてきた。『アルパムス』は、テュルクの歴史や古来の遊牧文化がどのようなものであったかを伝えてきた、テュルクの代表的英雄叙事詩のひとつなのである。

『アルパムス』の簡単なあらすじは次のとおりである。

子供に恵まれない夫婦が①聖者廟への巡礼の末、誕生した主人公は、尋常でない形で成長し、幼少期から頭角を現す。主人公は愛馬となる馬を得て、困難や難題を乗り越え、妻を娶る。また②異郷の敵を倒しに（あるいは妻を連れ戻すために）敵地へ向かうが、罠にかかったり、③眠りに落ちたりするなどして、④地下牢に囚われる。⑤故郷への手紙を鳥に託すが失敗。敵の統治者の娘の協力を得るなどして脱出し、敵に勝利し帰国する。帰国すると、⑥同胞・身内が妻を娶ろうとしているのを知る。主人公は、婚礼の祝宴に⑦身をやつして現れ、詩の掛け合いや⑧弓の競技をするなどして、自らの帰還を知らせ、⑨内なる敵を倒す。その後、幸せに暮らす。

ここで改めて、中世芸能の幸若舞『百合若大臣』の簡単なあらすじを振り返っておこう。

①神の申し子の百合若大臣が、②海賊退治の帰りに④離れ島で③眠り込み、重臣に置き去りにされる。⑥重臣は、百合若は客死したと、奥方をあざむき、国を乗っ取る。百合若が、奥方の放った⑤鷹に血で書いた手紙を託すが、鷹は帰路疲れて、死ぬ。百合若は漁師の舟で帰国し、⑦身をやつして重臣のしもべとなる。百合若は正月の⑧弓比べに自分の⑨強弓を借り、重臣を射殺して殿様に戻る。[6]

（二）『アルパムス』の構成

双方のあらすじが細部にわたって類似していることは瞭然である。これらの類似点について、『アルパムス』の各テキストを具体的に取り上げて、見ていこう。『アルパムス』の各テキストを、K（カザフ）、U（ウズベク）、Q（カラカルパク）、B（バシュコルト（バシキール））、Kt（カザン・タタール）、St（シベリア・タタール）、A（アルタイ）、T（トルコ）と表すことにする。

1　英雄の誕生

主人公の出自や両親については、AKQUBTでは勇士やハン（君主）、バイ（富者）など、主人公は基本的に君主や有力者の子である。主人公の父の名称は、Aバイバラク、KQUバイボル、Tバイビュレと共通する、もしくは類似する名称が多い。幸若舞曲の『百合若』では、主人公の父親は左大臣公光公である。『アルパムス』は『百合若大臣』と同様に高貴な父をもつ主人公の「貴種流離譚」であるといえよう。

KQUBTでは長らく子供に恵まれなかった両親から生まれる。公光公もまた世継ぎがなく、そのため、観音に申し子の祈願を行う。『アルパムス』でも子のない夫婦が、イスラーム聖者廟を巡り、子宝を授かるよう祈願する。公光公が大和国の泊瀬寺を詣でたように、Kでは中央アジア各地の聖者廟を訪ねたのち、現在カザフスタン南部にあるババ・アタのウスカク・バブ廟を参詣する。すると伝説的なイスラーム聖者シャシュトゥ・アジズが現れ、主人公の誕生を予言する。百合若もアルパムスも神の申し子なのである。主人公は幼少から英雄としての頭角を現す。

2　英雄の敵

『アルパムス』の主人公が戦う敵は、テキストによって大きく異なる。Aでは敵は残忍なアク・カーンとその娘である。敵地はアルタイ地方ということは示されるが、いかなる民族・集団であるか、それ以上の言及はない。これはBKtにおいても同様で、ブダル・ハン（B）、クルタプ・パシャ（Kt）とその名が認められるだけである。その点、KQUは敵がモンゴル系のカルマク（一六〜一八世紀のオイラト・モンゴル。とくにジュンガルを指すことが多い）と明示される。敵の君主の名タイシュク・ハン、もしくはタイシャ／タイチャ・ハンは、モンゴル語の君主の称号タイジに由来する。Tでは異教徒バイブルトである。彼はキリスト教徒と考えられ、ムスリムとキリスト教徒との戦いという構図が示される。これらのうち、Aを除くと、敵はみな主人公の妻を求め、単に敵集団と戦うだけではなく、主人公の妻を巡るというテーマが見られる。なお、これに加えてTでは、三九人の仲間を救出するために行軍する。

テュルク英雄叙事詩に共通するテーマは「外敵との戦いと集団の団結」であり、このテーマはほとんどの英雄叙事詩を貫いている。この点は、『百合若大臣』にも共通するといえるだろう。敵が『百合若大臣』でも『アルパムス』でもモンゴル系（「むくり」「カルマク」）であることは偶然の一致としても、故郷を離れ、異郷で苦境に陥りながら過ごしたり、自分にとっての真の敵が身近な人物であったりと、主人公が孤立無援の中、奮闘し、自らの運命を切り開いていく点で共通する。集団という枠組みを離れてみると、「外敵との戦いと集団の団結」というテーマとはまた違った、主人公個人の人間的成長といった側面が現れてくる。

3　勇士の眠り

主人公が連れ去られ、長い間異郷の牢獄で過ごすことは『アルパムス』のどのテキストにも共通する、この物語の大きなエピソードの一つである。捕らわれるのは主人公が眠っているときであるが、その眠りは、戦いや旅で疲れたため長時間眠るというパターンと敵の姦計にかかって眠らされるパターンとに二分される。Aでは主人公が長旅に疲れて九か月、Ktでは戦いの後二四日、Bでは力を取り戻すために六日六晩、眠る。これらの尋常でない「勇士の眠り」は勇士の特別な力のために必要とされる。これは、百合若大臣の疲れを癒すための三日三晩の眠りとまさに重なる。一方、KQUでは敵の狡猾な老婆の準備した四〇人の娘と酒によって、眠らされる。なお虜囚の主人公は、聖者に守られているため、あるいは主人公が特別な力をもっているため、決して殺害できないと描写される。虜囚が、Tでは一六年、KUQで七年の長きにわたることも特徴的である。

4 鳥の文使い

主人公は牢から救出を求める手紙を鳥に託し、故郷に送る。AQUBKtStではガチョウに、Kでは鶴に託す。百合若が便りを託したのは緑丸という鷹である。百合若は自分の血をもちいて手紙を認めるのであるが、BとAでも主人公は自分の手を切り、その血で手紙を書く。主人公が鳥に託した手紙への対応は様々で、Aでは友人が救出に向かうが、手紙に自分の名がなかったことをなじり、見捨てていく。KQUでも友人が救出に来るものの、主人公は他人に助けられるのは恥だと、救出に応じず、英雄の矜持を示す。Ktでは、友人が食料と楽器を届ける役割のみである。KUKtでは手紙を読んだ妹の役割が大きい。妹は、百合若の御台所のように、文により主人公の苦境を知る。Bでは「内なる敵」が手紙をもみ消してしまう。『百合若』における離島と『アルパムス』の地下牢は、いずれも異郷・異世界を示すものと理解すべきであろう。文使いの鳥は、異界と故郷（現世）をつなぐ役割を果たすのであるが、このことは、中央ユーラシアのシャマニズムにおいて、シャマンが鳥に扮して、異世界へ飛翔するというイメージや、中央アジア・シベリアの伝承における、魂が鳥の姿をしていて、肉体から離れて存在するという霊魂観とも関係があるのではないか。シャマニズム的世界観にもとづくモティーフとみなしうるのである。

5 「内なる敵」との戦い

牢から出た主人公は敵の君主を殺害し、故郷へ戻る。道中、主人公は、身内が横暴を働き、自分の妻を奪い、今まさに婚礼を挙げようとしていると知る。その「内なる敵」はAでは旧友、KQUでは父の養子（義兄）、Bでは親しい馬飼い、Tでは貴人の息子など、主人公と近しい人物である。彼らは、『百合若』では、百合若の家臣、別府兄弟に相当する。自分の不在を利用して、国を乗っ取ろうとする「内なる敵」を倒す場面が物語の山場となる。主人公は、「内なる敵」が開く祝宴に現れる。その際、主人公は変装し、自らの正体を隠す。変装した姿は、Aでは「禿小僧」、

QUBではぼろを身にまとった牧童、Tでは古着の詩人、Kではイスラーム修行者、Ktでは物乞いと、いずれもみすぼらしい姿である。変装した主人公は勇士の並外れた力を見せつけることで、自分の正体を知らしめる。AKUQBStでは弓で、Ktでは馬の疾走と重い銃の射撃で、並外れた勇者の力を示し、正体を明かす、もしくは「内なる敵」を退治する。Ktの「重い銃」は「強弓」が時を経て変化したものであろう。『百合若』と『アルパムス』のクライマックス・シーンはよく似通っている。たとえば、Stでは、妻の新しい婿になろうとする男と主人公が弓の競技を行う。主人公は自分の弓を持ってこさせるが、その弓は五、六人でなければ運べない強弓である。主人公はその弓を引き、ライバルを射抜き倒し、人々はこれにより主人公の帰還を知るのである。この場面は、『百合若大臣』において、正月に宇佐八幡宮で別府を祝うため行われた初弓で、身をやつし苔丸となった百合若が鉄の弓を引いて、自らの正体を明かす場面と瓜二つだ。『オデュッセイア』にも描かれる、この場面は一連の類話には欠かせないモティーフとなっている。

（三）世界各地に伝わる類話

AKQUTでは即興詩の才能を見せつけることで、妻に自分が夫であることを理解させ、その正体を示す。とくに、KQUでは婚礼の伝統的な詩のジャンル、ヤル・ヤル（ジャル・ジャル）の形式をとっている。勇士が詩歌や楽器に秀でることは、テュルク世界に詩の伝統が深く根付いていることをよく表わしているが、ロシアの英雄叙事詩『ドブルィニャ・ニキーティチとナスタシア』で主人公が旅芸人に扮して歌うことで、自分が非凡な勇士であることを示すように、世界各地の『アルパムス』の類話にしばしばみられるモティーフである。

この英雄物語と同様のあらすじは、世界の至るところに伝わる。たとえば、もっともよく知られるところでは、ギリシアの『オデュッセイア』との類似性・共通性が挙げられ、そのほかにも先に触れたロシアの『ドブルィニャ・ニキーティチとナスタシア』やインドの『マハーバーラタ』の「ナラ王物語」、仏典『愚賢教』の「善事太子」、中国の戯曲『白兎記』なども『アルパムス』の類話である。これらにいかなる関係があるのか、伝播による広がりなのか、ただの偶然によるものなのか、決定的な結論はまだ得られていない。

『百合若大臣』と『オデュッセイア』との関係については、古くからの議論がある。坪内逍遥は、一九〇六年（明治三九年）、室町時代の幸若舞曲『百合若大臣』が『オデュッセイア』と酷似していると指摘し、とくに一六世紀後期に来日したポルトガル宣教師たちがこの物語を日本に伝え、『百合若大臣』はそれを翻案して成立したという。つまり、両者はポルトガル宣教師によって直接つながるというのである。『オデュッセイア』のラテン語名『ユリシーズ』の「ユリ」と百合若大臣の「百合」との符合もその根拠の一つとされる。しかし、幸若舞曲「百合若大臣」はポルトガル宣教師の来日以前に存在していた。(7) 南方熊楠は、一六世紀のヨーロッパ人の初来日よりも以前に、イスラーム教徒がこの話を日本へと伝えた可能性を示すが、(8) これはあくまでも可能性に過ぎず、なによりもムスリムが『オデュッセイア』を知っていた、あるいはそれを語り伝えたという事例や蓋然性が見当たらない。

「百合若が、ホメロスのオデュッセウスとはたしてどういう関係にあるのか、（中略）ギリシャと日本とのあいだに横たわる広大な土地の探索が綿密にすすんだならば、ひょっとしたら、この英雄の源流のあとが、もうすこしわかってくる可能性もないわけではありません」(9) と指摘される。ギリシアと日本との間に横たわる広大な土地である中央ユーラシアを探索するには、『アルパムス』がもっとも適切である。この点に注目したサイダ・ハルミルザエヴァ氏は、「（『アルパムス』と『百合若』が）共通モティーフのみならず、それらのモティーフの組み合わせで構成されるプロットまで似ていることは、両伝承の間に何らかの形で繋がりがあったことを示唆するのではないか」(10) と指摘する。

「『百合若大臣』と『オデュッセイア』の間に繋がりがあることを認めながらも、両伝承は直接ではなく、中央アジアの『アルポ《マ》ミシュ《マ》』を通じて関連していると考える」[11]との仮説は、前述の大林太良氏や梅棹忠夫氏の見解と通じる。これは妥当な見解であろう。ところが、『アルパムス』の「起源に関していえば、中央アジアは古代ギリシアの文化と直接の交流があった地域なので、古代ギリシアの伝承が当地域まで伝わっていたと想定できる」[12]と、ギリシア起源の伝承が東進して、中央アジアに伝わったと仮定する一方で、「(『アルパムス』の)構成に仏教説話の一つである『善事太子と悪事太子の物語』の影響が見られることは確実である」[13]と仏教説話からの影響も述べる。一体どちらが正しいのであろうか。『アルパムス』は、あるひとつの物語が単純に伝わったり、影響を与えたりして形成されたのではなく、さらに時間をさかのぼって存在した、いわば「原型」ともいうべき話がユーラシアに存在していたのではないだろうか。そうでなければ、『オデュッセイア』と『善事太子』との類似が合理的に説明できないし、さらには『百合若大臣』とユーラシア各地に伝わるこれらの類話との共通性が単なる偶然の産物ということになってしまう。

もしもそうした「原話」がなく、『オデュッセイア』と『アルパムス』に直接的な関係があるとしても、『オデュッセイア』が東方へ伝播した結果、『アルパムス』が成立したという仮説とは反対方向、つまり、この伝承、もしくはそれにつながる類話がユーラシアの中央部からギリシア方面へ西伝して『オデュッセイア』が成立した可能性についても、きちんと検討すべきではないだろうか。スキタイをはじめとする、遊牧民の動きのほとんどが東から西へ向かっており、彼らの伝承がヨーロッパ地域にも伝えられてきたからである。たとえば、ヨーロッパの『アーサー王伝説』はスキタイ起源で、イラン系騎馬遊牧民のアラン人がヨーロッパにもたらしたとの説がある。『アーサー王伝説』は、アラン人の後裔であるオセット人をはじめ、カフカース諸民族に現在も伝わる英雄叙事詩『ナルト』と同系統であるというのである。この「アーサー王伝説のスキタイ起源説」は、「魅力的なケルト神話」をなじみのない東方のスキタイに「踏みにじられる」ようで受け入れがたいとの感情的反発を引き起こしたという。[14]『アルパムス』（あるいはその原話）の西方伝播説が同様の「感情的反発」によって十分な検討もなく否定されなければよいのだが。

『百合若』の源泉がいずこにあるのか、源泉はひとつなのかいくつもあるのかまだ結論を出すことはできないが、「英雄叙事詩「百合若大臣」の星々をユーラシア・北方民族の宇宙の彼方に、探し求めること」[15]はこれからも引き続き行わなくてはならない。中央ユーラシアにはその星々が数多く瞬いているからである。

二　英雄叙事詩『エル・トシュテュク』と『甲賀三郎』

（一）主人公が地下世界に行く物語

『甲賀三郎』は、代表的な話型分類法である「アールネ、トムソンの昔話の型」ではAT三〇一に分類される物語で、その類話もまた、『百合若』の類話と同様、世界各地に伝承されてきた。その広がりは、ヨーロッパ、西アジア、東アジア、東南アジア、アメリカ大陸など広範であるが、とくにユーラシア大陸の各地に伝えられる。そして、それはユーラシア各地に広がるテュルク諸民族にも数多く語り伝えられてきた。テュルクの類話は、主人公が地下世界に下り、そこで敵を倒したり、妻を娶ったりしたあと、聖鳥に乗って、地上へと帰還するというあらすじである。テュルクの類話には、中央アジアには、ウイグルの『トゥグルク・バトゥル』、クルグズの『ケンジェ・バラ』、ウズベクの『勇者ケンジャ』、カザフの『クラタイ・バトゥル』、『ナンバトゥル』が、ロシア・カフカース地方には、ノガイの『カムル・バトゥル』が、西アジアにはトルコの『エメラルド色のアンカ鳥』や『地下世界の鷲』などがあるが、[16]ここでは、クルグズの英雄叙事詩『エル・トシュテュク』とトルコの昔話『エメラルド色のアンカ鳥』を取り上げる。

(二)『エル・トシュテュク』のあらすじ

『エル・トシュテュク』は、クルグズのほかに、カザフやシベリア・タタールにも語り継がれてきた英雄譚である。まず、あらすじを確認しておこう。(あらすじ中の①〜⑧は、①有力者の父、②三人の兄弟・仲間、③魔物の追跡、④娘の救出、⑤裏切りによる滞留、⑥特別な糧食、⑦異界への飛翔、⑧再生・若返りを意味している。これらは『甲賀三郎』の主要モティーフでもある。なお、後述する『エメラルド色のアンカ鳥』のあらすじ内の数字も同様である。)

①エレマンというバイ(有力者・富者)に八人の息子がいた。妻が②九番目の末っ子を生んだ。この末弟トシュテュクは、二日経たずに「お母さん」と、六日経たずに「お父さん」と口をきいた。

邪悪な精霊ジェルモグズに捕まったエレマンは、⑤息子トシュテュクの魂をジェルモグズに渡すことを約束してしまう。トシュテュクの魂は炉石の下に隠された黒い鋼の砥石の形をしていた。その約束を知ったトシュテュクの妻ケンジェケは、ジェルモグズに見つからぬよう、砥石をトシュテュクに取りに行かせた。そして、トシュテュクとジェルモグズの砥石を巡る戦いが始まった。戦いの末、ジェルモグズは名馬チャルクイルクに足を引き千切られた。ジェルモグズは大きな黒い石を蹴って、地下世界に入っていった。③トシュテュクもまた追いかけて地下世界に下りていった。

地下世界で、トシュテュクはまず巨人アイクラクと戦うこととなった。トシュテュクは巨人を投げ飛ばし、頭を斬りおとした。それから、トシュテュクはジェルモグズが逃げたクルム・カンの町に向かった。クルムは彼に玉座を譲り、娘を娶らせた。トシュテュクは、クルムの仇敵ジャンタクチを持ち上げ、ジェルモグズの家に投げつけてやった。

すると、ジェルモグズはウルム・カンの家に逃げていった。ウルムはトシュテュクに玉座を譲り、娘アクチェネムを嫁がせた。トシュテュクは、ウルムの敵カシャン・カラ・アルプの首を切り落とした。

その後、トシュテュクはチョユンクラクと戦うが敗れ、チョユンクラクに首を斬りおとされてしまった。そして、トシュテュクの国や妻、馬を自分のものとした。やがて、トシュテュクの妻、アクチェネムはチョユンクラクの息子を産んだ。チョユンクラクはトシュテュクの馬チャルクイルクを乗りつぶして、捨ててしまった。チャルクイルクは、主トシュテュクの遺骸のそばに行くとそれを飲み込んで、吐き出し、トシュテュクを生き返らせた。そして、トシュテュクはアクチェネムと再会する。トシュテュクはチョユンクラクの「金の泉の中の魚の中の金の長持の中の銀の長持の中の四〇の黒い小鳥が私の魂である」という言葉を聞いて、そこへ行って、四〇羽の鳥の頭を引き抜き、④チョユンクラクを殺し、アクチェネムを取り戻した。白いラクダの乳で彼女を清め、二人は再び婚礼の儀を行った。

トシュテュクとアクチェネムは大地の真ん中にやってくる。その頂が天空にまで伸びる一本の木が生えている。木にはカラクシュ鳥の二羽の小鳥がおり、一匹の龍（アジュダル）がそれを狙っていた。トシュテュクは龍を斬り殺した。嵐が起こり、母鳥が戻ってきた。母鳥のカラクシュは、トシュテュクを飲み込んで、また吐き出した。トシュテュクはカラクシュに地上に出すよう頼んだ。すると、カラクシュは首にトシュテュクを乗せ、⑥四〇頭のヤギの肉と四〇の皮袋の水とともに、地下で娶った二人の妻を乗せた。飛翔中、トシュテュクは肉と水をカラクシュの口に入れていたが肉と水がなくなると、トシュテュクは自分の片目と腿の肉を切り取り、与えてやった。カラクシュは⑦地上に出ると「わが子よ、この私の羽を火で焦がすと、私が現れます」と羽をトシュテュクに渡した。⑧トシュテュクを飲み込み、吐き出すと、彼の目玉と腿はもとに戻っていた。そして、カラクシュは地下の世界に去っていった。

トシュテュクは老ムッラー（イスラーム聖職者）の姿をして帰郷した。一連の問答のあと、両親やケンジェケはトシュテュクが帰ってきたことを理解した。それから、トシュテュクはケンジェケと仲睦まじく過ごしたのであった(17)。

(三)『エメラルド色のアンカ鳥』のあらすじ

『エル・トシュトゥク』の類話は、ユーラシア大陸をさらに西に行った、同じテュルク系のトルコにも伝わる。トルコの『エメラルド色のアンカ鳥』(以下『アンカ鳥』)は、英雄叙事詩のジャンルではなく、散文の昔話に分類される。かつて口承文芸の主要ジャンルであったはずの英雄叙事詩は、オスマン帝国時代に口承文芸の伝統が衰弱していくと、そのジャンル自体がほとんど失われていったものと考えられる。かつて遊牧文化の要素が強かった時には、クルグズの『エル・トシュテュク』のように英雄叙事詩として語られていたかもしれない。そのあらすじは次のとおりである。(あらすじ中の①~⑧は、①有力者の父、②三人の兄弟・仲間、③魔物の追跡、④娘の救出、⑤裏切りによる滞留、⑥特別な糧食、⑦異界への飛翔、⑧再生・若返りを意味している。)

①ある王の庭園に魔神デヴが現れた。王には②三人の息子がいた。長兄が弓矢をもち、デヴを殺そうと待ち構えたが、デヴが火を噴きながら現れると泣きながら戻った。次に次兄が待ち受けたが、同様に逃げ帰った。翌日末っ子の王子が弓矢で立ち向かうと、今度はデヴが逃げ去った。兄弟三人で③デヴの血痕をたどると、深い井戸に着いた。長兄の腰に縄を結び、井戸に下ろすが恐れたので引き上げた。次兄も同様であった。だが王子は恐れずに深い底に下りた。底にあるデヴの家には三人の美しい娘がいた。王子は弓矢でデヴを殺すと、④三人の娘を井戸から地上へ救い出した。美しい末娘を末の弟に与えたくない二人の兄は、⑤縄を切って、王子を井戸の底に放置してしまった。王子が地下七層の底をうろついていると、一本の大樹があった。その上には鳥の巣があり、蛇がその雛を狙っている。王子

は刀で蛇の首を落とし殺した。戻ったエメラルド色のアンカ鳥は雛から事情を聞き、王子にお礼を言い、「困ったときには羽をこすりなさい」と二枚の羽を与えた。王子は旅を続けた。ある町では誰がデヴを殺したかという話でもちきりだった。王子が自分だというと、地下国の王がお礼をしたいと言う。地上に出たいという王子に、地下の王は「それができるのはある鳥だが、それを見つけるのは難しい」と答えた。王子が二枚の鳥の羽をこすると、アンカ鳥が飛んできた。地下の王が言う鳥とはアンカ鳥だったのだ。アンカ鳥は⑥四〇頭の羊の肉と四〇頭の羊皮の袋に入った水を求めた。地下の王はこれらを準備し、翼の下に結ばせた。「ガクと言ったら肉を、グクと言ったら水をくちばしに入れなさい」とアンカ鳥。王子は鳥に乗り、言われたとおりに肉と水を与えたが、やがて底をつき、困った王子は自分の足を切って与えた。アンカ鳥は羊肉でないと気づき、それを飲み込まなかった。⑦地上に着くと、⑧鳥は足の肉を戻して治し、去っていった。王子は羊の胃袋を頭に着けて、ケルオーラン〈禿息子〉に扮し、宝石商の弟子となった。宮殿では兄と次兄の王子の婚礼の準備が進んでいた。ケルオーラン（に化けた王子）は「ダイヤモンドの枝」を作ることになった。長兄の祝いの馬上槍投げが行われる日、彼は羽をこすりアンカ鳥を呼び、競技の場に向かい、長兄を倒すと、すぐに工房に戻った。次に次兄の祝いの馬上槍投げが行われた。同様に次兄も倒し、すぐに工房に戻った。ケルオーランは羽をこすりアンカ鳥を呼び、「ダイヤモンドの枝」を求める。そしてそれを宮殿にもっていき、それと引き換えに地下世界から救い出した末娘を求めた。末娘の肩には、王子がつけた、デヴの血の跡が証として残っているではないか。ケルオーランの正体が末弟の王子であると認めた王は二人の兄を追放した。末弟の王子と末娘の婚礼は四〇日も続いたという。(18)

（四）　モティーフ上の類似点

では、『エル・トシュテュク』・『アンカ鳥』と『甲賀三郎』との類似点について細かく考えていこう。

①有力者の父、②三人兄弟・三人の仲間

『甲賀三郎』では、主人公の父は甲賀権守であり、甲賀の地頭というその地の有力者である。テュルクの類話でも、主人公の父は王や皇帝、バイ（富者）など、基本的に高貴・裕福な家柄であることから、この類話は「貴種流離譚」の一種とみなすことができよう。甲賀権守には太郎、次郎、三郎の三人の息子がおり、末弟が主人公である。『エル・トシュテュク』と『アンカ鳥』でも同様に主人公は末弟で、『アンカ鳥』と『甲賀三郎』では、主人公が三男であることでも共通する。『エル・トシュテュク』では、九人兄弟の末弟であるが、九という数字はテュルクの神話世界では聖数であり、これは「三が三つ集まった数字」である。このことから、三人兄弟の亜型であるとみなすべきであろう。「王に三人の息子がいて、末子が主人公であること」はこの伝承に限らず、多くのテュルクの伝承にも見られるものである。「三兄弟の概念は、広くインド・ヨーロッパ諸族の間にあったと考えられ[19]」、ユーラシアの草原地域で活躍していたインド・ヨーロッパ系騎馬民の概念がテュルクの人々にも継承されたものと考えられる。実際、スキタイの建国神話にこの概念がみられる。スキタイの王には三人の息子がおり、二人の兄が天から降ってきた黄金の器を取りにいくとそれは燃えてしまうが、末弟が行くと火は消え、それを無事持ち帰ることができたため、王権は末弟に譲られた[20]。この神話は遊牧民の「末子相続」と関係が深く、このモティーフはユーラシアの遊牧民に古くから伝わると考えられる。『甲賀三郎』でも、末子に家宝の「菊水の花種」と「死繁昌の杖」が譲られたり、もしくは惣領として東海道十五か国がゆだねられたりする。つまり末弟が優遇されるのである。このモティーフの原郷は黒海沿岸と考えられるというが[21]、黒海地方が古来遊牧民の活躍した場所であることを考えると、やはり騎馬遊牧文化が末弟を主人公とする「三兄弟」の話と深くかかわっていることは確かなことであろう。甲賀三郎が三男の末弟であることは、こうした騎馬文化に関係するのかもしれない。インド・ヨーロッパの『原神話』の基礎には、末弟の蛇・龍との一騎打ちがあるというが[22]、『エル・トシュテュク』の類話はそうした『原神話』の流れを引いているのであろう。

③魔物の追跡

テュルクの一連の伝承では、主人公が地下に下りる目的は、超自然的存在の魔物や妖婆を追跡するためである。主人公が追跡する、『エル・トシュテュク』のジェルモグズや『アンカ鳥』のデヴは、若狭の高懸山の魔王や春日姫をさらう魔物と同様な超自然的存在である。異形の存在による異世界遍歴は、シャマンがジンやペリなど超自然的な精霊・補助霊の力によって、異界を旅することに重なり合う。また主人公こそ、地下世界に行くことのできる能力をもつとされる。ジェルモグズは、別の世界ではトシュテュクは自分のものだと言いながら、地下世界ではトシュテュクから逃げ回る。トシュテュクはなぜかジェルモグズを追って、地下世界に下りていく。ジェルモグズは地下世界へいざなう役目であり、またトシュテュクも地下世界へ行くことを積極的に望んでいるかのように描かれる。地下での敵との戦いと捕らわれの女性を地下から地上へ送るトシュテュクの姿は、邪悪な精霊と戦い、苦しむ人を救うシャマンの姿と重なる。地下世界は異界であり、甲賀三郎も異界をさまよう。「(甲賀三郎の遍歴は) 現世の彼方なる地底の異郷をさまようものであった。つまり彼は常世にまごう神々のいます霊界に達して帰還したのであった」[23]。現世と霊界を行く三郎とトシュテュクの姿はやはりここでも重なって見えるのである。

④「娘の救出」、⑤裏切による滞留

『甲賀三郎』では、地底の麒麟王にさらわれた一条大納言の姫君、あるいは奪われた春日姫を救い出す。『アンカ鳥』でも主人公は娘を救い出し、『エル・トシュテュク』では地下世界で娶った妻を取り戻す。主人公の兄が横恋慕して、裏切り、縄を切り落として主人公を地下世界に取り残す点は、『甲賀三郎』と『アンカ鳥』で異曲同工である。『エル・トシュテュク』にはその場面はないが、かわりに物語のはじめで父親が息子の魂をジェルモグズに売り渡そうとするところが「兄の裏切り」に匹敵するだろう。類話では身内の裏切りが主人公を地下世界でさまよわせるきっかけになるのだが、トシュテュクも父の裏切りによって、ジェルモグズと戦い、地下世界を遍歴することになるからである。

⑥特別な糧食

『甲賀三郎』では、「四八六枚の大鹿の焼皮」を七日に一切れ、もしくは肝で作った千枚の焼餅を一日一枚食べ、それらが尽きると地上に出られると伝わる。テュルクの伝承でも、同様の特別な糧食が準備される。「四〇頭のヤギの肉と四〇の皮袋の水」（『エル・トシュテュク』）、「四〇頭の羊の肉と四〇頭の羊皮の袋に入った水」（『アンカ鳥』）がこれに相当しよう。

ところで、トルコで伝えられる『アンカ鳥』には、遠く離れた東アジアの伝承と深い関係が見いだせる。朝鮮半島における『甲賀三郎』の類話『地下国大賊退治』では、主人公が地下世界に降り、そこで敵を倒すが、そのうちの一ヴァリアントが、『エル・トシュティク』や『アンカ鳥』ときわめてよく似ているのである。『アンカ鳥』に述べられる、主人公が地下世界から鶴に乗って地上に向かう途中、鶴が「ハク」と言ったときに肉を口に入れてやり、肉が尽きると自分の腕を切って与えるという場面が、『地下国大賊退治』にもあるのである。(24)『地下国大賊退治』の別のヴァリアントでは、大賊にさらわれた娘が貞操を守るために、自らの股の肉を裂くが、(25)これは上記のモティーフが変形したものであろう。地下界から地上界に至る際の「特別の糧食」のモティーフは、この類話に欠かせないモティーフで、日本における主要な類話も必ずこのモティーフを伴っているという。(26)地上へ飛んでいく鳥が「ガク」、あるいは「ハク」というたびに「特別の糧食」を与え、それが尽きると自分の肉体を切り与え、どうにか地上に達するというモティーフ群のセットは「きわめて特異なものでとうてい偶然の一致などという楽天主義で片附けてしまえる問題ではない」のだ。(27)

⑦異界への飛翔

鳥が食糧を求めるときの言葉「ガク」や「ハク」にはどんな意味があるのだろうか。そのヒントは、アルタイ地方のシャマニズムにあるようだ。「ガク」も「ハク」も、アルタイのシャマンが巫術で行う「天界への飛翔（呪的飛翔）」の儀式で、ガチョウの鳴き声をまねる声「ガク」と酷似する。シャマンが「天に向かって昇れ、鳥よ！」と叫ぶと、ガチョウ（鳥になりきったシャマン自身）は「ウンガイ、ガク、ガク、ウンガイ、ガク。カイガイ、ガク、ガク、カイガイ、ガク！」と答える。シャマンと鳥との対話では、「ガク」という声がシャマンの口から何度も発せられるのである。(28) 英雄叙事詩における主人公と聖鳥との対話は、巫覡の儀式でのシャマンと鳥の対話に対応するのではないだろうか。聖鳥に乗っての地上への飛翔というイメージは、シャマニズムの儀礼と深い関係がある。(29) ちなみに、アルタイの巫術に現れる霊鳥の名はカラクシュという。これは、『エル・トスティク』において、主人公を乗せて地上に飛び上がる鳥の名アルプ・カラクシュと同名なのである。

⑧再生、若返り

『甲賀三郎』はまさに「死と再生」のシンボル構造を内在している」(30) が、この点については、『エル・トシュテュク』や『アンカ鳥』において、聖鳥や愛馬が主人公を飲み込み、また吐き出したり、失われた肉や目を再生させたりするモティーフがまさに「死と再生」を明確に示している。そして、「死と再生」や「復活・若返り」は、病人の魂を肉体に呼び戻したり、死者の魂を冥界に送り届けたりする、シャマンの巫術の主たるテーマでもある。甲賀三郎が僧侶に清められて人間に戻ったり、善光寺の穴を通ったりすることは、トシュティクが聖鳥や愛馬に飲み込まれて、吐き出され、再生したりすることと同じ意味をもつと見なしてよかろう。「死と再生」という点においても、『甲賀三郎』はテュルクの叙事詩や説話と大きく関係することが考えられるのである。

大林太良氏は、前章で取り上げた『百合若大臣』とならんで、『甲賀三郎』もまた内陸アジアを通ってきた可能性が高いと述べている(31)。両者とも中央ユーラシアの類話との共通性が高いことはわかった。次節では、これらの英雄物語の共通点や類似点を改めて確かめ、その構造の特徴について考えてみたい。

三　『アルパムス』・『エル・トシュテュク』と『百合若』・『甲賀三郎』の共通点

『アルパムス』の各ヴァリアントも『エル・トシュテュク』の類話もユーラシア大陸の広範な地域において伝承されてきた。これらは、いずれもテュルクの伝承における代表的作品とみなせよう。そして、いずれの主人公も、故郷を遠く離れて地下世界、あるいは別世界・異世界へと赴き、囚われたり、遍歴したりして、そこに逗留し、やがて帰還する。『アルパムス』では七年や一六年などの長期間の捕囚であり、『エル・トシュテュク』の類話では地下世界が物語の主な舞台となっている。この異郷での長期滞留とそこからの帰郷は主人公の成長の過程であり、それを一種のイニシエーションとみなすことも可能である。「身をやつし、正体を見せること」(『アルパムス』)や「一度死に再生すること、飲み込まれて吐き出されること」(『エル・トシュテュク』)など、別の人格になったり、死と再生を繰り返したりすることもそれを示している。

「百合若大臣の異郷遍歴にこそ大きな意義が存したのであり、その遍歴は、甲賀三郎の場合と同じく、霊界のそれと感じられていたということになる」[32]と指摘されるように、『百合若』や『甲賀三郎』において主人公が異郷で長く過ごすということは、大きな意味をもつ。それらの構造が霊界遍歴を説く巫祖祭文群とも通じる点[33]もきわめて重要である。『アルパムス』と『エル・トシュテュク』の類話との共通点、それは「孤島幽閉」（『百合若』）や「地下幽閉」（『甲賀三郎』）を経て帰還するという、祭文の構造とも一致する「異郷からの帰還」にあるだろう。なお、これらの話では、別府兄弟（『百合若』）、義兄や旧友（『アルパムス』）、兄（『甲賀三郎』『アンカ鳥』）、父（『エル・トシュテュク』）、といった身内による「裏切り」が話の展開を左右し、異郷での長期滞在のきっかけにもなる。「身内の裏切り」によって、主人公が異界・異郷に滞留する点でも、これらの類話は共通するのである[34]。「身内の裏切り」によって異郷を訪ね、そこでさまざまな苦難を乗り越え、ついに帰郷する。この構成が共通の骨組みであるといえよう。

ところで、『エル・トシュテュク』の類話には、ユーラシアに広がる「垂直多層的世界観」が反映しているといえる。「垂直多層的世界観」とこの世界像を象徴する、鳥と蛇・龍との対立関係は、ユーラシア中央部の騎馬遊牧民、とりわけテュルク化以前に中央ユーラシアに広がっていた、インド・ヨーロッパ系騎馬民がすでに語り伝えてきた伝承に基づいていると思われる。鳥や蛇・龍、馬の存在は、印欧系の伝承を中心に世界各地の伝承にも共通することであるが、テュルクのこれらの英雄譚ではその存在意義がとくに強い。『アルパムス』が捕らえられて過ごす地下牢が地下世界を意味していると考えると、この叙事詩も同様の世界観にもとづいているといえよう。

ちなみに、『アルパムス』の類話である、カザフの『ジェルキルデク』には、先に見たような、鳥に血で書いた手紙を託す場面がある。穴に入れられた七歳のジェルキルデクは、服を破り、小指から垂らした血で、自分が穴に置かれていることを文に書き、それをガチョウに託す。興味深いのはその文の内容である。小指の血で書き、故郷へ送った文には、「わたしには四〇頭の牝馬の肉が必要だ。四〇袋の乳酒が必要だ」と記されるのである。これは、『エル・

トシュテュク』や『アンカ鳥』の「特別の糧食」(四〇頭のヤギの肉と四〇の皮袋の水、四〇頭の羊の肉と四〇頭の羊皮の袋に入った水)と同質である。異界・異郷から戻るための「特別の糧食」を血で認めた文を鳥に託して求めるというこの場面は、『アルパムス』と『エル・トシュテュク』の類話とをつなぐものとしてたいへん興味深い。

『百合若』と『甲賀三郎』がほんらい口承文芸として日本各地に広がっていたことも、口承叙事詩である『アルパムス』や『エル・トシュテュク』とその類話との共通点であり、またそれを語り伝えてきた人々が基本的に専門的な語り手であったこともきわめて重要な点である。そして、その語り手はシャマニズム的な環境で大きな役割を果たしたシャマン、もしくはシャマン的な人物たちであることが大きな意味をもつ。たとえば、『甲賀三郎』は、甲賀三郎の末裔を自称する巫覡集団の唱門師たちが語り伝えてきたし、壱岐の『百合若説教』は、唱門師の妻であるイチジョウが語るものであった。『百合若説教』はイチジョウが祖霊ヤボサ神を祀るおりに唱えるものであり、百合若大臣はヤボサ神の代表として見立てられ、「百合若大臣は唱門師・イチジョウの使霊神として迎えられるものであって、その機能は、かの巫祖祭文に準ずるもの」[35]であった。「これらの巫祖祭文は、巫覡が巫祖と同じほどに、霊界との交わりを要求されるときに唱誦するものであり、おそらくこれによって巫覡の徒は巫祖と一体となり得て、その力が発揮できたものと思われる」[36]。

巫祖祭文を唱える巫覡と単純に並べるべきではないかもしれないが、ここでテュルクのシャマンと英雄叙事詩との関係について取り上げたい。現在、中央アジアのテュルク諸語で詩人・語り手を示すことの多いバクスという言葉は、かつてはシャマンを意味するものであった[37]。このことは英雄叙事詩がシャマンの巫術で語られていたということを必ずしも意味するものではない。しかし、現在でもシャマンと英雄叙事詩とのたいへん密接な関係を見ることができるのである。たとえば、『アルパムス』には、

サマルカンドの無数のバブ、オトラルのアルスタン・バブ
サイラムの無数のバブ、これらの廟をすべて巡った。[38]

という句があるが、これは、カザフで弦楽器コブズを用いる「最後のシャマン」であるザマンベク（一九九八年没）がトランス状態に入る際に唱えていた次の誦句（一九九四年）と類似する。

オトラルには三〇のバプ、トルキスタンには万ものバプ
サイラムには無数のバブ、最大のものはアルスタン・バブ[39]

バプとはイスラーム聖者廟である。イスラーム聖者の名がシャマンの巫術で唱えられることは一見奇異に映るが、これはイスラーム社会における、シャマニズムとイスラームの習合の結果であり、同時にシャマニスティックな巫術をイスラームの枠内で「正当化」する役割ももつ。

このほか、一九八三年にウズベキスタン南部で、女性シャマンが太鼓を叩きながら精霊ペリを呼び出す際に英雄叙事詩『コル・オグル』の本をもちいたり、[40]一九七〇年代に中国のクルグズ人が英雄叙事詩『マナス』の語り手に治療をしてもらったりと、近年でも巫術や治療に英雄叙事詩が利用されているのである。『マナス』を語ることで病人を治療したり、災いから救い出したりすることは、マナス語りの普遍的な現象であったらしく、マナスの神霊の助力を受けた語り手が、難産の妊婦や妖魔が憑りついた人を、ただ『マナス』を唱えるだけで救ったという。[41]「イチジョウの使霊神」たる百合若とこの語り手に助力を与える英雄マナスの神霊は合致する。これまで、巫術に英雄叙事詩が利用されることや、語り手にシャマン的な側面があることは、さほど強調されてはいなかったが、このことはもっと注

目されてもよいのではないだろうか。中央アジアでシャマンを意味した「バクス」と、卜占・祈祷を行い、神霊・死霊を招く唱門師の「ハカショ太夫」や「ハカセ」との名称上の類似は単なる偶然か否かわからないが[42]、あらすじやモティーフ群の類似を越えた、『アルパムス』や『エル・トシュテュク』の類話と『百合若』や『甲賀三郎』の伝えられ方、信仰上の役割などにも目を向けるべきであろう。

「英雄叙事詩」の語りは、単に過去の集団的記憶を語るだけではなく、この世界とは異なる世界との関わりをもったり、語り手や巫者が超人的な能力を発揮したりする上でも重要であり、単なる娯楽や文芸の一形態ではないのである。

おわりに

本稿では、日本の『百合若大臣』、『甲賀三郎』とよく似た、テュルクの伝承『アルパムス』と『エル・トシュテュク』を取り上げて、その詳細な類似点を示した。もちろん、本稿をもって、テュルクの英雄叙事詩と日本の英雄伝承が直接つながったとは考えてはいない。だが、もしも日本の英雄伝承の源泉をユーラシアに拓いて見出そうとするならば、どのような見通しが立てられるだろうか。

世界神話研究者ヴィツェル氏によると、「世界神話」にはゴンドワナ型神話群とローラシア型神話群との二つの系統があるという[43]。ローラシア型は、ヨーロッパ、北アフリカ、西アジアなどに広がり、叙事詩的特徴が強い。ヴィツェル氏は「インド・イラン人の原郷であるアジアのステップベルトは、朝鮮半島北部／満州からルーマニア／ハンガリーにわたる全域での素早い遊牧民の軍事的・文化的交流によって特徴づけられ」、「（中央アジアと日本とのつながりは）前二〇〇〇年頃のインド・イランの人々、言語、神話にまで遡るに違いない。私〈ヴィッツェル氏〉は前二〇〇〇年から前一〇〇〇年にかけての大モンゴリアの「空白」地帯を経由しての「ステップ神話群」のリンクを想定するのである」[44]と述べる。

また神話学者ベリョースキン氏は、神話モティーフのテーマごとに「インド・太平洋系」と「北ユーラシア系」に二分し、「北ユーラシア系」に若い男性を主人公とする英雄的なプロットがあり、「巨鳥のひな鳥の命を救う」、「家畜の主の洞窟からの逃走」などのモティーフの存在を示す[45]。「巨鳥のひな鳥の命を救う」は『エル・トシュテュク』とその類話に共通するモティーフ、そのものであるし、「家畜の主の洞窟からの逃走」は本稿で確認した「異郷からの帰還」のモティーフといえる。

彼らの唱える「世界神話」の流れの中にテュルクの英雄伝承もおそらく見出すことができるだろう。そして、その流れの中に『百合若』や『甲賀三郎』を位置づけられるか、あるいはどのように位置づけるかが、残されたこれからの課題となる。

注

（1）福田晃「壱岐・対馬の「百合若大臣」」『説話・伝承学』二五号、二〇一七年、九一頁。
（2）大林太良「百合若伝説と内陸アジア」『フオクロア三―魔　その系譜と諸相』、ジャパン・パブリッシャーズ、八一頁。
（3）同上。
（4）君島久子編『日本民間伝承の源流』、小学館、一九八九年、九五頁。
（5）『アルパムス・バトゥル』の詳細については、拙訳『アルパムス・バトゥル』（平凡社東洋文庫、二〇一五年）のテキストや解説も参照のこと。
（6）稲田浩二編『日本昔話通観研究編一　日本昔話とモンゴロイド』、同朋舎、一九九三年、三八六頁。

(7) 福田晃、金賛會、百田弥栄子『鷹と鍛冶の文化を拓く　百合若大臣』三弥井書店、二〇一五年、四二四頁。
(8) 南方熊楠『南方熊楠全集第二巻』、平凡社、一九七一年、一二三―一二四頁。
(9) 梅棹忠夫「人類学における民話と伝承」『民話と伝承』朝日新聞社、一九七八年、五四―五五頁。
(10) サイダ・ハルミルザエヴァ「『アルポミシュ』と幸若舞曲『百合若大臣』」『国際日本学』一二号、法政大学国際日本学研究所、二〇一五年、六九頁。
(11) 同上。
(12) 同上。
(13) サイダ・ハルミルザエヴァ「『アルポミシュ』における仏教説話の痕跡」『ひと・もの・知の往来　シルクロードの文化学』、勉誠出版、二〇一七年、九六頁。
(14) C・スコット・リトルトン、リンダ・A・マルカー著、辺見庸子、吉田瑞穂訳、吉田敦彦解説『アーサー王伝説の起源』青土社、四八二頁。
(15) 福田晃、金賛會、百田弥栄子『鷹と鍛冶の文化を拓く　百合若大臣』四二四―四二五頁。
(16) ここであげた類話と『甲賀三郎』との比較研究については、拙論「ユーラシアの「甲賀三郎」」山本ひろ子編著『諏訪学』国書刊行会、二〇一八年に詳しい。
(17) Сулайман Кайыпов, *Проблемы поэтики эпоса «Эр Тейтюк»*, Фрунзе, 1990, 170-220.
(18) Kunos, Zümrüdü Anka, *Türk masalları* 1, İstanbul, 1991, 110-121. ; Emel İpek, Zümrüdü Anka, *Türk masalları*, İstanbul, 2005, 150-169.
(19) 加藤九祚「スキタイのトポロジー」『ユーラシア』新二号、一九八五年、一八九頁。
(20) ヘロドトス著、松平千秋訳『歴史（中）』、岩波文庫、九―一〇頁。
(21) 小沢俊夫『世界の民話　解説編』、ぎょうせい、一九七八年、一〇八―一〇九頁。
(22) Котов, В.К., Фольклор и археология источники по древней истории предков башкир, *Документы и материалы по истории башкирского народа*, Уфа, 2012, 25.
(23) 福田晃『神話の中世』三弥井書店、一九九七年、一八三頁。
(24) 孫晋奏『朝鮮の民話』岩崎美術社、二三〇頁。

(25) 同上、二一九頁。
(26) 荒木博之「甲賀三郎譚と熊のジョン」『昔話伝説研究』七号、七頁。
(27) 同上。
(28) **Вербицкий. В.И.**, *Алтайские инородцы. Сборник этнографических статей и исследовании*, Москва, 1893, 48.; Radlov v. v., *Из Сибири*, Москва, 1989, 373.
(29) 拙稿「英雄叙事詩とシャマニズム」『和光大学表現学部紀要』一五号、四五—四六頁。
(30) 荒木博之「甲賀三郎譚と熊のジョン」九頁。
(31) 君島久子編『日本民間伝承の源流』九五頁。
(32) 福田晃『神話の中世』一八四頁。
(33) 同上。
(34) 『アルパムス』においては、異郷での長期滞留のきっかけは「身内の裏切り」によるものではないが、主人公の許嫁の父が主人公の父に難癖をつけて、一家で異郷に去っていくことが「身内の裏切り」に対応するだろう（ウズベクやカザフのテキスト）。主人公が異郷に去った許嫁を救い出しに異郷へ赴く原因はこの「身内の裏切り」にある。
(35) 福田晃『神話の中世』一八四頁。
(36) 同上、一八三頁。
(37) 拙稿「英雄叙事詩とシャマニズム」『和光大学表現学部紀要』一五号、四七—四九頁。
(38) 拙訳『アルパムス・バトゥル』一八頁。
(39) David Somfai Kara, Jozsef Torma, The Last Kazakh Baksï to Play the Kobïz, *Shaman* vol.13, 2005, Budapest, 181.
(40) Razia Sultanova, *From Shamanism to Sufism*, NY, 2011,p.22; Marjorie Mandelstam Balzer(ed.), *Shamanic Worlds*, N.Y., 1997, pp.45–46.
(41) 阿地里・居玛吐尔地「玛纳斯奇的萨满〝面孔〟」吐迪木拉提・奥迈尔、《无萨满时代的萨满》、二〇一〇年、北京、一一七—一一八頁。
(42) 漢語「博士」に由来する可能性が高いと思われる。
(43) E.J. Michael Witzel, *The Origins of the World's Mythologies*, Oxford University Press, 2013. なお、同書に大きく基づいた

和書も刊行されている。後藤明『世界神話学入門』講談社現代新書、二〇一七年。

(44) マイケル・ヴィツェル著、松村一男訳「中央アジア神話と日本神話」(第三回国際比較神話学会議(於：國學院大學)における同題の報告)三―四頁。

(45) 直野洋子「(研究動向)ユーリー・ベリョースキンの世界神話研究」『口承文藝研究』三四号、一四一―一四二頁。

Ⅲ　勇者・英雄たちの世界

草原のユルタ

ケサル象

仏塔

韓国の「神歌」と「建国神話」

金　賛　會

はじめに

二〇一五年、三弥井書店から筆者を含め、福田晃氏、百田弥栄子氏の三氏共編による『鷹と鍛治の文化を拓く　百合若大臣』が公刊された。この本の表紙の帯には、「日本から韓国・中国・中央アジアに及ぶ英雄叙事詩を拓く」と記され、「百合若大臣」を英雄叙事詩として位置付け、英雄叙事詩が日本から、広く韓国・中国・中央アジアなどのユーラシア大陸まで伝承されていることを指摘するものであった。

西洋の英雄叙事詩は、シャーマニズムを基盤とする「シャーマン的英雄」を排除する傾向があり、従って東洋には英雄が不在しているものとする。しかし、東アジアや東北アジアの諸民族の大多数は、シャーマニズムなど、巫俗を基盤とする生活を営んできており、英雄叙事詩にはそうしたシャーマニズムに基づいた思考が反映されていると言える。従ってただシャーマン的な能力を使った戦いだとして英雄叙事詩ではないと判断する視点は、西洋叙事詩に立脚した考え方であり、西洋とは違った東洋の独特な文化的違いを無視したものと考える(1)。今後は、シャーマニズムを基盤とした英雄叙事詩についての概念を再構築する必要があると言えよう。

韓国には、こうしたシャーマン的英雄叙事詩に属し、日本の「百合若大臣」に対応する神歌「成造クッ」と、その関連説話が多数伝承されている。本稿では韓国シャーマンによって詠唱される神歌「成造クッ」やその関連説話を英雄叙事詩として位置づけ、日本やユーラシア地域などに伝わる英雄叙事詩と関わって具体的に論じてみたい。

一 研究史と英雄叙事詩の範型

従来、学界では日本には、はっきりとした英雄叙事詩が存在しないものとされ、それによる英雄叙事詩という概念や範型が確立されていないのが現状である。こうした状況を踏まえて、「説話・伝承学会二〇一六年度大会」においては、「ユーラシアにおける英雄伝説」というテーマでシンポジウムが開催された。そこで福田晃氏は、英雄叙事詩の範型を次のように提示された。

A　異常誕生
B　異常な結婚
C　異常な事業（悪鬼退治、悪賊退治）
D　異常な苦難（異郷遍歴）
E　異常な繁栄
F　異常な最期（横死）

日本の英雄叙事詩は、寺社の縁起譚を語る「垂迹縁起」や神明本地譚（中世神話）に見られ、それらは、主にA、

B、C、D、E、F（神明示現）のモチーフ構成を示し、英雄叙事詩としての特徴を持っているという。ユーラシア地域などの英雄叙事詩については、荻原眞子氏『ユーラシア諸民族の叙事詩研究（一）（二）（三）―テキスト梗概と概説』(2)や、坂井弘紀氏『中央アジアの英雄叙事詩』(3)などの優れた研究が存在する。

韓国の英雄叙事詩について最初に言及されたのは、韓国文学研究者の張徳順氏であった。

民族の英雄の行為を中心とする歴史的事件を荘重で雄大な節句で描いた韻文詩を普通英雄叙事詩という。我が民族の英雄で、高句麗の始祖である東明王の行為を五言節句の韻文体で描いた李奎報の『東明王篇』を英雄叙事詩として考えたい。(4)

と述べ、高句麗の始祖の由来を語る、十二世紀末成立の「東明王篇」を英雄叙事詩として位置付けている。

韓国神話学者の徐大錫氏は、「英雄神話とは、英雄が主人公で、英雄的な活躍を通じて英雄性が目立った神話であること、さらに英雄とは、普通の人間を越える超人的な能力を持った存在である。しかし超人的能力があるからといってすべてを英雄とは言えない。その超人的能力をだれのために発揮するのかが問題である」と述べる。そこで氏は、英雄叙事詩の事件（活動）の背景は雄大であり、主題はどのような集団のための活躍かが問われ、氏族、部族、民族を中心にみれば、氏族英雄、部族英雄、民族英雄が存在し、空間を中心とした村、郡、国家を中心にみれば村の英雄、郡の英雄、国家の英雄の存在が考えられる。また、特定地域や集団ではない人類の生活の営みを改善させた主人公を中心にみれば文化英雄の存在が想定できるという。(5)

これ以外にも、洪ソンアム氏「李奎報〈東明王篇〉の叙事詩的性格と高句麗の正体性」(6)や、黄淳九氏「叙事詩〈東明王篇〉の構造研究」(7)があり、英雄叙事詩「東明王篇」とテュルク民族の英雄叙事詩「アルパミシュ」との比較を試みた、呉ウンギョン氏「アルパミシュと朱蒙神話の英雄神話的要素の比較研究」(8)などの論考がある。

本稿では、韓国英雄叙事詩の範型を福田晃氏の案に準じながら、次のように分類して考察を進めたい。

A異常誕生と成長

英雄誕生以前の先代の紹介、主人公は神聖・非凡な存在、高貴な血統、申し子祈願。

非凡な能力発揮（弓の上手）、子供たちのリーダ的存在、神の庇護を受けて成長。

B異常な結婚

C内なる敵

同族の争い、内なる者の裏切り。

D異常な苦難・遍歴と協力者

異人や名馬、鳥・鷹の活躍。

E異常な事業

敵退治、悪鬼・悪賊退治、超自然的な力と活躍・大胆さ、英雄としての勇士の功績。

F戦いでの勝利と繁栄

帰国・報復・恩賞、部族間の統一、元の地位奪還、部族（国家）の継承。

G異常な最期

英雄の死、神々示現。

二　韓国の英雄叙事詩――文化英雄叙事詩としての神歌「成造クッ」

日本の「百合若大臣」と系統を同じくするものに神歌「成造クッ」が存在する。神歌「成造クッ」は、韓国全土に広く伝承される祭文で、家を新しく建てた時と引っ越しをして家主が建築神である成造神を新しく迎え入れるための「成造迎え（成造クッ）」儀礼や、読経師による家内の安泰・無病息災と幸運・財運を祈願する「安宅」儀礼において歌唱される叙事詩である。その梗概を示すとおよそ、次のようになる。

異常な誕生と成長

（一）西天西域国に住む天宮大王と妻の玉真夫人は、それぞれ三十七歳と三十九歳になるまで一人の子供もないことを嘆き、占い師の言う通りに神仏に申し子をする。初更の夢を見たところ枕の上には菊の花が三輪咲いており、三更の夢では宮中に五色の雲が舞い上がる中で黄鶴に乗った仙人が夫人の傍らに現れ、「夫人よ驚き給ふな、私は兜率天宮の王である。夫人の功徳と精誠至極なる故天皇それに感動し、諸仏の指示により子を授けに参りました」と言い、日月星辰の精気を集めて童子を作って夫人に手渡す。やがて玉真夫人は懐妊し、玉のような若君が生まれ成造と名付ける。〔申し子誕生〕

（二）玉真夫人は喜んで占い師を呼んで若君の相を占ってみると、「天庭（額）が高ければ少年に功名を成さん、準頭（鼻先）高ければ富貴功名疑ひなし、両眉間が深ければ妻を虐待せん、日月角（額の左右側）が低ければ二十前十八の歳に無山千里無人処なる黄土島に三年間流されん」と、妻を冷遇した罪で三年間無人島に流される運命であることを告げる。玉真夫人は成造の生れつきの非運を嘆き悲しんだ。〔博士の占い〕

（三）成造は元気に育ち、三歳のときに言葉を覚えて蘇秦や張儀に優るほどの達弁であった。十五歳になったときには詩経や書経などの諸子の書物を読破し、読まぬものはないほどであった。その頃地下国では家を建てることも知らず、森の中で暮らしており、暑い日や寒い日には大変苦労していた。成造は地下国に降りて誰も住まない山に入って家を建てる木材を探し始めたが、その仕事は意外に容易ではなかった。そこで現状を書状に細かく記して玉皇上帝に訴えかけた。成造は玉皇上帝の命令を受けた帝釈宮から木の種を受け取って山にその種を蒔いて、十八歳で山を下った。〔入山〕

異常な結婚

（四）ある日、成造の父・天宮大王は群臣を集めて成造の結婚相手を探すように命じた。そこで機織りに長じ、嫁の資質を備えている美しい皇輝宮の桂花〈ケファ〉姫が選ばれる。成造は金冠朝服をまとって御輿に乗って三丞相と六判書をはじめ満潮の百官が立ち並ぶ中を通って皇輝宮に入り、そこで桂花姫と婚礼を挙げ夫婦の契りを結ぶ。〔結婚〕

内なる敵（内なる者の裏切り）

（五）結婚した成造は妻の桂花姫を愚か者のように扱い、ひどく虐待した。また酒と女に溺れ、国事を疎かにして放蕩三昧の生活を送った。それが長く続くと朝廷の諫臣達はこの事実を密かに天宮大王に報告した。怒った天宮大王は成造を呼んで罪状を告げて三年間の島流しを命じた。成造は三年分の食料と衣服を携え、母の玉真夫人、臣下達と宮女達と別れを惜しんで帆を上げた船に乗って黄土島に向かって出発する。

〔臣下の裏切り・王の勅定〕

異常な苦難・遍歴と協力者

（六）数日間の航海の後、成造の乗せた船は黄土島の近くに至った。成造は、「無情なれや東南の風よ、軽広船を促すこと勿れ。山も見慣れし山ではなく、水も見慣れし水ではなし。……三年の流刑を誰と暮らすべきか、大王様も情けがなく、朝廷の諫臣も薄情なり、わが運命も哀れなもの。我に何の重罪あって、二十前十八にして無人島なる黄土島に三年間流されるのぞ」と、涙を流し自分の身の上を嘆いた。船頭達は三年分の食料と衣服とともに成造を一人孤島に残して本国に戻る。〔孤島放置〕

（七）黄土島で三年の流刑生活を過ごした成造は、本国からの放免の知らせを待っていたが、どうしたことか四年が過ぎてもその知らせはこなかった。飢えと寒さに耐えかねた成造は海岸の山に登って松の皮を剥いて食べ、海草などを採って命を繋いでいった。長い間火食をしなかったため成造の体の前身には毛が生え、動物なのか人間なのか区別がつかなくなった。甲子の春三月のある日、成造は飛んできた青鳥が鳴くのを見て、「懐かしき青鳥よ。どこへ行って今来たのぞ、人跡未到のこの島に春光を尋ねて来たならば我が一封の文を持ちて西天国に帰り往き、名月閣に寄せ呉よ、名月閣の桂花夫人はわれと百年の君なるを」と言って、手紙を書こうとしても硯も墨もなかった。破れた帯の端を引き裂いて薬指を噛んで流れた血で便りをしたため青鳥に託すと、青鳥は西天国に向かって空高く飛んでいった。その頃、西天国の桂花夫人は夫の成造を偲んで泣き嘆いていたが、西王母の送った青鳥を見て、「鳥よ、青鳥よ、（お前は）友情の鳥なれば天下を周遊し、黄土島に入り往きて家君太子成造様が死んでいるか生きているか、生死存亡を知りて、私の許に寄せてくれよ」と詠うやいなや、青鳥は口に銜えていた手紙を桂花夫人の前に落として飛び去った。〔鳥の文使い〕

戦いでの勝利と繁栄

（八）妻の桂花夫人と母の玉真夫人は成造の生存を知って喜び、天宮大王もその手紙を読んで心を痛め涙した。天宮大王は諫臣達を遠方へ流罪に処した。〔報復〕

(九)天宮大王は臣下達に直ちに黄土島に入り、都まで成造をお供するように命じた。黄土島に入った船頭達は助けを求める成造の声を聞いて、かつての太子とも知らず獣が人の声を出しているのだと思い、「汝は獣なるか、人間なるか」と聞いた。成造は、「これ見よ、船頭達よ、私は他の人にあらず、西天国の太子成造なるが、……火食を食わざりしため、全身に毛が生え、見知り難くなり居るも、私も矢張り人間なり」と身分を明かし、都の様子を尋ねる。〔獣変身〕

(十)船頭達は神に航海の安全を祈る祭祀を行った。黄土島を発った船は順風に乗り、成造は無事に西天国に着き父の天宮大王の前で礼拝した。〔帰国〕

(十一)大王は成造の帰国を喜び、監獄に入っている罪人と流刑の罪人を皆釈放し、吉日を選んで大宴を催した。成造は妻の桂花夫人とめでたく対面し、その夜を一緒に過ごすとき、兜率天宮から産神が降り桂花夫人に五人の男の子と女の子を授けた。〔恩赦・再会・繁栄〕

異常な事業

(十二)成造は十人の子供と共に山に入り砂を掘って鉄を集め各種の道具を作り、大工を集め内裏と民の家を建て始めた。また、自ら家を建てる敷地の選定から屋敷を堅める作業を行った。屋敷を堅める際にはいちいち石を取り除き、高い所は低め、低い所は高めて平地をならし、その上に家を建てた。五行をもって礎を据え、仁義礼智をもって柱を建て、日月を窓や戸と成し、太極の紋様で飾った。陰陽を案じて天井を張り、万巻の書物で床を飾った。五色の土で壁を塗って五彩の窓を作り、広く豪壮な家を建て終えると、方位を診て東と南に門を構えた。磁石を取り出して二十四の方位を調べたところ、東の青龍山は火神を鎮め、南の朱雀山は官庁の災難と口舌の禍を防ぎ、西の白虎山は子孫の成長を護り、北の玄武山は財産の損失を防ぐ方位であった。このように成造は家と屋敷堅めを唱えた後、「開門万福来、掃地黄金出、天増歳月人増寿、春万乾坤福万家……堂上鶴髪千年寿、膝下児孫万歳栄」と立春札を記し、「応天上之三光、備人間之五福」と上棟文を書いた。〔成造の功績〕

異常な最期（神々示現）

（十三）立春書と上棟文を上棟に貼って置いた後、成造は立柱成造（神）、妻の桂花夫人は身柱成造（神）として現れる。成造の五人の息子は五土神、五人の娘は五方夫人となる。建築に携わった大工の頭は龍鱗甲の兜を被り、長槍を持ってあらゆる災難と厄から守り、百の邪気と五方の殺気を防いだ。〔神々示現〕

以上のように、神歌「成造クッ」は、神仏の申し子として異常な誕生をした、王子の成造が内なる部下たちの裏切りによって無人島に流されるが、鳥の助けによって無事に帰国、裏切り者を遠方に流罪に処し、最後は文化英雄の建築神の城主神に現れたというものである。神歌「成造クッ」は、前述した韓国の英雄叙事詩の範型である、異常誕生と成長、異常な結婚、内なる敵（内なる者の裏切り）、異常な苦難・遍歴と協力者、戦いでの勝利と繁栄、異常な事業、異常な最期（神々示現）を揃えているが、日本の「百合若大臣」に見られる「鯨万国に着いて五万の小鬼と激しく戦うなどの戦う」という戦いの要素が薄れており、単に奸臣輩の部下たちの裏切りによって無人島に流され、苦難をすることになっている。「百合若説経」では百合若が八幡神に示現するが、これは八幡神が鉄の神であり、武神としての性格を持っていることと関連するものであろう。そのため、戦いの要素が韓国の神歌「成造クッ」に比べ一段と強調されており、英雄叙事詩としての特徴を

神歌を語る済州島の巫覡「シムバン」

見せていると言える。

以上のように、神歌「成造クッ」においての主人公・成造は、百合若大臣のように悪鬼・悪賊退治の戦いの英雄としての功績はほとんど表れていない。しかし、「その頃、地下国では家を建てることも知らず、森の中で暮らしており、暑い日や寒い日には大変苦労していた。そこで成造は天の帝釈宮から木の種を受け取って山にその種を蒔いて、十八歳で山を下った」「十人の子供と共に山に入り砂を掘って鉄を集め各種の道具を作り、大工を集め内裏と民の家を建て始めた」と語られるように、家や建築を司る文化英雄としての功績がとても顕著である。従って神歌「成造クッ」は、日本の「百合若大臣」と同系統の説話とは言えるが、文化英雄としての側面が強く表れているという点で、「百合若大臣」と大きく相違していると言える。

三　文献説話と英雄叙事詩

『積成義伝』

（一）甲南の安平国に悪兄の抗義と善弟の成義に二人の王子が住んでいた。父王は善弟の成義を太子として立てようとするが、百官達の反対で悪兄の抗義が太子となる。その頃、母親は重い病にかかり、危険な状態にあった。ある日、道士がやってきて、母親の病状を診て西天の仙薬のイルヨンジュを飲ませるほかに救う手立てはないと教えられた。成義は早速この仙薬を求めて十名余の武士とともに西天に向かって船に乗って出発した。

〔母親の病気と仙薬〕

（二）成義は長い歳月をかけて風波と戦い、さらに行く道を阻む様々な妖怪達に出会って危険にさらされるが、仙人に助けられ退治し、様々な苦労を重ねた末に弱水三千里を無事に渡って西天に着くことができた。

〔海上遍歴〕

（三）成義はそこで早速天仏尊師から金剛経と仙薬のイルヨンジュをもらって帰途についた。

〔仙薬の獲得〕

（四）ところが成義の成功を妬んだ兄の抗義は数十人の武士達とともに成義一行を安平国に上陸する前に襲撃し、仙薬を奪って武士達を皆斬り殺し、成義の両眼を刺し抜き海に沈め、本国に帰って母親に仙薬を飲ませた。

〔兄の裏切り・弟の盲目〕

（五）成義は破船した船の板に乗って漂流し、ある島に着いて竹で横笛を作って吹いていた。成義はちょうどその時、安南国から帰国する中国の使臣・胡丞相一行に発見され中国に入り、天子の寵愛を受けるようになり、さらには天子の姫君と別ちがたい関係となった。

〔孤島漂着・笛の上手〕

（六）一方、本国の母親は仙薬のお陰で病気は全快したが、待っても帰って来ない成義のことのみがいつも心配なので、晴れない気持ちで毎日を過ごしていた。そんなある日、成義の安否が気になってならなかった母親は成義が日頃可愛がっていた雁の足に便りを括って放すと、雁はまっしぐらに中国に向かって飛んでいって、成義のいる宮殿の中庭に便りを落とした。姫君がこれを拾い上げ、読んであげると成義は喜びのあまり、目が開いた。

〔鳥の文使い・盲目回復〕

（七）目が見えるようになった成義は科挙に主席合格し、王の姫君とめでたく結婚し、姫君を伴って本国に向かって出発した。

〔結婚・同行帰国〕

（八）成義がめでたく帰国するという噂を聞いた兄の抗義は武士を率いて帰る成義を殺そうとしたが、かえって殺されてしまった。

〔報復〕

（九）無事に本国に帰ってきた成義は待っていた母親とめでたく再会した。〔再会〕

（十）母親と再会した成義は再び中国に渡って天子から安平国の太子に封じられ、帰国して親のあとを継いで王様になった。〔栄華〕

右の朝鮮時代の小説『積成義伝』は、『狄成義伝』『適誠義伝』『翟聖義伝』などとも呼ばれ、その作者と成立年代は未詳であるが、韓国の学界では一七〇〇年代頃に成立した作品と推定している[9]。

この説話は、済州島では「ノギル国正命水」という名で伝承されているが、「ノギル国正命水」では主人公を単に弟とするのに対して、『積成義伝』では江南安平国の王子の成義とする。彼の海上遍歴は、母親の病気とそれによる仙薬を求めるためである点では「ノギル国正命水」とさほど変わらないが、一つ違うのはその主人公は一国の王子、母親は一国の王妃の身分で、公的な性格を帯びているという点である。

手紙を運んでくれた鳥も鳩から日頃可愛がって飼っていた雁になっている。雁は韓国では「カルメギ」と呼んでいるが、これは「カル（雁、水）」＋「メ（鷹）」＋「ギ（鳥）」の複合語で「水の鷹」の意味となり、王子の成義に手紙を運んでくれたのは結局、鷹ということになる。王子が鷹を飼ったということになるので鷹飼いと鷹狩りは王室と深い関連があったこととなり、その鷹飼いと鷹狩りは、北方ユーラシア遊牧民族と繋がる要素で、英雄叙事説話としての性格が濃厚である。また王子の成義は、仙薬を求めて行き、その行く道を阻む様々な妖怪達に出会って危険にさらされるが、仙人に助けられながら退治するなど、超人的な英雄としての力を発揮する。あるいは、成義の成功を妬んだ兄の抗義は、数十人の武士達を率いて、成義一行が安平国に上陸する前に襲撃を行い、仙薬を奪ったり、成義側の武士達を皆斬り殺したりする。これにより成義は再び海上を遍歴し、異国遍歴の身となるが、その異国で笛の名人ぶりを見せ、異国の王女と結婚し、同伴帰国をする能力を発揮する。そして内なる敵である、兄の抗義やその武士たちを皆殺すという超人的な力を見せ、最後は親のあとを継いで王様となるというものである。成義は、内なる者の裏切りによって再び苦難・遍歴をし、最後は孤島に着くが、この遍歴譚は「甲賀三郎物語」や「地下国大賊退治」、「アルパミシュ」などに見られる「地下国遍歴譚」に対応しており、両者には親縁関係が認められるものである。

これ以外にも「百合若大臣」に対応する英雄説話としては、一四五九年成立の『釈譜詳節』所収の「善友太子」[10]がある。これは、神霊の申し子である、英雄・善友が自ら大衆に布施する魔尼宝珠（如意宝珠）を求めて海上を遍歴するものであるが、途中で毒蛇（毒竜）に出会って危険にさらされるが、慈心三昧の力でこれを退治し、様々な苦難を重ねた末に外門、中門、裏門を経て竜宮城に着いて、衆生救済のための魔尼宝珠を手に入れるものである。善友太子は、海上遍歴の際に、毒蛇（毒竜）を慈心三昧の力で退治するなど、英雄としての超人的な力を発揮している。さらには内なる者（腹違いの弟）の裏切りによって海上を苦難・遍歴をする英雄・善友太子は、異国・梨師跋王国孤島に着き、笛の名人ぶりを見せ、そこの王女と結婚、そして同伴帰国をする超人的能力を発揮する。また、善友太子は、様々な困難を乗り越えて、龍王から魔尼宝珠を手に入れるのであるが、そうした英雄的行為や功績は、自ら統治している波羅捺国の衆生を救済するためであった。そこで物語は、「魔尼宝珠によって国庫は金銀七宝に満ち、それを国民に布施し、長年の宿願を果たす」という内容で結ぶのである。この「善友太子」譚は、先に紹介した韓国の百合若大臣系のどの英雄譚より、英雄叙事詩としての特色を保っていると言えよう。

新羅国の「脱解王神話」[11]

日本の「百合若大臣」の一類話と考えられる、新羅国第四代目の脱解王（五七～八〇）神話を英雄叙事神話の視点から考えてみたい。「脱解王神話」の内容はおよそ次のようである。

（1）南解王の時、駕洛国の海中に来泊する船があった。その国の首露王と臣民は大騒ぎで迎えた。まさにこれを留めようとすると、船は飛ぶように走り去り、雞林の東の下西知村阿珍浦に着いた。その時、浦辺に一人の老婆がいて、名は阿珍義先と言った。赫居王のための魚を釣る女であった。彼女は、「この海中には元より岩石はないはずなのにどうして鵲が集って鳴いているのだろう」と言いながら、小舟で海中を捜索した。鵲《かささぎ》が一艘の船の上に集まり、船中には一つの櫝があった。長さは二十尺、幅は十三尺であった。その船を曳いて一本の樹林の下に置いた。しかし、吉凶が定かではないので、すぐ天に向かって祈りを捧げた。暫くして櫝を開けて見た。その中には端正な男の子とともに七宝や奴婢が満載であった。〔鵲の知らせと箱の中の童子漂着〕

（2）食べ物を供給してから七日、男の子が初めて言うには「私は本来龍城国（または正明国という。あるいは琓夏国と云う、あるいは琓夏は花廈国ともする。龍城は倭の東北一千里に在る）の人で、我が国ではかつて二十八人の龍王が有り、皆人の胎内から生まれ、自ら五、六歳で王位を継承し、万民を教え、性命を正しく修める。八品の姓骨があるが、選ばれることなく、皆が大位に登った。時に我が父王の含達婆は美しい積女国王の王女を妃として迎えたが、長らく子胤がなく、祈願して息子を求め、七年後一個の大卵を産んだ」という。〔龍城国の王后の生卵〕

（3）ここに大王は群臣を集め、「人が卵を生むことは古今に未だないことであり、おそらく吉祥ではあるまい」と言い、櫝を造って我を中に置き、七宝や奴婢と一緒に船に載せ、海に浮かべて、「有縁の地に到着して、国を立てよ」と祝願した。すると赤龍が現れ、船を守護し、ここに至ったのであると言う。〔海上の流浪遍歴〕

（4）言い終わると、その童子は杖をつき、二人の奴婢を連れて吐含山の上に登って石塚を作った。留まること七日、城中に居住すべき土地があるか展望すると、まるで三日月のような丸い峰が見え、永住するのに適する地勢であった。降ってその地を尋ねると瓠公の住宅であった。そこで、詭計を立ててその家の側に砥石と炭を埋め、朝になって門の前で言うには「ここは我が祖先の代の家屋である」と言った。瓠公はこれを否定し、争いで決着が付かなかった。そこで役所に告げた。役人は「何の証拠があって汝の家だと主張するのか」と聞いた。童子は、「我が家は元は鍛冶屋であったが、暫く隣郷に滞在していたが、その間、人に家を取られたので、土を掘って調べればわかるだろう」と言った。彼が言う通りに掘ってみると、果して砥石と炭が出て来た。そこで、家を取り戻して居住した。時に、南解王は脱解が智略に優れていることを知り、長女を彼の妻にしたが、これが阿尼夫人である。

〔鍛冶屋としての脱解と旧地奪還、王女との結婚〕

（5）ある日、吐解（脱解）は東岳に登り、帰路、白衣に飲み水を探させた。白衣は水を汲んで来る途中で先に飲んでからあげようとしたところ、角盃が口にくっ付いて離れなくなった。脱解がこれを責めると白衣は誓って、「以降は、遠近に関わらず決して先には口にしません」と言った。するとすぐに角盃は口から外れた。これより白衣は畏れて、決して欺くことはなかった。今、東岳の中に一つの井戸がある。世間ではこれを遙乃井と言う。

〔水汲み女・白衣の服従〕

（6）弩禮王が崩御し、光虎帝の建武中元二年丁巳の六月、脱解が王位に登った。昔、これは我が家だと言って、人の家を取ったため、姓を昔氏とした。あるいは鵲によって櫝を開くことができたので、鳥の字だけを省略して姓を昔氏とした。櫝を開け、卵を破って生まれたので、名を脱解とした。在位は二十三年、建初四年に崩御した。

〔王位継承と昔氏由来〕

以上のように、先ず龍城国出身の脱解は卵として生れたため、海に流し捨てられ海上を流浪遍歴し、新羅の阿珍浦に着くが、そこへ鵲が現れ、浦辺の老婆の阿珍義先に拾われる。彼は詭計を立てて瓠公の家の側に砥石と炭を埋め、自分の家はもともと鍛冶屋であったと主張、裁判まで起こして勝利を収め、王女と結婚、最後は新羅国の王位に着いたというものである。

この脱解神話は一見して「百合若大臣」とは無関係に見えるが、右の（4）〔鍛冶屋としての脱解と旧地奪還、王女との結婚〕のところに物語の中心を据えて物語を再構成してみると「百合若大臣」との類似点が見えてくる。すなわち脱解はもともと新羅国の鉄山・吐含山に家を構え、鍛冶屋として暮らしていたが、何らかの理由〔瓠公との政権争い〕で海に流し捨てられ、海上を流浪遍歴した後、故郷の海岸にたどり着く。そこへ脱解の使いの鳥として鵲が現れ、彼の居場所を知らせ、それによって無事に故郷に帰ることができた。そして、自分の旧宅を奪って暮らしている部下の瓠公に対して詭計を立てて、証拠として砥石と炭を掘り出し、自分の家はもともと鍛冶屋であったと主張して旧地を取り戻し、戦いから勝利する。そして最後は王女と結婚、新羅国の王位に着いたという内容として再構成できる。これは日本の「百合若大臣」において、部下の裏切りによって無人島に流し捨てられた百合若が鷹の運ぶ手紙によって無事、故郷に帰り裏切り者を退治して再び日本国の将軍になったという内容ときわめて似通っている。主人公・脱解は、海に流し捨てられるなどの異界遍歴・苦難を乗り越えることや、風水の良い永住の場所をめぐっての争いで詭計を立てて敵を倒して勝利する彼の英雄的行為や功績は、後に王位に着く新羅国のためであったと言え、英雄叙事詩としての性格を有する。

脱解王の漂着地・新羅の阿珍浦

以上のことから鵲の登場する新羅国の「脱解王神話」は、「百合若大臣」の一類話であり、英雄叙事詩としてのモチーフを揃えていると言える。だとすると、韓国の「百合若大臣」の歴史は、古くは新羅時代まで遡ることができ、朝鮮半島にも古い時代から英雄叙事詩が存在していたと言えよう。

四　英雄叙事詩としての高句麗国の「東明王篇」

高麗中期の文人、李奎報が英雄叙事詩「東明王編」（『旧三国史逸文』）を記したのは一一九三年、彼の歳、二十五歳の時であった。「東明王篇」は、高句麗を建国した朱蒙を主人公とする韻文体の長編の英雄叙事詩で、総二八二句、一四一〇字の五言叙事詩である。

東明王篇の構成は、解慕漱と朱蒙、類利、河伯、松譲王などの英雄たちと協力者、そして柳花、萱花、葦花などの美女が登場し、英雄の東明王以前の系譜を示す序章と、東明王の出生から建国、最後までを描いた本章、そしてその偉大なる事業を継承した類利王の即位の様子や作者の考えを付け加えた第三部構成の英雄叙事詩である。

彼ら英雄の活動舞台は北方大陸から南部にいたるまでの雄大なもので、その距離約二億万八千七百十里に達し、天上から水中世界までをその活動空間としており、とても壮大である。

その「東明王篇并序」では、英雄叙事詩「東明王篇」をまとめる動機について次のように記す。

この世間には東明王に関する神異な（英雄）話が語り継がれており、いくら愚かな男と女であろうとも、やはりそれに関する話だけは上手く語ることができる。私もかつてこの話を聞き、笑いながら、「先師の仲尼（孔子）は、怪力乱神（奇怪なこと）を語っていないし、東明王の事跡は実に荒唐（無稽）で奇怪な話なので私たちが口にすべきものではない」と、言ったことがある。（中略）去る癸丑年四月に旧三国史を手に入れ、東明王本紀を見ると、その神異な事跡はこの世で語られているものよりも詳しかった。しかし、やはりはじめはこれを信じられず、鬼や幻のこととして考えていた。しかし三回も繰り返して読み、その意味を耽味し、その源を辿ってみると、これは幻のものではなく、聖なるものであった。鬼のことではなく、神のことであった。国史は直筆の書なので、ましてやこれをでたらめに伝えることができるであろうか。（中略）ましてや東明のことは、変化無双の神異（神聖）なことで、人々の心を惑わすものではなく、実に国を創業した神秘な形跡なのだ。これを記述して遺して置かないと後世の人がどのように（東明の神跡を）知ることができるであろうか。従ってこれを詩として作って残して置くので、これはわが国が聖人によって作られた国であることを天下に知らせるためであるのだ。

以上のように、英雄叙事詩としての「東明王物語」は、当時口承で世間に広く語り継がれていたことや、男女を問わず、知らない人がいないほど有名な物語であったことがわかる。また『旧三国史』という歴史書にも「東明王物語」が詳細に記録されていたと伝える。従って著者の李奎報は、当時民間に広く伝承されている「東明王物語」と『旧三国史』所収の「東明王本紀」の二つを参考にして、英雄として高句麗国の始祖王となる東明王（朱蒙）にまつわる長編の英雄叙事詩を完成させたことになる。

まず、「東明王篇」は、

　混沌とした（一塊りの宇宙の）精気が判れ、
天皇氏と地皇氏が生まれた。
頭は十三個、或いは十一個、
その体貌は奇異だった。
他の聖なる帝王のこと、
経史（経書と史書）に載っている。
女節は大きな星に感精し、
少昊摯を生み、

女樞は顓頊を生む際、
やはり北斗星の光に感精した。
伏羲氏は犠牲制度を作り、
燧人氏は木を擦って火を起こした。
蓂莢（瑞草）が生えてきたのは堯皇帝時の瑞祥であり、
粟に雨が降ったのは神農氏時の瑞祥だ。
（崩れた）青天は女媧が補修し、
洪水は禹皇帝が治めた。
黄帝軒轅氏が天に昇ろうとする際、
顎髭のある龍が自ずと迎えに現れた。
純粋で素朴な太古の時は、
聖霊なるもののすべてを記録できないほどだったが、
後世はだんだん薄情になり、
世の風潮は驕り高ぶってきた。
稀に聖人が生まれはしたが、
聖なる姿を見せるのは少ない。
漢の国、神雀三年、
初夏の北斗七星が巳の方を射す時、

漢の国、神雀三年四月、甲寅の年、

海東国の解慕漱は、

これこそ天の息子だ。

と始まり、天皇氏、地皇氏、伏羲氏、燧人氏、神農氏、女媧氏、夏禹氏など、中国の聖人たちの事跡を語り、英雄としての東明王の事跡がそれに匹敵するものであることを述べている。

その「東明王物語」の梗概を示すとおよそ、次のようである。

英雄誕生以前の先代の紹介

①天帝は太子・解慕漱を扶余王の古都に降らせ遊ばせた。太子は解慕漱と号し、五竜車に乗り、従者百余人は皆白鵠に乗り、先ずは熊心山に止まり、十余日を経てから降った。その様子は、頭に烏羽の冠を被り、腰には竜光の剣を帯びた。朝には政事を聞き、夕方には天に昇ったので世ではこれを天王郎と言った。〔烏羽冠姿の天帝の子の降臨〕

②城北の青河地域には柳花・萱花・葦花という三人の娘が住んでおり、川から出て熊心淵のほとりで遊んでいた。天王郎は彼女たちを見て「もらって后にしたら王子が持てるだろう」と言った。娘たちは彼を見て、水中に入ってしまった。天王郎が馬鞭を持って地面を画くと銅室ができた。部屋の中に酒樽を置くと、三人の娘はそれを飲んで大きく酔った。王はこれを遮り、長女の柳花が捕まえられた。〔水神の娘・柳花との遭遇〕

③父の河伯は、「娘との結婚をお願いしようとするなら当然仲人を立てて言うべきなのに勝手に娘を捕まえるのは失礼だ」と怒った。天王郎は柳花とともに五竜車に乗って水中の河伯の宮に至った。そこで天王郎は変身術を争い、河伯が庭の前の水で鯉になって遊ぶと天王郎は獺になってこれを捕まえた。河伯が再度、鹿になって逃げ出すと王は豺になってこれを追い、河伯が雉になると天王郎は鷹になって河伯に勝ち、河伯は礼儀を尽くして彼を迎え、二

人は成婚の儀をあげた。〔変身術競争と結婚〕

④河伯は娘を天王郎と一緒に小さい革輿に乗せて天に帰らせようとしたが、天王郎は酔いが覚め、彼女の黄金釵を取って革輿を刺し、その穴から一人で天に登った。〔昇天〕

異常誕生と成長

⑤河伯は酷く怒り、「お前が私の教えに従わず、わが家の名誉を傷つけた」と言い、娘の口を引っ張り伸ばし、唇を三尺ほどにして優渤水に追い出した。〔柳花の追放〕

⑥漁師が「最近、梁中の魚を勝手に取って持ち帰る者がいるが、誰なのか知らない」と言うと、金蛙王が鉄の網で水中から女を引き上げさせると、一人の女が石に座ったまま出て来た。女は唇が長くてものが言えなかったので、唇を切ってやると話すことができた。〔梁中の魚の紛失と、女の引き上げ〕

⑦王は彼女が天帝の后であることを知り、別室に置いたところ、彼女に日の光が射し、それによって妊娠して朱蒙を生んだ。彼女は朱蒙を生むとき、左脇から一個の卵を生んだが、大きさが五升ほどであった。人が卵を生んだのは不吉だと言い、牧場や深山に捨てたが、馬や百獣が皆保護した。そこで王は卵を母親の返し育てるようにした。その卵から生まれたのが（高句麗の始祖）朱蒙である。〔日光感精と卵からの始祖誕生〕

⑧朱蒙は生れてから一カ月も経たないうちに喋り出した。彼は母に「たくさんの蝿が飛んできて目を刺すので眠れない。お母さんは私のために弓矢を作ってくれないか」と言った。母が弓矢を作ってやると、彼は紡錘車の上に停まっている蝿を弓矢で射落とすほどの腕前であった。扶余国では弓を良くいる人を朱蒙と呼んだ。〔朱蒙の非凡さと弓矢の上手〕

⑨朱蒙は大きくなると、弓矢の上手さとともに才能も合わせ持った。金蛙王には、七人の息子がいて、いつも朱蒙と

遊ぶが、皆その才能が朱蒙には及ばなかった。太子と従者四十人は鹿をたった一匹しか捕えられなかったのに、朱蒙はたくさんの鹿を捕えた。太子はこれに嫉妬し、朱蒙を捕えて木に括って置き、鹿を奪って行ったが、朱蒙は丸ごと木を抜いて家に帰った。

〔朱蒙の英雄としての力強さ〕

内なる敵（内なる者の裏切り）

⑩太子の帯素は、「朱蒙は神の力を持つ勇士のような人で、目付きが違う。もし、早いうちに始末しないと、いずれ憂いが生じるだろう」と父王に讒言する。しかし、金蛙王はこれを聞き入れず、朱蒙に馬を飼わせて試そうとした。

〔太子の嫉妬と讒言〕

⑪朱蒙は心のなかではこれを恨み、「私は天帝の孫なのに他人の馬飼いになっている。このように生きるのは死んでいるのと同じだ」と、母に言った。すると母は、「これはいつも私が心配していたことだ。私が聞いた話としては、長旅をする人は良い馬に恵まれなければならないのだ。私が良い馬を撰んでやろう」と言った。そして牧場に行って、長い鞭で馬を打つと、驚いてみんな逃げ出したが、一匹の赤色の模様をした馬だけが二丈の高さもある柵を飛び越えた。朱蒙はこの馬が駿馬であると悟り、わざと馬の舌先に針を刺して置くと、馬が痛かったので食べることができず、痩せていった。ある日、王が牧場を巡行していたが、たくさんの馬が肥えていたので喜び、痩せた馬を朱蒙にやった。朱蒙はこの馬を得て針を抜いてやり、たいせつに育てた。

〔馬飼いの朱蒙の馬選別〕

異常な苦難・遍歴と協力者

⑫朱蒙は、太子の帯素からの危険を避けて南下するが、烏伊・摩離・陝父ら三人の賢人と友となり、扶余国から南下して淹滞水に至って河を渡ろうとしたが船が無かった。追兵の敵は急迫してきた。そこで朱蒙は天に向かって叫びながら、「私は天帝の子、河伯の外孫なのだ。難を逃れてここまできたので、天は私を憐れみ、急いで橋をかけて

くれないか」と言った。すると、魚と鼈が浮かび上がって橋となってくれて無事に渡ることができた。こうして朱蒙一行が渡り終えると、魚と鼈は橋を解き、敵兵は河を渡ることができなかった。〔朱蒙の苦難と協力者〕

異常な事業

⑬朱蒙が大きな木の下で休んでいたところ、神母の使いの鳥である一対の鳩が麦の種をくわえて飛んできた。朱蒙は弓で鳩を射落とし、鳩の口を開けてのどから種を取りだしてから水を吹っかけると、鳩は再び生き返って飛んで行った。〔鳩の使いと朱蒙の霊力〕

⑭朱蒙が沸流水のほとりに都を建てようとしたところ、沸流国の松譲王が先に都を造営していた。二人の間で争いが始まり、朱蒙は、「私は天帝の子なのだ。お前は神の子でもないのに王と名乗り、もし服従しなければ天は必ずお前を殺すであろう」と言った。そこで先ず二人は、弓を射て勝負を決めることにした。朱蒙が百歩も離れたところにかけて置いた玉指環を弓矢で撃ち落とすと、松譲王は驚いていた。〔弓射る競争〕

⑮矢を射る競争で松譲に勝った朱蒙は、私たちが開国して間もないし、楽器を奏してその威儀を見せつけられないので松譲に軽く見られると言った。そこで臣下の扶芬奴は隠して置いた沸流国の鼓角を密かに持って来た。松譲王が取り戻しに来たが、鼓角の色を古いもののように塗り替えて置いたため、争いもできず、そのまま帰った。松譲王は、次に都を建てた古さで勝負を決めようと言ってきた。そこで朱蒙は古い柱で宮殿を建てて、まるで千年も経っているように見せかけた。すると松譲王は何も言えなかった。〔智略競争〕

戦いでの勝利と繁栄

⑮それでも松譲王は降伏してこなかった。そこで朱蒙は西方に狩りに出かけ、白鹿を獲り、それを逆吊りにして呪言を唱え、「もし、天が雨を降らせて、沸流国を水没させなければ我はお前を逃してやるまい。この難を免れようと

するなら、お前はよく天に訴えよ」と言った。すると、白鹿は悲しく鳴き、その声が天に届き、大雨が七日間も降り、ついに沸流国は水没してしまった。松譲王が葦の縄を流れる水に横たえ、鴨馬に乗ると、民は皆その縄に取りすがった。朱蒙が鞭で水を掻き回すと忽ち水は無くなった。松譲王は国を挙げて降伏してきた。

〔呪言と戦争の勝利〕

⑯朱蒙は宮殿を空高く建て、皇天に感謝し、王として高句麗国を治めた。

〔高句麗国の完成〕

異常な最期（英雄の死）

⑰朱蒙が王位に着いてから十九年目、天に昇って降りて来なかった。当時の王の年は四十歳。太子の類利は、朱蒙王が残した玉鞭を龍山に葬った。

〔英雄の死と昇天〕

⑱朱蒙王の太子・類利は同僚の者から父無し子と罵られ、母に父のことを聞く。母は、お前の父が扶餘を離れるとき、次のように言い残した。「七嶺七谷の石の上の松の木に隠して置いたものがあり、これを探し得る者が我が子だ」と。類利はこれを聞き、七嶺七谷に行って探してみたが、何も見つからず、疲れてそのまま家に帰ってきた。すると、家の柱から悲しい声がするのであった。父の言った「七嶺七谷とは七角のことで、石の上の松とは柱のことだ」と自ら解読した。起きて行ってみると、柱の上には穴があり、そこから片方の剣が見つかり、たいへん喜んだ。類利はすぐ高句麗国に走って行き、剣の片方を父王に奉げた。父王の朱蒙が自分のものと合わせてみると、血が流れて一つの剣になった。朱蒙王は、類利が空を飛んで窓の穴から射し込む日の光を遮るという神聖さを見せたので太子とした。

〔類利の王位継承〕

そして、「東明王篇」の最後は、

私の性格はもとより素朴で、

奇怪な出来事は好きじゃなかった。
初めて東明王のことを聞き、
幻のことなのか、鬼のことなのかを疑っていた。
徐々に渉猟してみると、
その変化を推測し、論じるのは難しかった。
況や直筆の書なので、
一文字も無駄なものはなかった。
神聖でさらに神聖だった。（中略）
昔から帝王が誕生するときは、
たくさんの瑞祥の兆しが現れた。
最後の王孫が乱暴、怠けることによって、
先王の祭祀をすべて絶やしてしまったのだ。
今になってわかった。（先王の）偉業を守り続ける王は、
苦しみを思い出し、小さなことにも警戒を緩めないのだ。
深い仁徳で王位を守り、
礼儀を持って民を治め、
これを子々孫々（正しく）伝え、
千年万年、国を治めたのだ。

と結んである。

以上のように「東明王篇」は、①英雄誕生以前の先代の紹介（天帝の子・解慕漱降臨と昇天、水神の娘・柳花との結婚）→②異常な誕生と成長→③内なる敵（内なる者の裏切り）→④異常な苦難・遍歴と協力者→⑤異常な事業→⑥戦いでの勝利と繁栄→⑦異常な最期（英雄の死）という英雄叙事詩としてのすべてのモチーフが整っている。また、高句麗の建国の英雄で実在した歴史人物の東明王を荘重で雄大な節句で描き、韻文体で詠っていることも注目すべきところである。

まず、英雄誕生以前の先代の紹介では、天孫の聖なる血統を受け継ぐ東明王の父・解慕漱の降臨と昇天、そして水神の娘・柳花との結婚の話が詳しく語られている。日本の説経「百合若大臣」においても、冒頭、百合若大臣の先代についての記述があり、百合若大臣がどのような血統を引き継いでいるのかの叙述が見える。これはテュルクの英雄叙事詩「アルパミシュ」(12)の場合も同じで、英雄の主人公・ハキムの先代のことが語られていることと類似する。高句麗の英雄・東明王（朱蒙）の場合も同じで、彼の先代となる解慕漱（天王郎）は、五竜車に乗り、従者百余人は皆白鵠に乗り、また首に烏羽の冠を被り、腰には竜光の剣を帯びて降臨するのである。これは彼らが太陽神の子孫で、鍛冶神の集団であることを表すものであり、後で誕生する英雄の東明王が太陽神の血統を受け継いだ神聖で高貴な身分であることを示すためである。「東明王篇」では子供を持たないことを理由に宝比べで負けてしまったという叙述は見えないが、日本の「百合若説経」には見られる。このように子供がないことを理由に侮辱される趣向は、テュルク系遊牧民の英雄叙事詩「アルパミシュ」や「デデ・コルクト」などにも見られるもので、両者の関連が注目される。おそらく継承していく子孫がないというのは部族や民族の滅亡や未来がないカオスの世界を意味するからであろう。

また、城北の青河地域に住む柳花・萱花・葦花という三人の娘が川から出て熊心淵のほとりで遊んでいた時、解慕漱が彼女たちを見て声をかけると、娘たちは彼を見て、水中に入ってしまったと語り、天王郎が馬鞭を持って地面を画くと銅室ができたという記述がある。ここで「銅」は青銅器時代の産物であり、青銅器時代から鉄器時代に入ることを反映したものと考えたい。青河に住む河伯の三人の娘の名は、柳花・萱花・葦花であるが、この名前から彼女たちの水神としての一面がうかがえるものであり、河伯族は今の鴨緑川に従って魚を釣る漁労族であったと言えよう(13)。三人の娘の名である「柳花・萱花・葦花」というのは、柳の花、萱の花、葦の花のこと。皆水辺に育つ植物で、そこに太陽神である解慕漱（天王郎）族の象徴である、白鳥や鷹、鳥などのたくさんの鳥が訪れて休息していた様子がうかがえる。そこには鷹飼いや鷹狩りなどの問題が当然ながら存在する。この鷹飼いと鷹狩りの趣向は、彼らが北方遊牧民と繋がっていることを表すものであり、英雄叙事詩としての高句麗国の「東明王篇」も狩猟文化に支えられた神話であることを表すものである。

「河伯が庭の前の水で鯉になって遊ぶと天王郎は獺になってこれを捕まえた。河伯が再度、鹿になって逃げ出すと王は豺になってこれを追い、河伯が雉になると天王郎は鷹になって河伯に勝った」というのは、製鉄王国と言える伽耶国の金首露王神話でも見られる趣向であるが、東明王の父となる解慕漱は、自由自在に変身できる超人的な力を見せている。鯉・鹿・雉などは、狩人たちの捕獲対象の動物で、人々に蛋白源を提供するものであり、獺・豺・鷹は猛獣で人間が狩りをして食べ物にする対象を食にする動物である。どちらにせよ、ここでの変身術競争は当時の鷹飼いや鷹狩りなどの狩猟の様子がよく表れているとものであり、英雄叙事詩としての高句麗の建国神話にも狩猟文化が中心となる縄文時代の文化が基層にあることがわかる。ちなみに鳥に変身するモチーフは北方ユーラシアの遊牧民に良く見られる趣向でもあった(14)。

また解慕漱と河伯の争いは、太陽神としての性格を持つ解慕漱集団と水神を崇拝する河伯集団が別々に存在したことを意味し、次の段階に移る二人の結婚は二つの集団が一つに融合することを表すものであり、これは河伯集団の漁労族が狩猟と遊牧を主とする解慕漱集団に編入されたことを示すものである。[15] さらに解慕漱の変身する鷹は、鍛冶神の象徴であり、高句麗の始祖の東明王（朱蒙）が英雄としての強力な血統を引き継いでいることを表すものである。

英雄は異常な誕生をするものが多いが、「東明王篇」でも柳花は日光に感精して身ごもり、左脇から一個の卵を生み、その卵から英雄・東明が生まれたという。太陽や月の光に感精して身ごもり、そこから生まれた子供が一族の始祖になるという日光感精神話は、ユーラシア中央部のテュルク系民族のウイグル族やカザフ族にも見られる要素である。[16] また人が卵を生んだのは不吉だと思い、牧場や深山に捨てるが、馬や百獣が皆保護したとなっており、英雄誕生の神秘的な様子が語られている。このように卵を不吉だとして捨てる趣向は、新羅の脱解神話でも見られるものであるが、捨てられた英雄は、馬や獣など特殊な存在によって養育される。これは主人公が狩猟と遊牧を主要な生活手段としていることを表すものであり、これから英雄として生きて活躍する上で様々な試練や苦しみが待ち受けていることを暗示するものであろう。

「東明王篇」の叙事詩では、「英雄・朱蒙（東明）は生れてから一カ月も経たないうちに言葉を喋り出した」とあり、英雄の異常な成長を語る。また彼は母に「たくさんの蠅が飛んできて目を刺すので眠れない。お母さんは私のために弓矢を作ってくれないか」と言い、母が弓矢を作ってやると、彼は紡錘車の上に停まっている蠅を弓矢で射落とすほどの腕前を見せた。扶余国では弓を良く射る人を朱蒙と呼んでおり、彼の名前はこれに因んで付けられたというのである。こうした朱蒙の優れた弓射る能力は先天的に与えられたものであり、彼が天帝の子孫と英雄して民族の課題を背負って生れたことを意味する。英雄は生れ付き神通力によって名前が付けられる場合があるが、テュルク族の英雄叙事詩「アルパミシュ」でも、主人公のハキムは七歳になると、十四バトマンの銅から作られた、祖父・アルピン・

ビーの遺した古い弓を稲妻のように引き、アスカル山の山頂を命中させた。この偉業によって「英雄」を意味する「アルパミシュ」と呼ばれるようになったとあり、この趣向は高句麗の英雄叙事詩「東明王篇」ときわめて類似する。人間が弓矢を使うようになったのは、中石器時代からと言われているが、「東明王篇」や「アルパミシュ」において弓矢が主要なモチーフとして登場するのは、稲作を中心とする弥生文化ではなく、狩猟文化を中心とする縄文文化の名残であると言えよう。

また朱蒙は、扶余王の太子・帯素の嫉妬や讒言によって南下を続け、沸流水のほとりに都を建てようとしたところ、沸流国の松譲王が先に都を造営していた。二人の間で争いが始まり、二人は「弓射る競争」「智略競争」「呪力競争」を行うが、すべて朱蒙が勝利を収めたとある。この対決を通じて彼は英雄として認められたのである。こうした敵との対決を通じてその英雄性を認められるのは「アルパミシュ」でも同様である。婚約者のアルパミシュがカルマクの地にほぼ着いたことを知ったバルチンは、「競馬で一位になること、相撲に勝利すること、硬い弓を壊さずに引くこと、その弓で百歩離れた場所から硬貨を撃ち落とすこと、これらに勝利した者と自分は結婚したい」と提案し、そこでアルパミシュが勝者となり、その英雄性は認められたのである。また、「朱蒙の母の使いの鳥である一対の鳩が麦の種をくわえて飛んできた。朱蒙は弓で鳩を射落とし、鳩の口を開けてのどから種を取りだしてから水を吹っかけると、鳩は再び生き返って飛んで行った」と語られているが、ここで麦はゴボウ、ネギ、オオアサなどとともに北方系の作物であり[17]、狩猟文化とともににナラ林雑穀畑文化がすでに始まっていたことを表す。

前掲の戦いでの勝利と繁栄のところで朱蒙（東明王）が巡狩する時に得た白鹿は、馬や豚とともに北方民族、特にシベリア諸族において代表的な生贄物である。白鹿はシベリアツングース族のシャーマニズムの中で悪霊を追い出す清潔（神聖）な動物として看做されている。「東明王篇」でも白鹿は敵（悪霊）を退ける国家祭祀の生贄として登場している。高句麗では白色の犠牲獣に対する瑞祥は、国家的諸事の瑞祥として表れるが、高句麗の狩猟の記録の中で一〇回も記録されている。高句麗では三月三日になると楽浪の丘に集って田猟をし、その日に獲った猪や鹿で天と山川神に祭祀を行うが、その日になると王が自ら出かけ狩りをし、臣下たちと五部の兵士たちが一緒に従ったという。(18)

このように高句麗国の「東明王篇」は、高句麗の建国の英雄で歴史的に実在した東明王を荘重で雄大な節句で描き、最後は英雄の死を述べ、建国英雄としての雄大さを韻文体で詠っている、長編の英雄叙事詩であり、その内容はユーラシア・テュルク系の遊牧民の英雄叙事詩の「アルパミシュ」などにも共通して見られるものであった。朱蒙は、松譲王が降伏してこなかったので、西方に狩りに出かけ、白鹿を獲り、それを逆吊りにして呪言を唱え、雨を降らせて、松譲王の国を水没させており、彼の行為はシャーマン的である。テュルク系民族において英雄叙事詩を語る人を「バフシ(バクス)」と呼ぶ。この言葉は、トルクメンやウズベク、カラクルパクでは、語り手や詩人を意味するが、カザフやクルクズではシャーマンを意味する。テュルクの英雄叙事詩にはシャーマンの他界旅行の痕跡が具体的に認められる。(19)祖霊がシャーマンに憑依して語った言葉がテュルクの口承文芸の源泉であるとするならば、その言葉がやがて英雄叙事詩へと発展し、バクスによって語られるようになる一方で、預言や託宣を行う機会が減少した結果、叙事詩語りとしての動きが中心となったことが考えられよう。韓国でも神歌として英雄叙事詩を語る男シャーマンを「バクスムーダン」「バクス」と呼ぶこともあり、テュルク系民族の英雄叙事詩を語るシャーマンの「バフシ(バクス)」との関連が注目されるのである。

高句麗の古墳壁画、鳥羽冠を被って狩りをする様子

おわりに――韓国の英雄叙事詩登場の時代背景と風土――

高句麗の建国英雄・東明（朱蒙）を主人公とする英雄叙事詩「東明王編」が登場するのは一一九三年であった。前述のように「東明王篇」は、高句麗を建国した朱蒙を主人公とする韻文体の長編の英雄叙事詩で、総二八二句、一四一〇字の五言叙事詩である。彼ら英雄の活動舞台は北方大陸から南部にいたるまでの雄大なもので、その距離約二億万八千七百十里に達し、天上から水中世界までをその活動空間としており、とても壮大なものであった。英雄叙事詩としての「東明王篇」は、当時口承で世間に広く語り継がれていたことや、男女を問わず、知らない人がいないほど有名な物語であったと、『旧三国史逸文』は伝えるほど、英雄叙事詩が当時民衆の間で広く詠われていたことが窺える。

では高句麗の建国英雄・東明（朱蒙）を主人公とする英雄叙事詩「東明王編」を誕生させた高麗時代（九一八〜一三九二）はどんな時代であったのであろう。高麗中期の文人、李奎報が英雄叙事詩「東明王編」（『旧三国史逸文』）を記したのは一一九三年で、彼の歳、二十五歳の時であった。高麗王朝は、第十八代の毅宗王（一一四六〜一一七〇）の時代に入ると、宦官統治による武臣を蔑ろにする風潮が広がり、武人たちの不満が高まっていた。こうした政治状況のなかで一一七〇年、武臣である鄭仲夫が政変を起こして国王と太子を廃位し、明宗王（一一七〇～一一九七）を擁立することによって武臣政権時代が始まることになる。その後も武臣政権は続くが、一二七〇年、武人政権の第十一代で、最後の支配者の林惟茂が殺害されると、一〇〇年間続いていた武臣政権は終わりを迎えるのである。この時代の高麗国は、対外的には契丹と女真両民族に抑制され、三十余年に渡る蒙古の侵略を受けながら抵抗してきたが、終いには蒙古（元国）の附属国に転落、敗北の悲運を迎えたのである。しかし、対蒙古戦争中の各地方の英雄的戦闘において、蒙古に降伏を拒否し、最後まで抗戦しようとした「三別抄乱」のような武士組織による反乱が起きたのである。[20]

こうした時代背景のなかで蒙古の侵略と干渉、支配から高麗王朝を守らなければならないという国家守護意識が著者の李奎報や民衆の間で芽生え、高麗国が古代の高句麗国を継承した正当な王朝であるという意識が高まり、英雄・東明（朱蒙）の雄大な活躍と敵との戦いや勝利を述べる「東明王篇」のような長編の英雄叙事詩が誕生したことが考えられよう。

英雄叙事詩としての「東明王篇」は、「当時口承で世間に広く語り継がれていたことや、男女を問わず、知らない人がいないほど有名な物語であった」と記されているが、ではこうした英雄叙事詩をだれが語ったのかが問題となる。「東明王篇」において朱蒙は、松譲王が降伏してこなかったので、西方に狩りに出かけ、白鹿を獲り、それを逆吊りにして呪言を唱え、雨を降らせて、松譲王の国を水没させており、彼の行為はシャーマン的であった。テュルク系民族において英雄叙事詩を語る人を「バフシ（バクス）」と呼んでおり、それは神歌として英雄叙事詩を語る韓国の「バクスムーダン」「バクス」の呼称に似通っており、それはシャーマンを差す言葉であった。

英雄叙事詩「東明王篇」は、父が隠して置いた鉄製の剣を太子が探し出して、その剣によって親子関係が確認され、王位継承がなされている。鉄製の遺品による親子（師弟）継承は、高句麗国が位置していた北朝鮮の黄海道地域のシャーマンや済州島の巫覡・シムバンの成巫体験や成巫儀礼のなかで見られるものときわめて類似するものであった。また韓国には、日光感精神話として古代高句麗地域である北朝鮮のシャーマン達の伝承する神歌「帝釈本解（帝釈クッ）」が多数伝承する。これは親シャーマンの成巫過程に対応する、日光に感精した姫君が苦難・流浪の末若子を生む部分と、若子達が父の形見の瓢箪の種を蒔いてその蔓に乗って昇天して父と邂逅、父から試練が課されるが見事に解決し、最後には刀で指を切って流れる血と血が一つになるのを見て親子関係が確認され、三人の若子は子供を守る巫神の三仏帝釈に示現するという内容で、英雄叙事詩「東明王篇」のモチーフ構成にきわめて類似している。おそらく英雄叙事詩としての「東明王物語」も文献や民衆の間に広まる以前は、シャーマンの語り物として詠唱されていたことが考えられよう。実際、高句麗には英雄・朱蒙を始祖神として祀るシャーマンが存在していたことが知られている(21)。

最初に述べたように、東アジアや東北アジアの諸民族の大多数は、シャーマニズムなど、巫俗を基盤とする生活を営んできており、英雄叙事詩にはそうしたシャーマニズムに基づいた思考が反映されており、英雄叙事詩の「東明王篇」や、「百合若大臣」に対応する神歌「成造クッ」にも適応されるものであった。韓国には、こうしたシャーマン的英雄が「本解」という神歌として数多く伝承されている。朝鮮半島は昔から外的侵略が頻繁に起きた地域である。強大国の中に挟まれ、その正当性を脅かされることが頻繁に起きた。こうした危機の中で、「東明王篇」や神歌「成造クッ」などのような民族的英雄を求める英雄叙事詩が多数誕生したことが推される。また、神歌「成造クッ」やその関連説話、英雄叙事詩「東明王篇」には、鷹飼いや馬飼い、狩猟文化が主要なモチーフとして登場する。特に英雄叙事詩「東明王篇」は、「弓矢の名手に因む主人公の名づけ」や「弓矢と競馬競争」「狩猟」などユーラシア・テュルク系の遊牧民の英雄叙事詩の「アルパミシュ」などに通じるモチーフが数多く見られた。韓国の英雄叙事詩もこれら狩猟文化などに支えられ伝承されてきたことが考えられ、それは日本を含め、東北アジアの諸民族の英雄叙事詩にも通じるものであると言えよう。

注

（1）崔元午氏「東アジア口碑叙事詩の理論構築のための事例点検（Ⅰ）―モンゴルの英雄叙事詩〈ジャンガルを中心に―〉（韓国口碑文学会編『口碑文学研究』第十六集、二〇〇三年六月）参照。

（2）千葉大学大学院社会文化研究科、二〇〇一年・二〇〇五年・二〇〇八年。これ以外にも同氏『北方諸民族の世界観―アイヌとアムール・サハリン地域の神話・伝承』（一九九六年、草風館）、同氏「神話的宇宙と英雄の世界―アイヌ叙事詩についてユーラシア叙事詩研究からの覚え書」（篠田知和基編『天空の世界神話』二〇〇九、八坂書房）などがある。

（3）東洋書店、二〇〇二年。これ以外にも同氏『ウラル・バトル―バシュコルト　英雄叙事詩』（東洋文庫八一四、平凡社、二〇一一年）、同氏『アルパムス・バトゥル―テュルク諸民族英雄叙事詩』（東洋文庫八六二、平凡社、二〇一五年）、同氏「中央ユーラシアと日本の民話・伝承の比較研究のために」（『和光大学表現学部紀要』十六号、二〇一六年三月）などがある。

（4）「高句麗の国祖神話」（『説話文学概説』ソウル二友出版社、一九八〇年）。

（5）「東アジアの英雄神話の比較研究」「朱蒙伝承の神話的性格」（『韓国神話の研究』二〇〇一年、ソウル集文堂）。

（6）「李奎報〈東明王篇〉の叙事詩的性格と高句麗の正体性」（『韓民族文化研究』第十九集、二〇〇六年十二月）。

（7）『韓国文学研究』第十三輯。これ以外にも同氏『叙事詩〈東明王篇〉』（ソウル明文堂、二〇〇九年）。

（8）『中東問題研究』第十巻二号、二〇一一年。これ以外にも同氏「テュルクの口伝叙事詩のシャーマニズム的モチーフ研究」（『中東問題研究』第十三巻三号、二〇一五年）、同氏「ウズベク口演者と口演学派、アルパミシュコングロと〈ウズベク〉版本の口演本比較研究」（『中東研究』第三二巻一号、二〇一三年）などがある。

（9）印権換氏『狄成義伝』〈『翟成義伝』『赤聖義伝』〉の根源説話研究―印度説話の韓国的展開―〈高麗大学校文科大学編『人文論叢』八号、一九六七年など。

（10）拙著『本地物語の比較研究―日本と韓国の伝承から―』（三弥井書店、二〇〇一年）の「第九章　本解『成造クッ』と『百合若大臣』」参照。
(11)『三国遺事』(十三世紀末頃成立)巻第一紀異第一の「脱解王」。
(12)坂井弘紀氏『アルパムス・バトゥル―テュルク諸民族英雄叙事詩』(東洋文庫八六二、平凡社、二〇一五年)による。
(13)徐大錫氏『韓国神話の研究』(ソウル集文堂、二〇〇一)。
(14)荻原眞子氏『ユーラシア諸民族の叙事詩研究(一)―テキストの梗概と解説―』(千葉大学大学院社会文化科学研究科、二〇〇一年)の「イルキスモンジャ勇者」。
(15)前掲注5に同じ。
(16)金ヒョジョン氏「テュルク説話の中の種族起源モチーフの研究」(『地中海研究』第十巻第三号、二〇〇八年九月)。
(17)佐々木高明氏「東アジアの基層文化と日本」(佐々木高明・大林太良両氏『日本文化の源流　北からの道・南からの道』小学館、一九九一年)。
(18)李玉洙「古代狩猟図の様式及び意味研究―高句麗の古墳壁画の狩猟図の様式成立の背景として―」(ソウル大学美術学部『造形FORM』第十四号、一九九一年)。
(19)坂井弘紀氏「英雄叙事詩とシャーマニズム―中央ユーラシア・テュルクの伝承から」(『和光大学表現学部紀要』十五号、二〇一五年三月)、呉ウンギョン氏「ウズベクの英雄叙事詩を通じたウズベク人の欲望と自我理想世界の分析」(『韓国中東学会論叢』第三六巻第一号、二〇一五年六月)参照。
(20)鄭求福氏「高麗後期の歴史認識と歴史叙述」(『韓国の歴史認識:韓国史学史論選下』ソウル創作と批評社、一九七九年)、李佑成氏「高麗中期の民族叙事詩―東明王篇と帝王韻紀の研究―」(成均館大学『論文集』第七巻、一九六二年)。
(21)前掲注11拙著の「第四章　本解『帝釈クッ』と本地物語『浅間の本地』・神道集『児持山之事』」。

中国の勇者たちの世界——英雄叙事詩をめぐって

百田　弥栄子

一　三大英雄叙事詩

中国には三大英雄叙事詩と謳われる英雄たちの物語がある。蔵《チベット》族の「格薩尓《ケサール》」、蒙古族の「江格尓《ジャンゴル》」と柯尓克孜《キルギス》族の「瑪納斯《マナス》」で、これらから中国の英雄叙事詩は部落集落などが民族を形成していく過程で、領土や妻、塩、水、鉱山などを巡って戦いが発生し、あるいはさらわれた母や妻を救出し、襲撃してくる多頭の蟒古斯《マンクス》（妖魔）を成敗し、その間に強大な敵と戦う英雄的な人物が出現して業績をあげる、というようなことを題材とした詩編である、と言うことができよう。そこでとりいそぎ三大英雄叙事詩を概観してみた。

(1)　蔵族の英雄叙事詩『格薩尓』

『格薩尓』（『格薩尓王伝』）は西蔵と青海、四川の省区が接する地域に集中がみられ、甘粛、内蒙古、新疆、雲南に及び、更にブータン、ネパール、シッキム、インド、パキスタン、蒙古、ロシアに至る広い地域、また蔵族ばかりか

『格薩尔』中国民間文芸出版社　1984年

蒙古族、土《トゥ》族、裕固《ユーグ》族、撒拉《サラ》族、納西《ナシ》族、普米《プミ》族、白《ペー》族などの間に伝承される。格薩尔は蔵語の音訳で、「花のしべ」とか「強盛」（富んで強い意）とかいう意味だが、民族英雄の名として親しまれ、蔵族地区では「蔵人一人一人の中に、みな『格薩尔』がいる」と言い習わされている。本名は「世界雄獅大王格薩尔洛布扎堆」。四川省甘孜蔵族自治州の徳格県は格薩尔生誕の地とされる（康巴とも）。格薩尔はこの地で一〇三八年に誕生し、一一一九年没、享年八十一歳。母子家庭で貧しかったと史詩は伝える。ちなみに二十キロ西の金沙江を越えれば、そこは西蔵自治区である。格薩尔のモデルは他に蓮花生大師（蓮華生）や関羽、ジンギスカン、『宋史』吐蕃伝にある唃廝羅《こくしら》王などの説もある。

〔要旨〕

〈天界篇〉昔、自然災害と人為的な災禍が蔵族の居住区を覆い、妖魔邪悪な勢力も横行。観音菩薩は阿弥陀仏に、天神の子を下凡させて妖魔妖怪を退治させよと要請。白梵天王の三人の息子のうち末息子の頓珠朶尔保が射箭、石投げ、骰子投げの三つの試練を経て下界に行くことになる（蓮花生大師とも）。

〈英雄誕生〉嶺国《リン》（上嶺国）に五人の王子。国王は財産を五等分してそれぞれ独立させる。長男は小国の娘・朶擦拉毛と結婚。妻は天童天女に護られた天神の息子の姿を認めて身ごもる。黒蛇、蟾蜍（ヒキガエル）、七羽の黒鉄鷹、人頭大鷲などが次々生まれ、最後に生まれた圓い肉卵を矢の先でつつくと、天子のような子が現れる。すでに三歳ほどの大きさ。叔父がこの非凡な赤子を恐れて九層の深穴に埋め、小駒を連れて行った。赤子はたちまち成長して立ち上がり、小駒を呼んで母の元に帰って「わたしの名は台貝達朗」と名のる。幼名は覚如。五歳で黄河のほとりに移住。八歳で嶺部落にやってくる。

〈賽馬称王〉十二歳（十六歳）で部落の馬競べ大会に優勝して王位につき、〈迎娶珠牡〉美女・森姜珠牡を妃にする。蔵族部落〝嶺《リン》〟は格薩尔を首領とし、〈北方降魔〉北の妖魔を降伏させ、〈霍嶺大戦〉霍尔《フォル》王は北方を平定に行っている格薩王の留守中に数十万の軍勢で嶺国に侵入し、王妃と嶺国の家畜財宝をかすめ取る。格薩尔は急ぎ帰国し、叛徒を懲罰して霍尔王を殺し、愛妻を救出する（文献では吐蕃と霍尔の戦争は八世紀で、蔵文の霍尔は漢文の〝回鶻〟、それより前には〝回紇〟。『中央民族学院学報』一九八三年第四期）。

〈防衛塩海〉姜国の薩丹王を降伏させて塩海を防衛し、〈門嶺大戦〉門域の辛赤王、大食の諾尔王、卡切松耳石の赤丹王、祝古の托桂王などに戦勝して国土を拡張する。その前後に数十の〝宗《ゾン》〟（昔の蔵地区の行政区画、古代の部落）を降伏させる。阿里の金窟を開けて人民を救済したり、周辺各国との抗戦で青稞《チンコー》〔ハダカオオムギ〕や家畜、珊瑚、玉石、兵器、綢緞、瑪瑙、真珠などを獲得して嶺国を強大にする。

〈地獄篇〉母の郭姆と王妃・森姜珠牡を救うために二度の十八層地獄行き。強大な嶺国帝国を建てて人々に安寧をもたらした格薩尔は、老年になり、妖魔を平らげて後、王位を甥にゆずる。最後に母と妻を伴って天界に帰る。

このような大枠の物語があっても、広い地域皆同じというわけではなく、雲南省迪慶蔵族自治州の資料では、格薩尓は霍尓国を制服すると、その国の大臣の娘・格桑曲珍を妃にし、身ごもると、大王妃と不和のために天界に追われるなど、異動がある。

〔伝承の形態〕

『格薩尓』には蔵族の神話、伝説、故事、民歌、諺などがちりばめられている。歌詞が主、散文が従。蔵族の歌手の説唱（語りと歌の両方を含む伝統芸能の総称）技術は、習慣的に「神授芸人」「聞知芸人」「掘蔵芸人」「吟誦芸人」などの伝承方式がある。祖先から代々伝えられる家もしくは『格薩尓』が広く流布している地区では、彼らのほとんどは〝神授〟である。彼らの記憶力は抜群で、民間の伝統文化を継承する〝民間芸人〟となった。いわばエンターテイナーである。『格薩尓』はこのような文字を知らない民間芸人による口承が主である。彼らは流浪し、貧しい暮らしを送り、社会的地位も低かった。

一方、蔵族には文字も印刷技術もあって、木版本や写本など書承資料も豊富である。『格薩尓』には、①民間芸人の口承を記録にした口伝本（口頭唱本、もしくは口述本。オーラルのテキスト）。喇嘛《ラマ》僧が加工整理して民間に流したものもある。②文人（喇嘛僧）が数冊のテキストに整理加工したもの。③文人（喇嘛僧）が民間の『格薩尓』に創作を加えたもので、人々に認められたものなど、多種がある。

写本や木版本のうち最も古いのは十四世紀までさかのぼられるというが、現存する最古のものは一七一六年の北京の刻印版の『十方聖主格斯尓可汗伝』（蒙文）である。

なお、蒙古族地域には、蔵族のような専門の『格斯尓』芸人はいない代わり、多くの人が説唱できる。書面で流伝する場合は仏教を宣揚するが、口頭で流伝する場合には多くの禁忌がある。内蒙古の場合をみると、春に講じると大風が起こり、夏には雹霰がふり、秋には家畜に不都合が起こり、冬には雪の災難に見舞われるとする。したがって、戦乱匪賊による騒乱、家畜に疫病が蔓延したような際に講述され詠われる。ちなみに一九三八年、家畜に疫病がはやり大量の家畜が死んだので、裕福な家が著名な説唱人を招き、全村民が集まって香を焚き桑を焼き、タバコは吸わず静かにして、中断せずに二日三晩を語り通した、と芸人蘇魯豊嘎（内蒙古赤峰市の巴林右旗人、六十八歳）はいった。

青海では官吏のところで蒙古文の『格薩尔』の説唱を学ぶ。一方、口頭の場合もあるが、禁忌などはない（蒙古地域は格日勒扎布（蒙古族）「蒙古『格斯尔』的流伝及芸人概覧」『民族文学研究』一九九二年第四期を参照）。

ところでその成立は書承資料でみれば十三世紀と新しいが、古来よりの神話的な要素が『格薩尔』を支えている。天も地も十八層になっている（王沂暖・華甲訳「格薩尔王伝」（連載之一）『隴苗』一九八〇年第四期）。

（2）　蒙古族の英雄叙事詩『江格尔』

英雄叙事詩『江格尔』は新疆西部の蒙古族トルホト部で生まれ、主としてオイラト人の間に口伝で残された。明崇禎二年（一七二九年）にトルホト部の領主がジュンガル部の領主の圧力によって東遷した際、この『江格尔』を携えて行った。したがって伝承地域は西の新疆から東の内蒙古自治区までの広さをもつ。

江格尔は英雄叙事詩の主人公で、部落の首領、可汗。新疆オイラト蒙古の口語では「能力のある人」「主人」、江格尔汗は「国家管理にたけている可汗」の意味である。中国の学者はこの説が最も信頼できるとし、江格尔の建てた国〝宝木巴《バオムバ》〟は国都、国土、極楽、もしくは極楽世界の意味。

〔要旨〕

『江格尔』は十二世紀末から十三世紀初頭の蒙古族の英雄・江格尔が、新疆塔城地区の和布克賽尔《ホブコサル》地域とロシア側のアルタイ地域あたりで建国した物語。『江格尓』には〈孤児が汗王になる話〉〈弓の名手になる話〉〈巨人伝説〉〈三天女の話〉〈白鳥娘の話〉〈美女に化けた妖怪の話〉〈黄銅嘴黄羊腿の妖魔の話〉〈下界に洪古尓《ホンクル》を探しに行く話〉〈地下の呼和達尓罕（青鉄匠）の話〉〈野生動物を慣らす英雄の話〉〈孤児が蟒古斯を退治する話〉〈七層の地下世界に洪古尓を探す〉などの章がある。

　江格尓は二歳になったばかりの頃、蟒古斯（魔物、妖魔の意）に父母を殺されて孤児となる。三歳から阿蘭扎という駿馬にまたがって敵を退治する。五歳の時に大力士に捕らわれる。大力士は江格尓がいずれは世界を征服すると恐れて殺そうとするも、その子・洪古尓が同い年の江格尓を常に助け、義兄弟となる。七歳になるとたて続けに七つの国を討ち、その勇名はとどろく。それ以後も四十二の可汗の領土を征服して、宝木巴に連盟国を建てる。江格尓の留守中に七層の地下にとらわれた洪古尓を救出しに向かい、襲ってきたたった三月の赤子と死闘となるも、赤子の胸に針穴ほどの光を見つけて宝剣で刺し殺し、洪古尓の屍を見つけて蘇らせる。宝木巴国の可汗に推挙される（英雄が密林で山神に護られている烏宗・阿拉達尓汗の孤児を見つけ、家に連れ帰って育て、「江格尓」と名づけたとも）。

　江格尓の駿馬阿蘭扎が盗まれたり、洪古尓が馬群を生け捕りにしたり、突厥汗馬群を襲ったりする〝馬盗み〟のモテイーフがちりばめられいて、騎馬の技術に長けた蒙古族の面目が躍如である。

　呼和達尓罕（青鉄匠）という鍛冶屋の場面も印象的である。呼和《クホ》のフイゴを引くのは大変な労働で、たくましい若者でも疲労困憊、毎日百人を越す男たちが逃げ出すほどの、とてつもない大きさ。工房には勝手に入ることは許されず、入った者は容赦なく懲罰された。ある時、江格尓の長槍が折れたので、十歳の男児に変じて呼和の工房に駆け込んだ。鍛冶屋は鉄槌で打ち据え、巨大なフイゴを引くという罰を与えた。十歳の男児は一人で巨大なフイゴを引き、百人の鍛冶屋が長槍を修理した。こうして江格尔は再び戦場に赴き、強力な敵を打ち負かした。

〔伝承形態〕

西から東への伝播は主に手抄本（手書き本）で伝わり、口頭での流行を促した。王爺《ワンイエ》（支配者）や身分のある者は書承に忠実に、即興は許さず。東蒙地区では民間の口頭演唱、常に即興、創作がみられる。シャーマンの祭祀祝詞から自由に意旨を表わす説唱形式に発展していくが、これが英雄叙事詩の発展時期と重なる、と中国では考えられている。ところが十四世紀にラマ教が入って以来、シャーマン教は陰が薄くなる（東部）。

彼らは『江格尔』を五章以上歌える歌手に〝江格尔奇《チー》〟（奇は類い希な語り部の意）という称号を与えた。西では陶兀里奇《タオウリチー》（陶兀里は叙事詩の意）、東では〝朝尔奇《チャオルチー》〟（朝尔は馬頭琴のこと。馬頭琴の伴奏による）とも。彼らは英雄叙事詩の演唱者で、同時に保存者、創作者である。西では高度な文化的素養と民族の歴史文化を理解し、一定の演唱訓練を経、名のある老芸人に師事し聴衆の承認と選抜を得て、ようやく陶兀里奇になることができる特殊な職業歌手である。オイラト陶兀里奇と他地域の英雄叙事詩の演唱とは異なり、一種の文学の加工作品で、構造的に意味深く典雅であるという。ともあれ『江格尔』の流伝、保存は彼らの功績である。東では江格尔奇のところで学ぶ者はほとんどが牧民で、放牧の傍ら学び業余に歌う。字を知っている少数は手抄本を暗唱する者もあった。

主として慶祝節日に『江格尔』は招かれた家で説唱されるが、それは江格尔を長とする英雄たちが魔物を退治するように、災厄邪鬼を祓い、狩猟の獲物の確保と幸福繁栄を祈るものである。ちなみに二十世紀三〜四十年代、東部蒙古族の村に疫病、災害が発生すると、民間芸人（胡尔沁《フルチン》）が香を焚き、説唱して災厄を祓った。

普通は儀式というものはないが、地域によっては歌う前にお香をたき、仏灯をともし、歌手は叩頭して祈り、災難に見舞われないように蒙古包の門窓を閉める。もしも歌が始まったら歌手は一章まるまる歌い、聞き手は最後まで聞くことになっているから、夜明けになる。通常冬の長夜にストーブのまわりで牧民のために、飲み食いしながら歌う。婚礼や祭祀では江格尓奇は最も活躍する。江格尓奇は招かれればどこへでもでかける。

(3) 柯尓克孜《キルギス》族の英雄叙事詩『瑪納斯《マナス》』

『瑪納斯』は新疆の柯尓克孜族（『史記』『漢書』などでは「隔昆」「堅昆」など）、それに東アジア、中央アジア、西アジアのキルギスタン、カザフスタン、ウズベキスタン、アフガニスタンの柯尓克孜地区という広い空間が舞台である。

『瑪納斯』はおよそ九世紀から十世紀に誕生し、十六世紀に流伝し始めた。イスラム教が新疆キルギス族に伝播したのは十七世紀末から十八世紀初頭とされるが、巴・丹布尓加甫氏（蒙古族）の「新疆蒙古英雄故事浅析」は一六〇一年（明万歴二十九年）であるという（『民族文学研究』一九八九年第五期）。したがって柯尓克孜居住区にイスラム教が入る以前の英雄叙事詩で、その後イスラム教の内容が入っていった。

英雄叙事詩は多く一人の英雄を主人公とするが、『瑪納斯』は瑪納斯と彼の子孫七代をそれぞれ主人公とした、八章にわたる長編である。これらはそれぞれ独立しているが、内容的には緊密に関連を持ち、全体として壮大な英雄叙事詩になっている。

『瑪納斯』は広義にはこの八章の叙事詩を指すものの、狭義では全体の四分の一の分量を占める第一部の「瑪納斯」を指す。第一部は〈不思議な誕生〉〈少年時代のめざましい戦功〉〈英雄の婚姻〉〈部落連盟の首領〉〈偉大な遠征〉〈壮烈な犠牲〉から成っており、とりわけ神話的な色彩が強い。瑪納斯はいつの時代でも民族英雄であり保護神であり、精神的な支柱であった。

〔要旨〕

『瑪納斯』は瑪納斯と彼の七代にわたる子孫たちの英雄伝により構成され、主に十三世紀から十五世紀頃に起こった事件を、民間芸人の口承によって伝える。

第一部はキルギス民族の起源伝説から語り起こす。瑪納斯の五代前からの祖先の経緯に続いて瑪納斯の誕生。ちょうど卡勒瑪克《カルムイク》人の支配を受けていた時代、卡勒瑪克人の厳重な監視、殺戮を逃れるために、誕生すると森林で育てられた。幼少期、山で放牧し、吐魯番《トルファン》でムギを作った。十一歳になると四十人の子ども勇士と各部の人々とともに、各部落に分散し他民族に使役されていた人々を連合し、卡勒瑪克、契丹と戦い、ついに領土から追い出した（卡勒瑪克はオイラト系の西モンゴル族で、漢文資料では瓦剌とされる）。求婚と成婚、子をもうけて還暦の年、瑪納斯は東逃した敵を追って遠征し、宿敵卡勒瑪克の首領昆吾尔に勝利するも、路傍に潜伏していた敗将昆吾尔の毒斧に頭部をたたき斬られ、壮絶な犠牲となる。瑪納斯のかくかくたる業績と悲劇的な最期は、キルギスの多くの聴衆の心を震撼とさせた。また、陵墓で眠る瑪納斯の墓室に天女が入って行き、頭を抱き起こして母・巴可朶卡提の乳を口に注ぐと、瑪納斯は復活するとも。

浙江教育出版社　1995年（初1990年）

第二部「賽麦台依」：息子の賽麦台依は父の志を継ぎ、引き続き卡勒瑪克と戦い大将・昆吾尔を討って父の敵をとるが、手下の勇士・坎巧繞の反逆に遭って殺される。柯尓克孜族は卡勒瑪克に統治される悲惨な境遇に陥る。

第三部「賽依台克」：その息子賽依台克は外敵を駆逐し、坎巧繞をラクダの皮にくるみ、馬でひきずり殺して、柯尓克孜族を再興させる。

第四部「凱耐尼木」：その子凱耐尼木は内患を除き、安定した暮らしをもたらす。

第五部「賽依特」：その子賽依特は妖魔を退治する。

第六部「阿斯勒巴恰と別克巴恰」：阿斯勒巴恰は夭折し、弟の別克巴恰は卡勒瑪克の統治に対して戦い続ける。

第七部「索木碧莱克」：その子索木碧莱克は卡勒瑪克や唐古特などの諸将軍たちと勇敢に戦って駆逐する。

第八部「奇格台依」：その子奇格台依が勢いを盛り返してやってきた略奪者・卡勒瑪克と戦った英雄的事績を詠う。

〔第一部〕

『瑪納斯』はとりわけ第一部に神話の色彩が濃厚である。「古代柯尓克孜に烏古孜《ウクス》汗がいた。彼（の息子）は王位を継ぐと、国内のすべてのあばたを殺せと命じた。後に王妃が王子を産み、五つになると天然痘にかかってあばたが残った。臣下の進言に従い数人の男女をお供にしてあばた王子を深山に送った。瑪納斯たちはこのあばた王子の後裔である」。なお「あばた」は龍蛇や癩病、蓑笠などに関連して、鍛冶文化の重要な要素の一つと考えられる。

柯尓克孜族の起源神話として知られている「四十人の娘たちの物語」も語られる。「昔、阿尓汗の時代に、満素尓《マンスル》と阿娜里《アナリ》兄妹が二人で暮らしている。汗王は風紀を乱すとして兄妹を処刑し、屍を焼く。遺灰は河に流れ込む。汗王の娘と官女たち四十人がこれを飲んでみごもる。汗王は怒り、荒山に追う。娘たちは二十男二十女を産む。彼らは成長して互いに結婚。こうして柯尓克孜人は繁栄する」。

また「曼蘇尓《マンスル》が妹の阿納勒《アナロ》と一緒に罪を犯し、国王に処刑されて焼かれる。遺灰は河に投げ込まれ、水面で泡沫になって王宮の花園に流れ入る。四十人の宮中の娘たちがその水を飲んでみごもった。国王はこれを知って怒り、娘たちを宮殿から追いだした。娘たちは渺茫とした荒地をさすらい、子を産み育てた。子孫は増え、一代一代繁栄していった。人々は彼らを〝柯尓克孜〟と呼んだ（柯尓《キル》は四十、克孜《ギス》は娘の意）」。これは『元史』に吉利吉思《キリキス》の起源として記載されている。なお、「柯尓」は山麓、「克孜」は娘の意、柯尓克孜は〝山の麓の娘〟の意味である、とも。

瑪納斯が誕生すると、父の加合甫巴依は馬の群から子馬を取り上げた。瑪納斯の愛馬・阿庫拉で、英雄の死まで常によりそう。主人公の英雄と彼の戦馬の誕生日が一緒、というのも、英雄叙事詩のモティーフである。

「主人公瑪納斯の父・加合甫巴依は子のないのが悩み。祖先の墓前で泣く。蒼鷹が自分のテントに舞い降りる夢を見、夢からさめると瑪納斯を得る。イスラムの伝道師が「今日、お前さんの妻が一羽の雄鷹を産む、と告げる」。これを伝える阿合奇《アクチ》県は鷹狩りの里として知られ、神鷹は祖先の霊魂として信仰される。

この鷹については、「父が子宝を天に祈ると、夢に一羽の山鷹が飛来して手に停まる。絹のリボンで鷹の脚をつなぎとめ（鷹が子の霊魂となってこの世に降りる描写）、ほどなく妻が身ごもり英雄瑪納斯が生まれる」とも伝える。

史詩の中で年少の瑪納斯を鷹の雛、青年の瑪納斯を雄鷹にたとえて唱われる。一例を挙げれば、マナスの媒酌人・勇士阿吉巴依の、卡妮凱の父・卡拉汗への仲人口は、「我が汗よ、わたしには鷹の雛がいる。我が汗よ、あなたのところにはかわいい白鳥がいる。我が汗よ、あなたの白鳥を飛び立たせよ。我が汗よ、わたしの雛鷹に捕らえさせよ。我が汗よ、……」。瑪納斯の死後、鷹は飛び去ったという。

新疆維吾尓自治区克孜勒蘇柯尓克孜自治州の阿合奇県は、天山山脈の南麓の山岳地帯にあり、『瑪納斯』の故郷として名高い。そして鷹狩りが今も盛んな「鷹の里」「鷹狩りの里」とも呼ばれ、祭りには百羽もの鷹が集まる。

〔伝承形態〕

『瑪納斯』を唄う詩人を瑪納斯奇という。「瑪納斯奇」、すなわち『瑪納斯』を歌う芸人が始めから最後まで詠い通し、語る部分はない。文字での記載はなく、創作性に富んだ歌はオーラルの形態で千年もの間伝えられてきた。楽器の伴奏もない。祭りや祝いの席で瑪納斯奇が数昼夜歌う。とはいえ手抄本も多少あって、『瑪納斯』の流布に一定の役割を果たした。彼らは生産労働に従事し、婚礼や祝い事があると招かれて夜通し演唱する。一定の曲調があり、内容によっては仕草もある。これを職業とする者も少数いる。

ある年、牧区に伝染病が猛威を振るって多くの人が亡くなった時、『瑪納斯』が唱う薬の処方通りに調合して、牧民は救われたということがあった。

二　南の英雄叙事詩

（1）彝《イ》族の『支格阿龍《チコアロン》』

西南部で広く流伝し敬愛されている英雄叙事詩として真っ先に挙げられるのは、この地域の有力な種族集団である彝族の「支格阿龍」（神鷹の息子の意）である。彝文による歴史経典『勒俄特依《ロオタイ》』（古代の歴史、創世記）に記載されており、とりわけこの「支格阿龍」の部分だけを畢摩《ビモ》という最高位の宗教司祭者（巫師）が儀式で朗唱し、祭りや婚礼の席で民間説唱芸人が唱い、あるいは多くの語り部が神話伝説故事として語り継いでいる。これを『鷹と鍛冶の文化を拓く　百合若大臣』（三弥井書店　二〇一五年）で紹介したので、ここではごく簡単に梗概を記すのにとどめることにする。

龍の子孫の娘が四方から飛来した神鷹の血を受けてみごもり、龍年龍月龍日龍刻に男児が誕生。支格阿龍と名付けられた。この子は昼夜泣きわめき、驚いた妖魔が母子をさらい、赤子を万丈の懸崖に落とした。赤子はぴたりと泣き止み、岩（母方オジ）の保護の元に育った。鍛冶屋に弓の扱い方を教えられ、三歳で百発百中の腕前になる。天に六日七月が出現し、これを射るも、オンドリの助けを得て日月に秩序を守って天に出るようにさせた。悪さをする雷神を捉え、この世のあらゆる病気の処方を聞き出した。癩病の処方も聞き出して、放免した。母を救出し、妖魔を征伐し、二人の妻を得た。妻たちは互いに嫉妬し、二人の間を行き来する飛馬の翼の羽をそっと切り落とし、何度目かの時、飛馬は支格阿龍を背にしたまま海中に沈んだ。山里の鷹と鳥たちは救いにかけつけた。「大空のすべての神鷹よ、神鷹の息子の敵をとれ」という叫びを残して、大荒れの大海は支格阿龍を呑み込んだ。

神鷹は彝族の祖霊の化身であり、彝族の護り神とされる。『宇佐八幡縁起』を繙くまでもなく、鷹は鍛冶に深くかかわるが、この「支格阿龍」も自ら雷神を捕らえるなど、鍛冶神としての要素が濃厚である。支格阿龍は「鉄卵を食い鉄水を飲む鉄人」とも語られるのである。

納西《ナシ》族「黒白征戦」や羌《チャン》族「羌戈大戦」、普米《プミ》族「統格薩・甲布」なども記憶に残る。

(2) 西双版納傣《シーサンパンナタイ》族の叙事詩『相勐《シャンモン》』

南の叙事詩の中で〝英雄〟が冠されているのは、西双版納の傣族（タイルーと呼ばれる）の叙事詩『相勐』である（雅琥「神奇瑰麗的南方英雄史詩」『民族文学研究』一九九六年第三期）。

勐維扎の三番目の王子・相勐（相は宝石、勐はその土地の意、旧行政単位。「勐維扎の宝石」という名）が、つ

「相勐」『山茶』1980年第２期

むじ風の妖魔によって石洞に捕らわれた美しい勐荷傣の公主を救出し、勐荷傣に送り届ける。それより前、公主は兄・沙瓦里が天に投げ上げた青石を受け止めた勐瓦蒂の貌舒莱に嫁がされることになっていた。勐荷傣と勐瓦蒂の大軍が勐維扎に迫る。英雄相勐は激しい戦闘の中で沙瓦里と貌舒莱を討ち取る。勐荷傣の国王の願いによって、大森林の中の一〇一の国を統一して王になり、公主を妻にして平和に治める（王松整理『山茶』一九八〇年第二期）。

双方の兵馬戦象が西双版納（雲南省最南端の傣族自治州）のうっそうとした森林の中で戦う場面は、圧巻である。訳者の王松氏は一九六二年から翻訳を始めたものの、〝文化大革命〟の時に原稿を没収されてしまったが、思いがけず一九七八年に返却されたので、その後も翻訳を続けたとの由。

人々は習慣的に英雄・相勐の長詩を「阿鑾《アホワン》の歌」（阿暖《アヌワン》の歌）と呼ぶ。阿鑾は傣族の英雄の総称で、五百部以上の英雄の物語があるが、相勐はその中の第一の英雄である。

羽衣神話として日本でも知られた「召樹屯《チャウスートン》」も美しい恋愛を描きながら、敵や自然と闘う英雄叙事詩であるという見解も支持されている。

傣族の長編叙事詩『蘭嘎西賀《ランゴシゴ》』も蘭嘎地方の十頭王（十二頭魔王）を退治する英雄叙事詩である。勐沓達臘塔の王子・召朗瑪と、勐蘭嘎の国王・捧瑪加（十頭魔王、十二頭とも）の二人の一生の事績が語られる。二人は勐甘納嘎の公主・南西拉を巡って闘争を繰り広げる。召朗瑪は白猴・阿努曼《アヌマン》の加勢を受けて妻を救い、宮殿に戻る。経典の故事に取材し、インドの神猴・ハヌマーンの影響もみられる。

英雄は凱旋し、結局は人々に平安と幸せをもたらすのである。

傣族の伝承形態は、貝葉経に書かれた詩、散文を詠う形（多羅樹の葉に竹筆や鉄針で経文を書たもの。傣族男子はみな子ども時代に寺に入るから、この経典を読んでいる）と、貝葉経を改編した唱本（テキスト）によって演唱する形があり、写抄本は民間にさらに広く流布している。これは賛哈《ザンハ》という歌手によって唱われる。

歌手賛哈は口頭での文学の伝播者であり、民族文学の創作者、民族文学の継承者、宗教的儀式の主宰者、人々から尊敬を受ける歌手である。独唱、二人もしくは集団で、皆扇子で顔半分を隠しながら唱う。互いに優劣を競い問答をし、答えられない場合は報酬を相手方に渡す。だから昼間は農業に従事し、冠婚葬祭や建前などがない夜には経典を読んだり歌詞を諳んじるなど、勉強にいそしむ。

傣文『仂史』（仂はルー）によると、一一八〇（傣暦五四二）年に傣族の首領・叭真が西双版納に封建帝国・景曨国を建てた。それから第十六世の室利松版まで（～一五六八年）の四百年間が政治勢力が拡張した時代で、階級の内部矛盾も深刻になった。この間に「娥并《オビン》と桑洛《サンルオ》」や「朗鯨布《ランチンブ》」「松帕敏《ソンパミン》と嘎西娜《ゴシナ》」など、多くの叙事詩が生まれた。

三　英雄の歌の伝統

実は「中国で叙事詩に注意が向けられたのは二十世紀の二、三十年代」で、英雄叙事詩が収集され研究され始めたのも五十年代末から六十年代初めのことである。けれどもそれは、研究者がようやく気づいた時期ということにすぎない。英雄の物語、詠われる叙事詩は、歴史的にみれば紀元前後には、すでに認められるのである。それにしても周初（前十一世紀〜）の『詩経』や戦国末頃の『楚辞』（屈原・前三世紀）のような詩歌集によって、はるか昔から人々が詠っていたことが分かるのは幸いである。

そこで取り急ぎ五世紀、南朝宋の范曄撰の『後漢書・南蛮西南夷列伝』を繙くと、英雄の始祖建国神話を語る「巴氏の廩君《りんくん》」と「夜郎《やろう》の竹王」「哀牢《あいろう》の九隆」に、英雄の物語が記載されている。巴人の廩君は赤い穴から誕生し、夜郎の竹王は竹から誕生し、九隆（隆と龍は同音）は龍と瓜の子であって、いずれも尊い生まれの神の子らであった。

(1) 巴氏の英雄「廩君」

この物語は『山海経』『華陽国志』『水経注』『太平寰宇記』など、それに湖南省などの地方志にも記載がある。『山海経』は戦国から漢初の頃の楚人の作と伝えられる地理書、巫書である。それは、

> 巴南郡（今の四川省東部と湖北省西部一帯）の武落鍾離山（湖北省長陽の佷山）に、巴氏、樊《はん》氏、瞫《しん》（瞫）氏、相氏、鄭氏の五姓あり。その山に赤黒の二穴あり。巴氏の子は赤穴に生まれ、他の四姓の子は皆黒穴に生まれる。まだ首長はなく、倶に鬼神に仕えていた。そこで石の穴に擲てうまく命中した者を、また土舟に乗ってうまく浮かんだ者を、首長と為すと誓い合った。やってみると巴氏の務相《むそう》だけが穴に命中し、ひとり務相の土舟だ

けが水に浮かんだ。そこで彼を立てて廩君と為した。

廩君は土舟で夷水（今の清江）から塩陽（今の湖北省恩施）に下ると、そこに神女がいて、廩君に「この地は広大で塩や物資が豊かな所。ここに留まって共に暮らせ」と迫る。廩君が断ると塩の女神はたちまち虫に化して諸の虫と与に群飛し、日光を遮ること七昼夜。廩君は謀をして之を射殺すると、天はようやく開明す。廩君は夷城に君し、四姓皆な之に従う。廩君が死ぬと、その魂魄は世に白虎と為った。

これは伏羲の子孫とされる巴氏族の子（務相）と、四氏族との争いが一つのモティーフとなっている。部落集落などが民族を形成していく過程で務相が勝利して首長に収まり、領地や塩などを巡る戦いに勝利する物語である。「穴に剣を命中させる」場面は〈岩をつらぬく剣〉の成就で、廩君の類い希な英雄的資質を表明している。

重要なことは、廩君は今日まで土家族《トゥチャ》が我らの始祖といい、向《シャン》（相と同音）王廟に廩君神像が祀られ、塩水女神も土家族の祖母様と崇められていることである。白虎もまた土家族の護り神で、死して霊魂は白虎になるともいう。土家族は今日湖南省、湖北省、貴州省、それに重慶市一帯に居住する。とりわけ湖南省鳳凰県に居住する土家族の廩卡《リンチア》と自称する人々が「我らは巴人廩君の後裔」と誇らかに語っている。建国始祖神話叙事詩でもある。

さて、この短い巴人の始祖伝承には私たちが詠われる英雄叙事詩にみる情景の萌芽が感じ取れよう。譚必友氏（土家族）は「七姓証盟西遷与隠居的史詩—武陵山腹地的廩歌研究—」（『中央民族大学学報』二〇〇一年第一期）でこの廩君の物語を「廩歌」とされ、林継富氏も「民間故事伝統的転変—従廩君到向王—」（『中央民族大学学報』二〇〇五年第六期）で「廩君叙事詩」とされた。当時文字を持たない巴人は、この故事をオーラルで語り物のように詠っていた。時を経て巴務相（廩君）は向王となり、塩水女神は徳済娘娘となって、更に広い崇敬を獲得した。明正統年間の道教の経典『道蔵』によると、向王は「隋大業年間（六〇五〜六一八年）、山を掘って岩を穿ち、たびたび怪異を振るって清江を開くのに功があった」（大運河の工事が行われた時代）。

今日の「廩歌」は漢字で書かれているものの、それは古土家語の音を表しており、漢字で読むことはできないという。この「廩歌」は「天王菩薩廩歌経」とも呼ばれ、葬送の時に歌謡と舞踏が一体化する。

(2) 夜郎《やろう》の「竹王」と哀牢の「九隆」

これらについては物語と共に夜郎の地、哀牢の地での現地調査を加えて、割に詳しく紹介したので（『中国神話の構造』三弥井書店　二〇〇四年）、ここでは簡単に触れたい。

イ　夜郎の「竹王」

「夜郎の竹王」は前漢の司馬遷撰の『史記』や漢代の『蜀王本紀』、四世紀の『華陽国志』、他に『述異記』『水経注』などに記載されていて、

女子が遯水で洗濯していると、三節の大竹が両足の間に入ってきた。赤子の泣声がするので割ってみると男児がいたので養った。成長すると文武両道にたけていたので夜郎侯になり、姓を竹《チュ》とした。武帝元鼎六年（前一一一年）に南夷を平らげて牂柯郡とし、夜郎侯を迎えて天子は王印を授けた。後に之を殺した。それより前、竹王が大きな石の上で休息した時、羹《あつもの》を作るようにと家来に命じると、「水がありません」という答えが返ってきた。そこで竹王が剣で大石に斬りつけると、水が湧き出た。現在竹王水と呼ばれる川となった。

という物語。「宝剣で岩を撃って泉を湧きださせる」という〈岩をつらぬく〉場面も語られている。英雄の条件の一つである。

夜郎国は戦国の頃、今の貴州省の西南部一帯を中心に興った地方政権で、天下に轟く「精兵十万」を擁し、『史記』

に「西南夷君長以什数、夜郎最大」とある通り、隆盛時にはその勢力はベトナム、ラオスまで及んだ。四世紀に書かれた地方志『華陽国志・南中志』に「成帝の時（前三二〜前七年）、夜郎王興《シン》は鉤町（句丁国と同音、今の広西西部）王の禹や漏臥（今の雲南東南部）の侯愈と刃を交えていた。帝が調停に乗り出しても収拾がつかず、ついに興は殺されてその首級はさらされた」。

今日、彝族や白族、仡佬《コーラオ》族、布依《プイ》族、侗《トン》族、水《スイ》族、壮《チワン》族など諸族が、夜郎の竹王を祖と伝えている。ちなみに彝族の始祖と伝えられる「篤莫《トウムー》」は、彝語によると篤は竹、莫は王、すなわち「竹王」の意味である。

私がお尋ねした貴州省鎮寧県広順の金氏は苗《ミャオ》族（漢族として登録している）で、『金氏家譜』を伝えており（文字をもたない苗族は最近まですべて口碑によった）、上記の戦闘もオーラルで同様に伝えられていた。現在の第七十六代まで、「竹王」の血筋は連綿と続いていた。なお「金姓」は、竹王が金竹から誕生したことによる由。

布依族「竹王的伝説」
『南風』1985年第３期

ロ　哀牢の「九隆《きゅうりゅう》」

「九隆の物語」は『華陽国志・南中志』や『水経注』『哀牢伝』『哀牢夷伝』などに記載されている。隆は龍と同音。それは、

哀牢夷に沙壹という名の婦人がいた。牢山に住み、川で魚を捕っていると、沈木に触れ、まもなく身ごもった。十月の後十人の男児が生まれた。後に沈木は龍に化して出現し、沙壹に「わたしの子らはどこにいるか」と聞いた。九人の子は驚いて逃げたが、

末子だけは龍の背に乗って坐ったから、龍はその子を嘗めた。母の話す言葉で背中のことを九、坐ることを隆というので、末子は「九隆《チウロン》」と名づけられた。成長すると、兄たちはみな九隆を王に推した。九隆は「一矢で九つの岩を射通し、一刀で九本の大木を断ち切る」能力をみがいた。王都は五穀蚕桑に恵まれた肥沃な土地だった。と語られる。

哀牢は前漢の頃永昌（今の雲南省保山県）に興り、後漢の光武帝に滅ぼされた王国で、最盛期には今の雲南、貴州、四川、ミャンマー一帯を版図とした。成都の人楊終撰の『哀牢伝』に記載されているので、九隆神話は一世紀の頃には民間に広く流布していたことが知れる。今日でも彝族、布朗《プーラン》族、佤《ワ》族、壮《チワン》族、傣《タイ》族、徳昂《ドアン》族など、かつての哀牢王国の版図だった地域に居住している人々の間に親しく語られ、詠われている。

さて、哀牢にでかけてみると、保山はどこもかしこも九隆があふれていた。哀牢王国の古都（今の大官廟村）は広い蓮池の向こうに緑の畑が広がる、山水に恵まれた豊かで美しい王都だった。そして今なお金沙江畔の永勝県合慶村（彝族と白族の村）には九隆を祀る家系（王姓）があり、彼らは九隆と同等の家格なので祭祀では（村人がするような）叩頭はしないという。

一九八〇年代の前半頃まで、このような始祖建国の英雄叙事詩はすでに過去の記録にすぎず、比較神話学に素材を提供するだけで、とっくの昔に歴史の彼方に消えていった、とする見解が支配的であった。ところが〝歴史の彼方に消え去る〟どころか、二千年の時空をらくらく越えて、彼らはその土地の始祖として英雄として、日常の暮らしを律していたのであった。英雄の物語はこうして今日まで生きいきと詠い伝えられてきたのである。

なお九隆の神話は羌《チヤン》族も伝えている。もともと哀牢夷が西昌（四川省大涼山州の州都）にあった頃、羌族と接触して「九隆」を知り、永昌（今の保山）に遷徙してからは永昌で語られるようになった、というのが中国の見解である。このように氐羌系の伝承であるとするならば、中央アジア、西アジアから遠くヨーロッパへと続く果てのないユーラシアの高原へと誘われるのである。

モンゴル国西部の英雄叙事詩『タリーン・ハル・ボドン』

上村　明

『タリーン・ハル・ボドン』は、直訳すると「平原の・黒い・オスのイノシシ」という意味である。この題名は、ほかのモンゴル英雄叙事詩と同様、物語の主人公の名前でもある。「平原の」を意味する「タリーン」は、「ハル・ボドン」という固有名をもつ英雄の形容ともとれるが、ここでは、「タリーン・ハル・ボドン」で主人公の名前とする。題名は、もっと詳しく『五十の鐙を伝って乗るタス・ハル・ヘールという馬をもつタリーン・ハル・ボドン』と言うこともある。「五十の鐙を伝って乗る」とは、主人公の馬の大きさを喩えており、「タス・ハル・ヘール」とは、真っ黒にいくぶんか黄色がさした青鹿毛の毛色を指し、馬を特定する固有名詞でもある。この英雄叙事詩は、約八千行、続編の息子ゴナン・ハル・ボドンの物語を入れると九千八百行以上になる英雄叙事詩である。このうち、初めの九三〇行までは父のドボン・ハル・ブフとタリーン・ハル・ボドンの出会いを描いているので、親・子・孫の三代にわたる物語と言える。はじめから終わりまで語るのに三晩かかる長い英雄叙事詩でもある。

『タリーン・ハル・ボドン』は、現在のモンゴル国西部と中国新疆アルタイ区に居住するアルタイ・オリアンハイというひとびとに語り継がれてきた。そのあらすじを述べるまえに、モンゴル英雄叙事詩の全体像について概観しておこう。

一 モンゴル英雄叙事詩の概観

モンゴル系の民族は、ユーラシア大陸に点在している。モンゴル国（約三〇六万人：二〇一六年統計）以外の主なモンゴル人の居住する地域には、中国の内モンゴル自治区と新疆ウイグル自治区（中国全土で約六〇〇万人：二〇一〇年国勢調査）、ロシア連邦のバイカル湖の沿岸を含むブリヤート共和国（約二七・五万人：二〇一〇年国勢調査）、カスピ海の北ヴォルガ川西岸にあるカルムイク共和国（約一六万人：二〇一〇年国勢調査）がある。各地域では、18世紀から英雄叙事詩が書写されてきた。一七一六年には、ゲセルが北京で木版刊行されている。一九世紀からはロシア人研究者による書き取りも行われはじめた。

（1）『ゲセル』とブリヤート

『ゲセル』は、チベットの『ケサル』が起源とされ、両者には多くの共通点が指摘されている。『ゲセル』は、単独の物語ではなく物語群であり、帝釈天の子であるゲセル・ハーンが地上に降りてつぎつぎに魔物を退治していく複数の物語で構成されている。例えば、後述の若松訳の『ゲセル・ハーン物語』は、第一章湊垂れジョル、第二章妖怪黒斑の大虎退治、第三章グム王、第四章十二首魔王退治、第五章シャライゴル征伐、第六章三十勇士の復活、第七章十五首魔王アン・ドゥルム・ハーン征伐、第八章ロブサガ・ラマ退治、第九章地獄で大暴れ、第十章二十一首魔王征伐、第十一章十八首魔王ゴンボ・ハーン征伐、第十二章ナチン・ハーン征伐の十二の物語で構成されている。『ゲセル』は、モンゴル系民族に広く流布しているが、なかでもブリヤートの口承『ゲセル』は、ロシア人やブリヤート人研究者によって数多く収録され出版されており、内容もチベットの『ケサル』に様々な民話的・神話的な要素が加味されている。

(2) 西モンゴルの『ジャンガル』とカルムイク、トルゴード

『ジャンガル』は、『ゲセル』とならびモンゴルの二大英雄叙事詩のひとつに数えられる。『ゲセル』と同様に物語群であり、ボンバという国の領主ジャンガルとその部下である英雄ホンゴル、サバル、ミンヤン、アルタン・チェージらが主人公となって活躍する複数の英雄物語から構成されている。『ジャンガル』は、モンゴル系の人々の居住する地域のうち、中国の新疆やロシア連邦カルムイク共和国など西の地域を中心に伝承されてきた。これらの地域やモンゴル国の西部に居住するモンゴル人は、西モンゴル人あるいはオイラド人と呼ばれる。ほかの地域は、チンギス・ハーンの男系子孫に支配されていたのに対して、オイラド人は、オイラド系の貴族により統治されてきた。そして、政治的に東部のモンゴル人としばしば対立し、文化的にもモンゴル文字ではなくトド文字とよばれる文字を使用するなど、独自の発展をしてきた。『ジャンガル』を継承してきたのは、オイラド人のなかでも、トルゴードという部族に下位分類されるひとびとである。

カルムイク共和国に居住するモンゴル系のカルムイク人は、十七世紀前半に内紛をさけて新疆から移住してきたトルゴード人の子孫である。一方、現在の新疆のトルゴード人は、清朝が現在の新疆の地を征服したあと、一七七一年現在のカルムイク共和国の地から故地に帰還したひとびとの子孫である。この年は暖冬で、ヴォルガ川が凍結しなかったため、ヴォルガ川西岸にいたひとびとは、川を渡ることができず、帰還せずにのこった。現在のカルムイク人の祖先である。つまり、両者はおなじトルゴード人であり、遠くはなれていても交通が自由な時期には交流もあった。『ジャンガル』を語る語り手は、「ジャンガルチ」と呼ばれ、現在も伝統を継承するジャンガルチが多くいる。

『ジャンガル』は、韻文で歌われ、ジャンガルチのなかには、トブショールという指で弦をはじく二弦の楽器や、弓で弦をひく四弦の四胡を伴奏につかうものもすくなくない。

カルムイク共和国のもっとも有名なジャンガルチであるオクナ・ツァガーンザム（一九五七〜）は、三絃の撥弦楽器やカザフのドンブラも伴奏に用いてジャンガルを語り、低い声の語りから「ホーミー」というのど歌の演唱に移行する独特のスタイルをもつ。これは、モンゴル国の西北に隣接するロシア連邦トゥバ共和国のトゥバ人や、モンゴル国のホーミー、それに後述するオイラド人の下位集団であるアルタイ・オリアンハイ人の英雄叙事詩の語りを取り入れた、彼独自のスタイルといえる。

中国の新疆のジャンガルチ、ジャビーン・ゾーナイ（一九二四〜？）は、代々ジャンガルチの家庭に生まれ、四胡を伴奏にジャンガルを弾き語る。また、新疆のボルタラ地区に住むシャルフーギーン・プルブジャブ（一九二三〜？）は、伴奏楽器は用いないが、テンポの速い語りで聴衆につよく支持されていた。彼は、清朝によって内モンゴルから新疆防衛のため移住させられたチャハル・シネ・アンギという集団に属する。

『ゲセル』と『ジャンガル』は、若松寛氏が平凡社東洋文庫のシリーズで、一九九三年『ゲセル・ハーン物語：モンゴル英雄叙事詩』（東洋文庫五六六）、一九九五年『ジャンガル：モンゴル英雄叙事詩２』（東洋文庫五九一）を出版し、日本語訳だけでなく詳しい解説も付している。また、中国では１９９０年代から国家的な研究プロジェクトが実施され、『ゲセル』と『ジャンガル』の採集と研究が大規模に行われ数多くの出版物が出版された。

西モンゴルには、トルゴード人のほかバヤド、ドゥルベドという集団でも、英雄叙事詩が伝承されてきた。なかでも、マンディハニー・パルチン（一八五五〜一九二六）は、『ダイニー・フレル』『ボム・エルデネ』など、多くの英雄叙事詩を語っただけでなく、一九一二年のモンゴル軍による西モンゴルの中核都市ホブドの解放という、当時起きた歴史的事件をリアルタイムで英雄叙事詩にして語った、伝説的な語り手である。伴奏楽器には、トブショールが用いられた。

西モンゴルのオイラド人の下位集団のなかで、英雄叙事詩が語り継がれてきたもうひとつの集団が、アルタイ・オリアンハイ人である。これについては、あとで詳しく述べる。

(3) 西モンゴル以外のモンゴル国と内モンゴル

モンゴル国の西部以外の地域では、英雄叙事詩はすくなく、それにかわって庶民の少年が主人公の魔法民話がよく語られていた。ロシアの著名な学者ニコラス・ポッペによれば、その理由は、王侯おかかえの英雄叙事詩の語り手がいなくなった結果、英雄叙事詩が衰退し、韻文が散文に変化したからだという。韻文を暗唱するにはそれなりの技量が必要であり、プロの語り手がいなくなったので、ところどころハイライト部分だけが韻文の決まり文句でのこり、それもしだいに減っていって、散文だけの民話になってしまったという。この説が主張するように、王侯のスポンサーをもつプロの英雄叙事詩の語り手が存在していたかは、疑問がのこる。なぜなら、英雄叙事詩がさかんに語られてきた西モンゴルには、プロの語り手はいなかったからだ。ふだんは牧畜や狩猟をいとなみ、招待された家で叙事詩を語り、報酬はうけとるが自分から要求することはなかった。また、西モンゴルの英雄叙事詩に関しては、中央アジアの英雄叙事詩の影響も考慮しないといけない。

その一方で、一九九五年の椎名誠監督の映画『白い馬』にも登場するニャミーン・ダギーランズ(一九三〇~二〇一四)の演奏にみられるように、馬頭琴の起源説話は、現在も馬頭琴の伴奏で語られている。これらの語り手は、「ホールチ」と呼ばれ、即興の祝い言葉や称え言葉などさまざまなジャンルを、馬頭琴による即興的な弾き語りで演ずる。「ホールチ」とは、「ジャンガルチ」とおなじく、楽器一般を指す「ホール」から派生した、演奏家を指す言葉である。ちなみに、叙事詩一般の語り手は、モンゴル語で叙事詩を意味する「トーリ」から派生した「トーリチ」と呼ばれる。

内モンゴルには、四胡を伴奏楽器にするホールチが多くいた。彼らも、祝い言葉や称え言葉など口承文芸のさまざまなジャンルを歌い語るひとびとだった。彼らの語った民話は「ホーリーン・ウリゲル」つまり「楽器の民話」とよばれている。ホールチのなかには、パージェイ（一九〇二～一九六二）のように、『ゲセル物語』を語ったものもいる。これら内モンゴルの四胡をもちいるホールチの特徴は、英雄叙事詩を語るときに、英雄の容姿、馬の描写や戦闘のシーンなど、場面によってメロディーを使いわけることである。また、ときどき伴奏を中断して、台詞語りで英雄たちのやりとりをひとり二役で演じたりする演劇性の高さもあげられる。

ホールチたちは、また「ベンスニー・ウリゲル」という中国起源の物語も語った。「ベンス」は中国語の「本子」に由来し、それにつづく「ニー」は日本語の「の」意味である。つまり「ベンスニー・ウリゲル」は、「本の民話」という意味になる。これは、中国で人気をえていた大道芸「説書」のように、中国で書かれた書籍から題材をえて、物語を大衆相手に語る、モンゴルの口承文芸のひとつのジャンルであった。一九世紀、浸透した中国の商品経済の影響を受け、『水滸伝』や『三国志』など多くの中国文学がモンゴル語に翻訳された。それを種本として、ホールチたちが翻案して物語を語ったのである。

（４）　モンゴル英雄叙事詩の登場人物とストーリー

多数の物語群で構成される『ゲセル』や『ジャンガル』では、変則的な要素が見られるが、モンゴル英雄叙事詩の基本的な登場人物やストーリー展開にはパターンがある。主な登場人物は、主人公である英雄とその妻、そして主人公の乗る馬である。この馬は、人間の言葉をしゃべることができ、主人公を助ける、助手的な役割も果たす。そして、主人公と戦う敵がいる。敵には、二種類あり、一つは主人公の好敵手となる英雄、もう一つは「マンガス」という貪欲な怪物である。このマンガスは、多頭の恐ろしい形相のこともあるし、人間の姿をしていることもある。そして、人や家畜をつぎからつぎへと飲み込む。主人公の英雄は、ふくれあがったマンガスの腹を割き、飲み込まれていた人や家畜を解放する。マンガスが死を象徴するとしたら、英雄はその解放者といってよいだろう。このような神話的な要素は、シベリアの諸民族の英雄物語と共通する一方、歴史上実在した人物が主人公となることが多い西ユーラシアの英雄叙事詩とは異なる点である。

ストーリー展開の基本的なモチーフは、二つである。一つは、「奪回」モチーフで、主人公が、敵に妻や家畜を奪いとられて、あるいは奪いとりに来たのを迎え撃って、敵と戦い勝利し、奪い取られていた妻と家畜を取りもどす、または敵の臣民と家畜を奪って故郷に帰り、宴を開くという展開である。もう一つは、「求婚」モチーフで、妻を娶りに故郷を出発した主人公が、遠い異国で男の三つの競技に勝利するか三つの難題を解決し、妻とその父の家畜や財産をえて故郷に帰り、宴会を開いて、めでたしめでたしとなる。「男の三つの競技」とは、弓矢、相撲、競馬の三種の競技をいう。

このふたつのモチーフがさまざまに組み合わされて多様なストーリーが展開される。組み合わせで最も多いのが、最初に「求婚」モチーフが来て、つぎに「奪回」モチーフが続くという展開の英雄叙事詩である。つまり、主人公の英雄が故郷を出て妻を娶りに遠い異国の地に行っている留守に、敵が来て主人公の臣民と家畜を奪い取り去っていく。故郷にもどった主人公がそれを知り、「奪回」モチーフがはじまるという展開の英雄叙事詩が数多くある。また、モチーフが連結するだけでなく、主人公が英雄からその息子に引き継がれる展開も見られる。英雄叙事詩の語り手、トーリチは、英雄の雄姿や戦闘シーンを描写する決まり文句を駆使して、こうしたストーリーを展開させてゆく。

二　アルタイ・オリアンハイの英雄叙事詩と語り手たち

ここからは、英雄叙事詩『タリーン・ハル・ボドン』をめぐるアルタイ・オリアンハイの語り手たち、英雄叙事詩一般と関連する儀礼について述べる。アルタイ・オリアンハイのアルタイとは、アルタイ山脈を指す。現在、モンゴル国で英雄叙事詩と言えば、アルタイ・オリアンハイの英雄叙事詩がもっとも有名で権威があるとされている。

(1)　語り手

『タリーン・ハル・ボドン』を語ったバータリーン・アビルメド氏（一九三五〜一九九八）は、モンゴル国西部のホブド県に生まれた。四年間の初等教育を受けたのち、牧畜のほか製材所作業員、小学校の守衛、公設市場の職員などの職業に就いた。そのかたわら英雄叙事詩を語り、狩猟や占いにも長じていた。

アルタイ・オリアンハイのトーリチの資質として重要視されるのはその血統である。アビルメド氏は、ロシアの著名なモンゴル学者V・Ya・ウラジーミルツォフの著書にも登場する、一八六〇年生まれで一九四〇年代初めまで活躍した伝説的な語り手ザニーン・ジルケルの孫である。ジルケルの娘であった母から多くの英雄叙事詩を学んだだけでなく、父バータルもトーリチの家系に生まれた語り手であった。

彼は、二十歳をすぎた一九五五年ごろから、父方の伯父G・シレンデブの付き人として修業をはじめた。一年ほどたつと、シレンデブは、自分のかわりにアビルメドに語らせるようになった。アビルメドは、七〇年代八〇年代数々の芸能コンテストで優勝し、その語りはラジオで繰り返し放送され、モンゴル人の耳になじみのあるものとなっていった。一九九一年、英雄叙事詩の語り手としてはじめて、作家や詩人に贈られるモンゴル国家栄誉賞が授与される。兄のオルトナサン（一九二七－二〇〇五）もトーリチだった。現在、息子バルダンドルジ（一九八〇－）が、アビルメドの跡を継ぎ、全国的な舞台で英雄叙事詩を語っている。

では、語り手はどうやって何千行もある英雄叙事詩を覚えるのであろうか。これについて、ジルケルは、「ひとが英雄叙事詩を語っているのを聞いて、まず内容と英雄の名前だけを覚え、すでに習得している叙事詩の出来合いの部分を、新しい叙事詩の内容やテーマに合わせて用いて、叙事詩を組み立てる」と答えている。このように、ストーリーにあわせて決まり文句をつなぎ合わせて英雄叙事詩を語るのは、世界のほかの地域にも共通する英雄叙事詩の語られ方である。

(2) 儀礼

英雄叙事詩を語ってもらおうとする家では、三・四日前に伴奏で使うトブショールを家に持ってきて、上座に置いて祀る。英雄叙事詩を語る当日、夕刻やってきたトーリチは、すべての牧畜の作業が終わったあと、夜通し英雄叙事詩を語る。そのまえに、必ずアルタイ山脈の素晴らしい自然を称える『アルタイ・マグタール』、つまり『アルタイ賛歌』を語らなければならない。なぜなら、英雄叙事詩の真の聴衆は、人間というより、アルタイの山の主や精霊たちだからだ。アルタイの主は、アルタイ山脈の変わりやすい気難しい自然を擬人化したものといえる。彼らを喜ばせ、庇護と山からの恵みをえるため、英雄叙事詩は語られるのである。『アルタイ／賛歌』は、この山の主たちを語りの場に招きよせる役割をもつ。

このことをよく表しているつぎのような伝承がある。「ある日、英雄叙事詩の語り手トーリチが、精霊たちの姿を見ることのできる霊能者といっしょに狩りに出かけた。しかし、何日たっても獲物がない。そこで、霊能者がトーリチに英雄叙事詩を語らせた。そうすると、山の主である精霊たちが集まってきて、その語りに聞き入った。そこに、背に鞍ずれのある鹿に乗った精霊が現われ、もっとよく叙事詩を聞こうと前に進むうちに、語り手の唇の上に登ってしまった。そして、そこから滑り落ちたので、英雄叙事詩の音程がくるった。霊能者は精霊のその様子がおかしく笑うと、トーリチは自分の語りを笑われたと思い、気を悪くして語るのを途中でやめてしまった。すると、その場にいた精霊たちの親玉らしき者がそれに怒り、罰として滑り落ちた精霊の鹿を取りあげ、トーリチたちに与えることに決めた。つぎの日、トーリチと連れの霊能者は、その言葉どおり背に鞍ずれのある鹿を仕留めることができた。」この話は、英雄叙事詩のメロディーが二度と狂うことのないようにと伴奏楽器のトブショールを作ったというトブショールの起源説話にもなっている。

英雄叙事詩を語る時期にもタブーがある。英雄叙事詩は冬や春語られるべきもので、夏と秋には語ってはならない。また、語りはじめたら終わりまで語らないといけない。トーリチは、家畜を家畜囲いに入れた夜の八時ごろ語りはじめ、休憩も入れ約十二時間、朝の七時か八時まで語る。夏語ってはならないのは、夜が短く語る時間をじゅうぶん取ることができないのと、のどの奥から出す独特の太い声で語るので、夏の暑さでのどを痛めてしまう危険があるからだという。山の主を喜ばせ恵みを乞うという英雄叙事詩の機能から考えても、自然の恵みを享受している夏に英雄叙事詩を語る意味はない。

語り手アビルメドは、この自然信仰としての英雄叙事詩の性格に、仏教的な意味を重ねあわせる。彼によれば、英雄叙事詩とは俗人にもわかりやすいように物語仕立てにした仏教の経典である。モンゴルの仏教の経典には、語った家の運気を正す効能があると信じられている。『タリーン・ハル・ボドン』の主人公は、マハカーラつまり大黒天の化身であり、数ある英雄叙事詩のなかでも、病人が出る等とりわけひどい困難に見舞われている世帯のために語られるという。効能が強力なだけ副作用も強く、ふつうの家で語るとかえって災難がふりかかる。彼のレパートリーには、ほかに子供を授かるための叙事詩、もめごとのある家のための叙事詩、狼など家畜被害に悩む家のための叙事詩、貧窮する家が富裕になる叙事詩がある。

(3) 語りの方法

アルタイ・オリアンハイの英雄叙事詩は、トブショールを演奏しながら、一定したリズムとメロディーで、「ハイラハ」と呼ばれるホーミーに似た喉の奥から出す太い声で、弾き語られる。「ホーミー」というのは、一人で低い声とその高い倍音の二つの声を同時に出す歌唱法である。これと類似した歌唱法は、ロシア連邦のアルタイ山脈周辺に居住するトゥバ、アルタイ、ハカス、ショルなどチュルク系の言語を話す諸民族にも伝えられてきた。まとめて「のど歌」と呼ばれることもある。ホーミーの一種として、低い地声と、分数倍音と呼ばれるさらに低い倍音を同時に出す、「ハルヒラー」という歌い方がある。通常のホーミーでは歌詞を歌うことができないが、ハルヒラーは歌詞を歌うことが可能である。アルタイ・オリアンハイの英雄叙事詩の語り方「ハイラハ」は、このハルヒラーの一種と考えられる。これと共通する語り方は、アルタイ、ハカス、ショルなどの民族の英雄叙事詩の語りにもみられ、そこではのど歌を「ハイ」「カイ」と呼んでいる。このように、アルタイ山脈周辺の諸民族には、英雄叙事詩の語りやのど歌の伝統、山の主信仰など共通の基盤文化が見られる。つぎに叙事詩のあらすじを紹介する。

三　英雄叙事詩『タリーン・ハル・ボドン』のあらすじ

地の主ドボン・ハル・ブフの章

むかしむかし、海が小さな乳脂の溜まりだったころ、須弥山がほんの小さな丘だったころ、アルタイとハンガイの尾根尾根を満たす無数馬の群れ、それを率いる細長い身体の角の生えた青鹿毛の種馬をもち、谷という谷を埋めつくす、ラクダの群れと種牡ラクダ、ヤクの群れと種牡ヤク、綿のように白い羊の群れと種牡羊、黒いまだらの山羊の群れと種牡山羊、これら五種の家畜をもち、五十の川の合流点、競馬ができる広い緑の草原の真ん中に巨大な天幕の白い宮殿をもつ、ハーンであり君主であり英雄である、国土を敵に奪われたことのない、敵に敗れたことのない、七十の鐙を伝って乗るハル・ヘール（青鹿毛）馬をもつ、その名は十の大陸に鳴りひびくドボン・ハル・ブフという英雄がいた。その運命でむすばれた妃は、発する光はフェルトの壁をつらぬく太陽のよう、起こった事象を九十九年の彼方から知り、九十九年の未来を予見する、黒竜王の娘ハル・ヌデン（黒い瞳）妃である。

ドボン・ハル・ブフは世継ぎのないことを嘆きタリーン・ハル・ボドンが天帝の命により地に降る

ドボン・ハル・ブフは、その名声のため外敵も寄せつけず内なる乱も起こらず、長い年月を重ねたある時、七つの州の臣民を集め、二つの毛色の馬群を集め、一つの毛色のヤクを集め、馬乳酒と蒸留酒を作らせた。巨大な天幕に、海のような馬乳酒と蒸留酒、山のような肉料理を並べ、喇叭で大衆を招いた。酒と馬乳酒と肉が行きわたると、歌を合図に長い長い宴会が始まった。その宴が二十五日続いたころ、ドボン・ハル・ブフは、老いた自分に世継ぎのないことを嘆き、その涙は霰のように降りそそいだ。彼の嘆きが終わらないうち、突然馬の蹄の音と男の声がして、雨と風の嵐が起こり、巨大な天幕が揺れた。外に出た大臣は、二つの目の間に二頭のラクダを座らせ、荷をつけ立たせることができる広い額をもつ、二つの羊の大群を二手に分けて放牧できる広い胸をもつ、巨大な領土と領民をひとりで支配できる風格の、顔に火あり目に光ある、愛くるしい若者が、青鹿毛の馬にまたがりやって来たと報告した。黒竜王の娘ハル・ヌデン妃は、一万の珠のある梅檀の数珠を手に取りハーンを見つめ、晴れた天の日と月のように赤くなると、「私たちふたりに子が授かりました。神々のハーンたるホルマスタの父と黒竜王の母が、素晴らしい息子を私たちに送ってくれたのです」と言った。その言葉が終わらないうちに、巨大な天幕の帳が開いて、顔に火あり目に光ある愛くるしき若者が入ってきた。そして、ふたりの前にひざまずき、「ハーンである麗しき父上、妃である麗しき母上、ご機嫌いかが」と問うと、ハーンと妃も挨拶を返す。若者が席につき豪快に飲み食いしてから、ドボン・ハル・ブフがおもむろに「生まれはどこか。旅の目的は何か」とたずねると、「ホルマスタの父と黒竜王の母が、老いたドボン・ハル・ブフと妃は子に恵まれない運命だ。ふたりの元に行き息子になれと命じ、五十の鐙を伝って乗るタス・ハル・ヘール馬をもつタリーン・ハル・ボドンと私に名を授けここに遣わしたのです」と答えた。その言葉が終わらないうちに、ハーンと妃は若者を抱擁し、臣民を再び集め息子のために宴を開いた。時がたちタリーン・ハル・ボドンは眠り宴会は続いた。

タリーン・ハル・ボドンは運命の女性を求め旅立ちローザン・ティブ・ハーンの息子と義兄弟の契りを結ぶ

タリーン・ハル・ボドンは、夢の中で何かを思い、明け方起きると身支度し武器をとって、タス・ハル・ヘール馬に乗り、西に出発した。広いアルタイを駆け抜け、夜明けに七十七の黒山の頂点に上り、民の生活を眺め野に下り、野生馬を狩りして宮殿に戻ってきた。そして、父ハーンにたずねた。「私の力も馬の速さもあり余っています。私と運命で結ばれた妻となる女性は誰ですか」。父ドボン・ハル・ブフは、「日が昇る東の方角、馬がたどり着けない距離の、男が老いてしまうほど遠方の、九十九年のかなたの、十三の獅子の黒山の領土に百万の臣民をもつ、アランザー・ハーンの娘アルタン・ソロンゴ・ダギナが、お前の運命の妻だ。死人を生き返らせ貧民を豊かにする能力をもつ」と言って、ひと尋のアヨーシ仏の白い絹布を与え、「途中にはローザン・ティブ・ハーンとその息子たち三兄弟がいる。とくに、末息子フレル・アルスラン・マグナイは手ごわい相手だ。彼らを避けて行け」と助言を与えた。タリーン・ハル・ボドンは、それを聞き両親に挨拶し、愛馬にまたがり、遠い地を目指して出発した。

タリーン・ハル・ボドンが、幾多の峠や土漠を越え、五年の距離を五か月に、五か月の距離を十五日に縮め、愛馬を昼夜走らせて行くと、ある峠の向こうに土煙が上がり勇者が現れた。ふたりはしばらくにらみ合い、タリーン・ハル・ボドンが、「お前の故郷はどこか。名は何という。旅の目的は何だ」とたずねると、「お前などに答えなくともよいが、フレン・ザンダン・オラーン山の故郷をもつ、ロー・ツォーホル馬をもつ、ローザン・ティブ・ハーンの長男、チン・アルタン・ブス（純金の帯）とは俺のことだ。西の日の沈むところに住む、ドボン・ハル・ブフの息子タリーン・ハル・ボドンと戦い打ち負かし、その骸を野に晒し、愛馬を屠って戦いの神を祀り、その故郷に野火を放ち、臣民を捕らえ鎖につないで故郷に連れ帰るつもりだ」と答えると、「お前が探すタリーン・ハル・ボドンとは俺のことだ」と言い向ってくるので、チン・アルタン・ブスは、恐れをなし馬の速さを恃んで一目散に逃げ出した。タス・ハル・ヘール馬がそれを追うとたちまち追いつき、タリーン・ハル・ボドンは、チン・アルタン・ブスを脳天から鞍と馬もろとも六つに切り裂いた。壕に埋め「力不足なのに挑んだお前が悪い」と言い放ち、さらに先に進み、ある峠まで来ると、また土煙が見える。ローザン・ティブ・ハーンの次男トゥムル・ズルヘン・バータル（鉄の心臓の英雄）

である。相手がタリーン・ハル・ボドンと知ると、すぐ逃げ出し、鞍と馬もろとも六つに切り裂かれた。さらに先に進み、峠に上ると、また土煙が見え、末息子フレル・アルスラン・マグナイ（銅の獅子の頭）の姿が見えた。名乗り合って、切り合うが剣では彼らの体は傷つかない。相撲をとると、平野が峠になるまで峠が平野になるまで組みあって、雌雄がつかず何年も経った。すると、下界に何事が起こったかと、上天のアルシ上人がやって来て、二人に兄弟になることを勧めるが、フレル・アルスラン・マグナイの旅の目的を知り、タリーン・ハル・ボドンに加勢する。フレル・アルスラン・マグナイを組み伏せたタリーン・ハル・ボドンは、剣を取ってその首を切り落とし投げ捨てる。こうして、タリーン・ハル・ボドンがローザン・ティブ・ハーンの宮殿の巨大な天幕の前まで来ると、りっぱな勇者の馬がつながれている。三兄弟がいない間にと、ローザン・ティブ・ハーンの娘、ツァヒルガーン・ザンダン・ダギナを嫁にもらおうとやって来た、天の息子テベグ・アルタン・ゾルであった。天幕の外からタリーン・ハル・ボドンに呼ばれると、彼は一目散に逃げだすが、愛馬の忠告でタリーン・ハル・ボドンと兄弟になることを申し入れ、弟となる。二人でローザン・ティブ・ハーンに会いに行くと、「自分の息子たちはどうしたのか」と聞くので、タリーン・ハル・ボドンは故郷の老いた父母を思いハーンを憐れみ、アヨーシ仏の白い絹布をテベグ・アルタン・ゾルに渡し、「三兄弟をこれで生き返らせ連れて来い」と命じる。彼はバラバラになった息子と馬の遺体を拾いつなぎ合わせて魔法の白い絹布を当てて三人を生き返らせ、白い妙薬で元の体にもどした。宮殿にもどった三兄弟とテベグ・アルタン・ゾル、タリーン・ハル・ボドンの五人は兄弟となり、祝いの宴は十五日間続き十六日目にタリーン・ハル・ボドンは、先を急ぐと挨拶して再び旅に出た。その後の吉日テベグ・アルタン・ゾルとツァヒルガーン・ザンダン・ダギナの婚礼が始まる。

運命の女性アルタン・ソロンゴ・ダギナと蜜月を過ごしアランサー・ハーンの三つの難題を解決する
道中タリーン・ハル・ボドンは、二人の勇者が格闘しているのに出会い、殺されそうになっている若者を助けた。若者は、シャラルダイ・メルゲン・バータルと言い、タリーン・ハル・ボドンと兄弟になるためにドボン・ハル・ブフのところに行き、タリーン・ハル・ボドンの留守に怪物の五人のハーンに奪われた両親と臣民と家畜を取り戻し、タリーン・ハル・ボドンを追って旅していたのだった。二人は兄弟となりいっしょに旅して、アランザー・ハーンの宮殿に着くと、アルタン・ソロンゴ・ダギナを娶りたいと告げる。そして、ダギナの住む金龍のガラス窓の館に向かい、そこで茶をふるまわれゲームで遊び十五日間が過ぎた。十六日目にハーンの侍女がやって来て、ハーンの持病が悪化して、タリーン・ハル・ボドンを呼んでいると告げた。ハーンは、「東方に住む黒牡ヤクの右の腎臓を生で食べないと病気は治らない」と言う。タリーン・ハル・ボドンは、再び旅立ち、巨大な牡ヤクと丸一日格闘し、つぎの朝その角を地面に突き立て組み伏せた。ヤクは、「ハーンは娘を惜しんでお前をここに来させたのだ。俺は自分で腎臓をハーンに差しだそう」と言うのでヤクを宮殿まで引いて帰った。そして、ダギナと十五日間楽しく過ごし十六日目に侍女が来て、「ハーンはあのヤクに手を焼いています。早く元のところに戻してください」と言う。タリーン・ハル・ボドンは、ハーンの臣民を三つに分け、その一つをダギナに、もう一つをヤクに与えて解放した。そして、タリーン・ハル・ボドンは、ダギナと十五日間楽しく過ごし十六日目侍女が来て宮殿に行くと、ハーンは「獰猛な白雌ラクダの右の乳房の乳がよい薬になる」と言う。また旅に出たタリーン・ハル・ボドンに愛馬は、「白雌ラクダは今狩りに行っている。まず残された白仔ラクダと友達になるとよい」と助言する。タリーン・ハル・ボドンは、鎧を脱ぎ捨て愛馬を魔法で小さくして懐に入れ、密かに背後から忍び寄り、仔ラクダのコブをつかんで捕らえた。「殺すなら早く殺せ、殺さないなら早く放せ」と仔ラクダが言うと、「殺すつもりで来たのではない」と、訳を話して友になった。そうして、自分自身もダニに化け、仔ラクダの後ろのコブに隠れた。やがて、母ラクダがもどり、仔ラクダに乳を飲ませ、十五日経ったとき、タリーン・ハル・ボドンは、元の姿にかえると母ラクダのコブをつかんで捕らえた。「殺すなら早く殺せ」と言う母ラクダを、訳を話し宮殿に連れ帰る。そしてまた、ダギナのガラスの館で十五日間過ごし十六日目、侍女が来てハーンの持病が治ったことを告げた。タリーン・ハル・ボドンは、ハーンの領土を三つに分け、一つを母ラクダに与えて解放した。そうしてまたガラスの館にもどり楽しく過ごしていると、またもや侍女がやって来た。宮殿に行くとハーンは、「お前たち二人の新居の用意ができた。お前が故郷にもどる日は近い。ついては、東南の日の上る方角に鳳凰の三羽のヒナがいる。その末子のヒナを私に贈れ」と言った。タリーン・ハル・ボドンは、東南の方角に旅立ち、鳳凰の三羽のヒナのいる巣の近くにたどり着くと、野生の牡羊ほどの太さの黄色いまだらの毒蛇が、巣を目指して登っていくのが見えた。タリーン・ハル・ボドンは、弓をいっぱいに引きしぼり、必中の呪文を矢に唱えると、毒蛇に向けて放った。矢は命中し毒蛇は真二つになる。しかし、蛇から流れ出た血は、タリーン・ハル・ボドンを追かけ、肩に当たって、彼は愛馬もろとも死んでしまった。鳳凰のヒナたちが、そこに飛んで来て二人を見守っていると、老鳳凰がもどって来て顛末を知る。「むかし、上天のアルシ上人が言っていた。お前の六十一番目のヒナに災難が降りかかる。その時助けを送ろうと。あれはこのことだったのか」と言い、上天に飛んで行き、アルシ上人からアヨーシ仏の白い絹布と生き返りの聖水を授かり、タリーン・ハル・ボドンの元にもどると、嘴に含んだ聖水を彼と愛馬にかけ、白い絹布を当てて、人と馬を生き返らせた。タリーン・ハル・ボドンは、末のヒナを連れ帰り宮殿に繋ぐと、ダギナの館にもどった。そうして、また十五日が過ぎ侍女がやって来て、「ハーンはあのヒナに手を焼いています。早く元のところに戻してください」と言う。タリーン・ハル・ボドンは、ハーンの領土を三つに分け、一つをヒナに与えて送りもどした。そしてまた十五日が経ち、ハーンは、タリーン・ハル・ボドンとシャラルダイ・メルゲン・バータルの二人を呼んで、「お前たちがここを去る日が来た。吉日の明日出発するがいい」と言った。タリーン・ハル・ボドンは、ハーンから青鹿毛の種牡馬と黒牡ラクダ、酒を造る革袋の三つをもらい、シャラルダイ・メルゲン・バータルとともに馬群とラクダの群れを追い、角の生えた黒馬にダギナを乗せ、もう一度ハーンに挨拶してから出発した。道中、ローザン・ティブ・ハーンらがフレル・アルスラン・マグナイの結婚を祝っているのに出会い、シャラルダイ・メルゲン・バータルは彼らと兄弟になったのち故郷を目指して去って行った。ローザン・ティブ・ハーンらも、天と地を祀ったのち故郷を去って、家畜と臣民を引き連れて、タリーン・ハル・ボドンに合流した。

タリーン・ハル・ボドンは故郷を奪った敵に敗北し息子が勝利してゴナン・ハル・ボドンと命名される

タリーン・ハル・ボドンが故郷にもどると、両親も臣民も家畜も何者かに奪われていた。宮殿跡に残された五徳の下から出てきた父の手紙には、「西にいるドヌン・シャル・ガリドが来てすべてを奪った。手ごわい敵だ。決して後を追うな」と書かれてある。タリーン・ハル・ボドンは、みなを残して西方に出発した。そして、昼夜馬を駆けてドヌン・シャル・ガリドの領地に行くと、丘の上で彼を待った。二人は格闘したが、決着がつかず、二か月が経った。ドヌン・シャル・ガリドの力は、日に日に増し、ついにタリーン・ハル・ボドンを組み伏せ馬乗りになった。その時、フレル・アルスラン・マグナイが現われ、駆け寄って馬の上からタリーン・ハル・ボドンをつかみ、七つの丘の彼方に放り投げた。馬から下りたフレル・アルスラン・マグナイは、ドヌン・シャル・ガリドと格闘するが、おなじく組み伏せられる。そこに、彼の二歳の息子が現われ、馬の上から父をつかみ、七つの丘の彼方に放り投げると、ドヌン・シャル・ガリドと格闘をはじめた。やはり、組み伏せられたところに、今度はタリーン・ハル・ボドンの三歳の息子が現われ、ドヌン・シャル・ガリドと格闘をはじめる。二か月闘って勝負がつかなかったが、三歳の息子の力は、日に日に増し、ついにドヌン・シャル・ガリドを組み伏せ、その広い胸に馬乗りになった。そして、周囲を見回したが殺す道具がない。そこで、彼の二つの足をつかんで岩場の角にぶつけ、灌木の生えた土地を引きずり回し、一日経つとつかんだ二つの足だけが残った。三歳の息子は、それを五日の距離に放り投げ、タリーン・ハル・ボドンとフレル・アルスラン・マグナイを探し出し、奪われたすべてをしたがえて、ドヌン・シャル・ガリドの臣民と家畜を追いたてながら、故郷にもどった。そして、大天幕の宮殿を元の場所に建てると、吉日を選び臣民を集め、ドボン・ハル・ブフが三歳の息子に「三歳の青鹿毛の馬をもつゴナン・ハル・ボドン」と名を授け宴会を開いた。

ゴナン・ハル・ボドンは友の捜索に旅立ち妻を娶り帰還して大団円となる

その宴の最中、フレル・アルスラン・マグナイの妻が、「自分の息子はどこに行ってしまったのか」と嘆く。それを聞いたフレル・アルスラン・マグナイとゴナン・ハル・ボドンは、彼を探しに旅に出る。道中、臣民と家畜を従え移動している若者と出会った。挨拶を交わし名乗り合い、フレル・アルスラン・マグナイの息子の消息をたずねると、アルタン・スンベというこの若者は、「以前いた土地にフレル・アルスラン・マグナイの息子がやって来た。それで、「フチテイ・オラーン・ボドン」と名を授け、お前の娶るべき妻となる女性はフンヘー・イフ・ハーンの娘フレル・アルタン・ダギナだと教え旅立たせた。彼がもどったら一緒に暮らそうとこうして移動しているのだ」と答えた。こうして、三人は仲良く語りあい、大天幕を建て宴を開き十五日が経った時、アルタン・スンベは、ゴナン・ハル・ボドンに、お前の娶るべき妻となる女性は、日の沈む西方のフンヘー・イフ・ハーンの隣に領地をもつアルトールジ・メルゲン・ハーンの娘アルタン・フブチ・ダギナだと告げた。

ゴナン・ハル・ボドンは、みなを残し西方に旅立った。道中、フンヘー・イフ・ハーンの宮殿に立ち寄り、フチテイ・オラーン・ボドンと再会し、ハーンに挨拶して名乗り旅の目的を告げて、さらに先へと進んだ。ゴナン・ハル・ボドンは、アルトールジ・メルゲン・ハーンの宮殿に着き、ひざまずいて挨拶すると、ハーンは茶をふるまう。そして、名前と旅の目的をたずねた。ゴナン・ハル・ボドンは、名を名乗り旅の目的を告げ、再び深々と礼をして、アルタン・フブチ・ダギナの金龍のガラス窓の館に向かった。そこで茶をふるまわれゲームで遊び十五日間が過ぎた。ハーンに呼ばれ宮殿に行くと、「吉日を選んで二人を結婚させよう。そしてともに移動してドボン・ハル・ブフの領地にいっしょに住もう」と言って、天と地を祀り、ゴナン・ハル・ボドンとともに移動する。道中、フチテイ・オラーン・ボドンと合流し、二人は二人のハーンのすべてを率いてさらに東を目指した。そして、ドボン・ハル・ブフの宮殿の傍に着くと、それぞれ宮殿を建て、臣民のすべてを集め吉日を選び、結婚を祝う宴会を開き十五日が経った。英雄たちの心は休まり、愛馬たちの体も休まった。こうして、みんなで末永く幸せに暮らした。

出典：Ж. Цолоо, А.Мөнхцэцэг, *Урианхайн өв соёл*, "Documenta Oiratica Collecta" VI, УБ. 2008, pp. 109-404. １９７２年12月採録。

チベットの「ケサル王物語」とその文化的背景

三宅伸一郎

はじめに

標高の変化を色分けで示している地図を見てみよう。インドの北にある焦茶色――それは標高が極めて高いことを示す――の筋は、世界最高峰チョモランマ（エベレスト）を始めとする標高八千メートル級の山々が連なるヒマラヤ山脈である。その北側に茶色く塗られた広大な地域が広がっている。標高が二〇〇〇メートルを超える――平均標高は四〇〇〇メートルに及ぶ――二二五万キロ平方メートルもの広大な高原地帯、そこがチベットである。現在は、中国に組み込まれており、行政区分で言えば、西蔵《チベット》自治区をはじめ、青海省の全土、四川省の西部・北部、甘粛省、雲南省の一部がチベットに相当する。このチベットに伝えられている英雄叙事詩が、「ケサル王物語」である。

この物語は、チベットの都ラサやその近郊ではなく、むしろ、チベットの東部――チベット語でアムド（青海省、甘粛省の一部）、カム（四川省の西部や雲南省の一部、青海省の玉樹州、西蔵自治区のチャムド市）と呼ばれる地域――や、チベット北部の牧畜地帯（西蔵自治区ナクチュ市）に広く流布している。チベットのみならず、モンゴル（モンゴルでは「ゲセル」と呼ばれる）、さらにはパキスタン北部のバルティスタン地方（バルティスタン地方のケサル王物語については岡田・二〇一四を参照）にまで伝播している。

その概要は、すでに、金子（一九八七）や、三宅（二〇〇四）などで紹介されている。ただその翻訳について見てみると、中国語訳からの重訳（君島・一九八七）や、モンゴル語版の翻訳（若松・一九九三）は存在するものの、チベット語からの本格的な翻訳は管見の及ぶ限り存在しない。そこで、本稿では、数ある物語のうち「悪魔」の国との戦いを描いた『悪魔調伏《ドゥードゥル》』を選び、そのあらすじと結末部の抄訳を示し、物語生成のメカニズムについて考えるとともに、物語に見られる文化諸相について見てみたい。

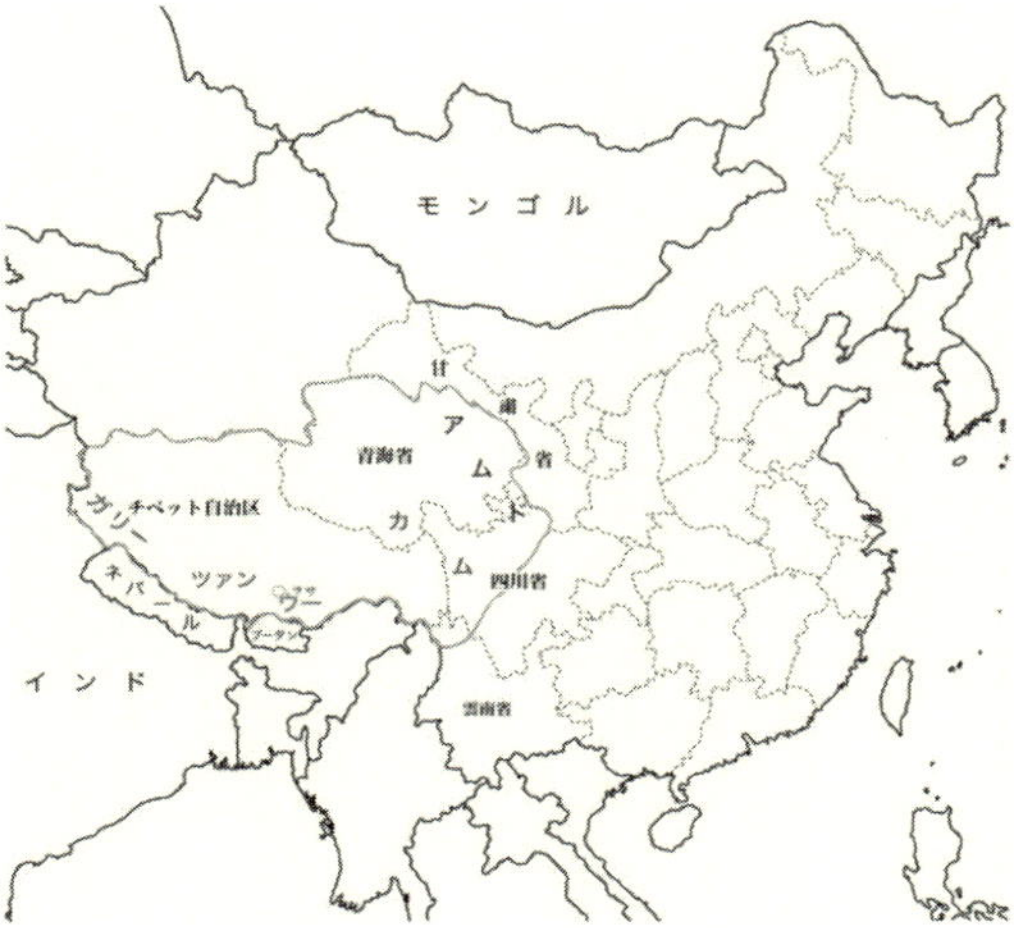

図１　チベットの位置

一　物語の概要とその起源

悪魔に苛まれる人々を救うため、人間界に遣わされた梵天の息子は、リン国の大臣センロンと前世ナーガ（水の精霊）の娘であったゴクサ・ラモの間に生まれる。成長し、競馬大会で勝利し、リン国国王として即位した彼は、その後、「四方の敵」と称せられる「悪魔」「ホル」「ジャン」「モン」をはじめとする周囲の国々との戦いに勝利し、敵対する国の国王を討ち取るとともに、その国の宝をリンに持ち帰り、人々に富をもたらす。その後、地獄に堕ちた自身の母ないし妻を救うため地獄に赴き、地獄の苦し

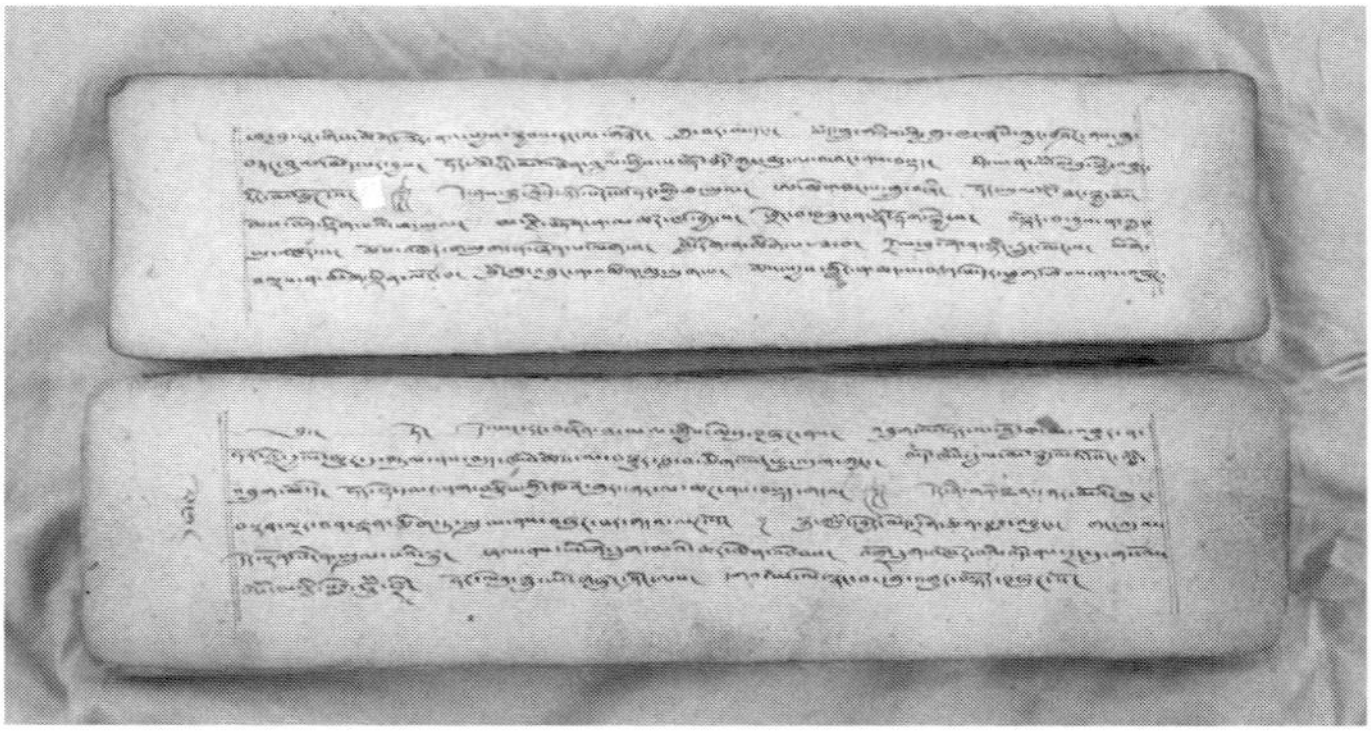

図２　ケサル王物語の写本（著者所蔵）

みに苛まれる罪人たちをすべて救出し、すべての事業を達成した彼は、天界へと帰ってゆく。これが、ケサル王物語全体の内容である。基本的には、天界でのエピソードや、競馬大会、「悪魔の国」との戦い、「ホル」との戦いといった個別の事跡が、それぞれ一個の完結した物語を構成しており、それらをつなぎ合わせると、ケサルの一生を描いた物語となる。

敵対する国々は全て外道の国、すなわち非仏教国とされており、ケサルが勝利した後は、仏教国へと改宗する。「周囲の外道の国々を打ち破る」という単純なプロットに則り、リン国の周囲に新たな敵を設定することにより、次々と新しい戦いの物語を生み出すことができる。

仏教伝来以前（七世紀以前）のチベットでは「ドゥン（物語）」「デウ（なぞなぞ）」「ポン」の三つにより政治が行われていたと、後世（一三〜一七世紀）のチベットの歴史家たちは言う。「ドゥン」による政治とは、故事来歴を参考にして政を行うことを指す考えられる。歴史家たちは「ドゥン」として、いくつかの物語の名前を挙げるが、「ケサル王物語」の名は見られない。それゆえこの物語の成立は、それほど古いものとはいえないだろう。ケサル王物語研究を集大成したフランスのチベット学者R. A. スタンは、その基本的な骨格は、一五世紀から一七世紀の間に、チベット仏教ニンマ派ないしカギュ派のラマによってまとめられたと考えている（スタン一九九三）。

ケサルが歴史上実在の人物であるか否か、実在の人物であるとすれば、いつどこの人物なのかについては、一八世紀以降、議論の対象となった。その代表が、パンチェン・ラマ六世（一七三八〜八〇）の問いに対するチベット仏教ゲルク派の学者スムパ・ケンポ（一七〇四〜八八）の答えである。この問答の背景には、一八世紀に清朝が主導したケサルと関帝の同化の動きがあると思われる（FitzHerbert 2015）。答えの中でスムパ・ケンポは、東チベット・デルゲ王国の長老からの情報を元に、デルゲ王国に存在するケサルの出生地を紹介している。現在、チベットの東部（青海省や四川省）には、物語に関連する伝承や由来を持つ場所や、ケサルを始めとする登場人物たちの遺品などが数多く存在する（gCod pa don grub 1989）。そうした地域の一部では、故郷や民族の英雄として、ケサルは崇拝・顕彰されている。

また、ケサルは歴史上の人物をモデルとしたとする説がある。すなわち、

① ソンツェンガムポ（五八一〜六九四）やティソンデツェン（七四二〜七九七）など吐蕃王国時代の国王

② 現在の青海省西寧を中心として栄えた青唐王国（一〇〜一一世紀）の国王・唃厮囉《かくしら》

③ 東チベットの有力氏族リンツァン家の先祖

をそれぞれモデルとするという説である。スタンは、ケサルのモデルをチベットの外に求め、古代ローマの皇帝カエサルがそれであるとの説を提示している。

二　語り手

現在、数多くの個別の物語が活字化され、手に取りやすい形となって流通している。また、写本や木版本などの伝

本も存在する。しかし本来この物語は、書承のものではなく、語り手たちによる口承のものである。例えば、一七三四〜三五年に確定された上下二部からなる「ホル」との戦いの物語の正本は、デルゲ王国の大臣ガワン・テンジン・プンツォクによって、物語のあらすじを記した「ドゥンブム（十万物語）」を元にしつつ、東チベット各地にいる二十人以上の語り手たちによる語りをとりまとめて確定されたものとされる。活字化され流通している本の中には「語り手〇〇の語りを元にした」とするものも多い。

こうしたケサル王物語の担い手である語り手たちは、現在もチベット各地におり、物語を語り伝えている。語り手は、それぞれの来歴や特色により、以下のように区分される（gCod pa don grub 2000）。

・バプドゥン（神授の語り手）………夢や苦難、重病を経験し、ある日突然物語を語れるようになった語り手
・タドゥン（鏡占いの語り手）………コップに入った水や、鏡、白紙を見ながら、そこに映る文字を読む、ないしは情景を語る
・ティドゥン（筆記の語り手）………必要な物語を短時間のうちに著作することができる
・テルドゥン（埋蔵発掘の語り手）…地中や心の中に埋蔵された物語を発掘し筆記し語る
・ラプドゥン（学習の語り手）………師匠から伝えられた節回しにより物語を語る
・トードゥン（聴聞の語り手）………他人の語る物語を一度聞いただけで暗記し語る（盲目の語り手も存在）

彼らの多くは、膨大な物語を暗記しているなど、シャーマニスティックな背景を持つ。

以上、ケサル王物語の概要を簡単に見て来た。ケサル王物語の核の一つは、「四方の敵」とされる「悪魔」「ホル」「ジャン」「モン」との戦いの物語である。次に、そのうち「悪魔」との戦いを描いた『悪魔調伏《ドゥードゥル》』を取り上げ、ケサ

ル王物語の世界をより深く味わってみよう。

三　『悪魔調伏《ドゥードゥル》』の概要

『悪魔調伏』の物語には、いくつかのテキストが存在し、それぞれの間には、内容に異同が見られる。ここでは次の活字本テキストにもとづく。

Gling ge sar rgyal po'i sgrung: bDud 'dul（格薩爾：降伏妖魔）. Kan su'u mi dmangs dpe skrun khang（甘粛人民出版社）, 1980.

その「序文」によると、このテキストは、一九六三年に西北民族大学より活字出版されたものを原本としているという。ただし、西北民族大学より出版されたものの原本に関する情報は記されていない。

全八章で構成されるこの物語には、ケサル王物語全体に渉って大きな役割を果たす主要人物が登場する。そこで、まずはその第七章までのあらすじを、登場人物の人物像にも注意しながら見てゆこう。

ケサルが放牧をしている時、天空にコンメン・ギェルモが現れ、「悪魔を調伏する忿怒尊の力を得るために、瞑想修行に入れ。メサを召使いとして連れて行け」との梵天の指示を伝える。この指示を聞いたケサルは、ドゥクモに「メサを連れて瞑想修行に向かう」と告げる。ドゥクモが「私がご一緒しましょう」というので、ケサルは「メサと話し合え」と命ずる。ドゥクモはメサに「王が『ついて来い』とおっしゃった。あなたはここで、父母孝養に努めなさい」と嘘を言い、メサはそれが嘘だと知りながらも、ドゥクモの言葉に従う。

物語の冒頭に三人の女性が登場する。コンメン・ギェルモは、梵天の妹で、ケサルの叔母にあたる。リン国の守護神であり、ケサルにアドヴァイスを与え、彼を導く役目を果たす。ドゥクモは、競馬大会で勝利しリン国国王となった時、ケサルが娶った妻である。メサは、ドゥクモよりも地位の低い侍女であり、料理の腕が高い。ドゥクモが、執着心が強く嫉妬深いのに対し、メサは騙されても従い慎み深かいというように、二人の人物像は、対照的である。

ケサルとドゥクモが瞑想修行に出かけ一週間経った頃、山のように大きな体で、二本ずつ角の生えた九つの頭を持ち、怒れば鉄のサソリが身体中に満ち溢れ、腰には九匹の黒い毒蛇が絡みつき、手足には鉤のような三十六本の鉄の爪が生え、口からは活火山のように噴煙を吹き出し、鼻からは強力な毒ガスが流れ出ている魔王ルツェンが、大臣たちを集め、ケサルの叔父トトゥンから送られて来た密書を見る。密書を見た魔王の心に、メサを拉致しようとの思いが浮かぶ。

ケサルが魔王調伏に向かう理由は、拉致されたメサを奪い返すためである。そのメサの拉致を魔王に決意させたのは、トトゥンから送られた手紙である。ずるがしこく、常に王位を狙う人物として描かれている彼は、物語の中で、他国との戦いのきっかけを作る役割を付与されている。例えば、タジク国との戦いの物語では、彼によって盗まれた愛馬を奪還するために、タジク国王がリン国に侵攻する。

その頃、不吉な夢を見たメサは、瞑想修行中のケサルのもとに向かい、泉に水汲みに来たドゥクモに出会う。メサはドゥクモに、夢のことをケサルに伝えて欲しいと頼むが、ドゥクモはケサルに伝えたふりをして、ケサルが「夢は幻で意味はない」と言ったと嘘をつき、メサを追い返す。

ある日、メサが機織りをしていると、夢で見たとおり強風が吹き荒れ、恐ろしい巨大な色黒い人が現れ、彼女を連れ去る。これを知らされたケサルは、瞑想修行を中断し、メサの救出に向かおうとするが、天空に現れたコンメン・ギェルモに諭されリン国に引き返す。

それからしばらくしたある日、放牧中のケサルのもとに再びコンメン・ギェルモが現れ、「魔王を調伏する時が来た」と告げる。これを聞き放牧をやめ、宮殿に戻って来た彼は、出迎えたドゥクモから忘れ薬の入った酒や茶をすすめられ、魔王調伏に向かうのをやめてしまう。

またそれからしばらくしたある日、コンメン・ギェルモから再び「魔王を調伏する時が来た」と告げられたケサルは、魔王調伏に向かうことを決意し、大臣たちに、大集会の開催を命じるとともに、ドゥクモに、蔵を開けさせる。

集会に集まった人々を前に、ケサルは魔王調伏に向かうことを宣言し、諸々の財産・宝物の名を挙げ、「ドゥクモよ、これらをしっかり管理せよ。国政はギャツァ・シェルカルをはじめとする三十人の英雄たちに任せる」と述べる。ドゥクモは、ケサルに留まるよう何度も懇願するが、却って彼を怒らせてしまう。ケサルは愛馬に鞭をくれ、すがるドゥクモを引きずり倒し、悪魔の国へと去って行く。

魔王調伏に向かおうとするものの、ドゥクモに忘れ薬を飲まされ、一度阻害されるのが面白い。国政を任されたギャツァ・シェルカルは、ケサルの異母兄弟である。彼は後、ホル国が侵攻して来た際、敵の陣営に突入し、刀槍を振り回し、一瞬にしてホル国の王子八人を討ち取ったが、敵将シェンパ・メルツェの槍の前に倒れた。死後は神となり、ケサルを助けた。

悲しみのあまり、食事も喉を通らず一睡もできないドゥクモは、ケサルを追いかけ、道中眠っている彼に追いつく。目を覚ましたケサルは、「帰ってくれ。お前を連れて行けば、魔王調伏の邪魔となる。魔王調伏をやめリン国に帰ったならば、神罰を蒙る」と述べる。これを聞いて気絶したドゥクモを介抱しながら、(仕方ない)と考えたケサルは、ドゥクモを連れて行く。大平原に至った時、コンメン・ギェルモが、「今晩ドゥクモが眠っている間に、ドゥクモを置いて逃げなさい。幻術を使い、彼女に追いかけられないようにしましょう」と告げる。

その夜ドゥクモが眠っている間に、ケサルは彼女を置いて去る。コンメン・ギェルモは、自らの姿を湖へと変える。さらに、ケサルの愛馬キャンゴーを栴檀の木に、鎧を法衣に、兜を修行者の被る帽子へと変化させ、ケサル自身も僧侶の姿へと変身させる。僧侶に変身したケサルは、栴檀の木に背もたれて、トルマ(=麦こがし「ツァムパ」とバター、水を捏ねて作った供物)を使い供養の儀式を行う。目覚めてケサルがいないことに気が付いたドゥクモはケサルを追いかけ、大きな湖の岸に至る。湖の向こう側にいる僧侶に「甲冑を身に纏い、弓矢と槍を持ち刀を佩いて、馬に乗った白法螺貝のような歯の人を見ませんでしたか?」と尋ねる。僧侶は、「確かにそのような者を見たが、もう追いつけないだろう。もう帰った方がよい。先に進めば、悪魔に危害を加えられるだろう」と答える。これを聞いたドゥクモは諦めて、「今生での伴侶の縁もこれまでだわ。来世、女神ダーキニーの国で会えますように」と言い、リン国へと帰って行く。

無人の平原をドゥクモ一人で行かせるわけにはいかないと考えたケサルは、引き返そうとするが、コンメン・ギェルモが現れ、「『水晶のような雪山は、白獅子一頭で回るのが良い』との諺の通り、魔王は、あなた一人で退治するのが良い。ドゥクモは私がリン国に送りましょう」と告げる。これを聞いたケサルは、一人魔王調伏に向かうことを決心する。

馬に乗り無人の平原を行くドゥクモの左右に、二匹の黒い狼―実はケサル王の家の神の化身―が現れ、側を離れないので、彼女は恐ろしくなる。夜になりさらに不安になった彼女のもとに一羽のカラスが飛来して、岩山の頂きに降り立つ。その岩山の麓を見ると、一人分の食料、馬一頭分の飼い葉、たっぷりの水があった。(これはケサルが置いてくれたのだわ。カラスは彼の化身だわ)と思った彼女は、その夜そこに泊まり、翌日には愛馬と共に無事リン国に帰還した。

ドゥクモの追尾を避けるため、ケサルは僧侶に姿を変える。このように、彼が様々なものに姿を変えるというモチーフは、ケサル王物語全体にわたって見られる。例えば、ジャン国との戦いの際、敵のサタム王が湖の水を飲んでいるのを見たケサルは、水生昆虫に姿を変え水の中に入り、水を飲んだサタム王の体内に潜入する。

コンメン・ギェルモがケサルへのアドヴァイスの中で諺を用いるように、諺は、登場人物たちによって物語のあちこちで用いられる。ケサル王物語は諺の宝庫とも言え、それらを集めた諺集が編纂されているほどである。

ケサルがいくつもの峠と谷を越えて進むと、心臓の形をした山の頂にある、四方に屍で作った旗を立てた四角い鉄の城にたどり着く。その夜の宿を借りようと城門の扉を叩くと、城の中から、常人とは異なる容貌の女が現れ、「魔王の妹アタク・ラモ」と名のる。そして、「ケサルという奴が、私たちを調伏しに来るらしいが、私たちが負けることはない。弓術競べができるか？　できるのならそこで待て。できぬのなら帰るがよい」と言った彼女をケサルは力ずくで捕らえ、「私はリン国の大獅子宝討敵王。魔王調伏に向かう。伴侶メサを取り返しに行く。弓術競べをする暇はない」と言って組み敷き、刀を抜いて胸元に突きつけ、「魔王の妹であるお前を、魔王調伏の前に血祭りにあげれば、万事うまくゆく。六字真言（＝観音菩薩に対する祈りの言葉）を唱えるがよい」と言う。アタク・ラモは震えながら、ケサルに従うと言う。ケサルは、「殴れと言われれば、父の頭を殴れるか？行けと言われれば、地獄の底に行けるか？　要ると言われれば、己の血と肉を差出せるか？」と問う。アタク・ラモはこれを受け入れ、悪魔の神を証人に立て、ケサルに従うことを誓い、彼を城の中に導く。数日間城に留まったケサルと結ばれたアタク・ラモは彼に、魔王のもとに向かうまでの道のりと、道中何が待ち受けているのかを告げ、自分の指輪を差し出して、これを示せば万事うまく行くと告げる。

悪魔の国に入ったケサルの前にまず立ちはだかったのが、魔王の妹アタク・ラモである。彼女は、ドゥクモやメサとは異なり、弓術をよくする荒々しい女武者であり、没後、生前行った殺生の罪により地獄に堕ちる。地獄に赴き力ずくで彼女を奪還しようとしたケサルが、因果の法は曲げられぬと閻魔に諭され、膨大な量の経典の制作や仏塔の建立を一瞬で成し遂げ、その積善の力と真言の力によって、彼女を始めとする地獄の罪人たちを全て極楽へと導いたというエピソードは、一つの独立した物語を構成する。

魔王のもとに向かうケサルは、黒豚のたてがみのような形をした山のほとりにある、毒の混じったどす黒い血のような水をたたえた湖のほとりに至る。その湖の真ん中に、熊の姿に似て黒色の悪魔の犬ククラーザが現れる。アタク・ラモの指輪を見せ、肥えたディ（＝ヤクと牛の交配種）の肉を与えると、犬は喜び、湖の中に飛び込み、戻って来ない。

さらに進むと、赤と黒の道が現れた。赤い道を進むと、岩山の頂上に、五つの髑髏で庇を作り、人間の皮でできた旗を立てた、赤色で高さのある三角形の城が見える。その頂きに三つの頭を持つ悪魔が現れ、ケサルに弓矢・刀・槍による試合を挑むが、アタク・ラモの指輪を示すとケサルを城に招き入れる。ケサルは、その悪魔が寝ている間に三つの首を全て切り落とし、立ち去る。

さらに進むと、黒い道が現れる。道を進むと、指を広げたような山とたくさんの羊の群れが見え、五つの頭を持つ羊飼いが、羊の群れを見張っている。羊飼いは、「私は、魔王の大臣チンゴン。お前はどこから来た？」と問い、相手がケサルと分かると、投石縄で石を投げ、草原に煙を立ち上がらせ、岩山を噴火させる。これに対してケサルは、弓術勝負を挑む。チンゴンが羊・雌羊・鎧・鞍を、それぞれ九つずつ置き的とする。ケサルの放った矢が的に当たると、的は砂となり、矢は再びケサルの矢筒に戻る。チンゴンは恐怖を覚えるものの、相撲で勝負しようとするが、ケサルに組み敷かれ、「悪魔の親族・家臣は全て殺す。遺言を三句言うのを許す。三歩も逃げる場所はない」と告げられる。チンゴンは観念し、「命を助けてくれるなら、どんなご命令にでも従います」と言って、ケサルに従うことを誓う。そしてケサルに肉と酒をすすめ、「魔王がどこにいるか、見て来ます」と言って立ち去る。

アタク・ラモの元を去ったケサルは、「悪魔の犬」「三つの頭を持つ悪魔」「大臣チンゴン」の三者による妨害を退ける。なぜ三者なのか。そこには、解決されるべき難題は常に三つという、チベット昔話の法則（李・高木二〇一七）が働いているように思われる。

チンゴンが魔王の宮殿チャクラ・ツェグを訪れる。魔王が見回りに出かけた後で、チンゴンはメサに、「今日、我がもとに客来たり。インド西部の商人ぞ。かの商人がリン国で、聞くに、ケサルは世を去ると」との歌を唄う。メサは、彼がなぜそのような歌を唄うのかわからずその意味を問うが、彼は何も言わずにその場を立ち去る。ケサルのもとに帰って来た彼は、魔王が出かけて宮殿にいないこと、メサにメッセージを伝えたことを告げる。

これを聞いたケサルは、魔王の宮殿に向かう。メサは宮殿のそばのテントにいた。ケサルはテントの入り口で歌を唄う。メサが、（歌を唄っているのは本当にケサルなのか、魔王の幻術なのではないか）と疑って、リン国の歴史や様子を尋ねると、ケサルは、これに詳しく答える。これを聞いたメサは、歌を唄っているのがケサルであると確信し、「私の頭を覆うスカーフの中にある宮殿の門の鍵を取り、それで門を開け、宮殿にお入りください」と言う。鍵を取ったケサルが宮殿に入ると、メサは、（魔王からもらった衣服を脱ぎ、装飾品を外さなければ、ケサルを穢してしまう）と考え、魔王からもらった衣服を脱ぎ、装飾品を外し、リン国の衣装に着替え、ケサルに寄り縋り、涙を流す。

以上が『悪魔調伏』の第七章までのあらすじである。続く最終章の第八章では、魔王とケサルの直接対決というクライマックスを迎える。その抄訳を示す前に、ケサル王物語に見られる歌の構造について見ておきたい。そこに、この物語生成のヒントがあると思われるからである。

四　セリフとしての歌

あらすじの中で、登場人物のセリフは散文で示したが、実際のテキストでは、セリフのほとんどが、「次のような歌《ル》（glu）を唄った」という言葉によって導入される歌の形を採っている。例えば、ケサルが、魔王の宮殿のそばにあるテントの中にいたメサに対して唄った歌を例にあげて見てみよう。

歌はアラ・ラモ・アラと唄う。
タラ・ラモ・タラと唄う。
信奉すべき三宝（＝仏・法・僧）・三根本（＝師《ラマ》・本尊・空行母）と諸神を供養せん。
加護し、神通力を残らず与えよ！
この地が何処か知らざれば
北方ヤルカム八山にある
悪魔の谷のチャクラ・ツェグ。
男たる我を知らざれば
リン国のトンワ・クンモンにある
リン国のセンドゥク・タクツェ宮殿より到りたる
討敵王ケサルなり。
この地にいる見目麗しき女

伴侶たるメサ・ブムキーよ、耳を傾けよ。
我ケサル王は至りたり。
この不善の悪魔ルツェンこそ
南閻浮提（＝人間世界）全ての敵なり。
白リン高地の仇敵なり。
我ケサル王の宿敵なり。
今こそルツェンを調伏せん！
悪魔の宝をリン国に持ち帰らん！
汝メサよ、急ぎ旅支度を整えよ。
白リン高地に帰る準備をなせ。
理解すれば耳の蜂蜜となり
理解できねば解説を求めよ。
汝メサよ、かく心に思え。

実際の語りの中で独特の節回しによって唄われるこうした歌は、基本的に七ないし八音節からなる定型詩である。ただし、七音節と八音節が混在する場合も見られる。これらは、十三世紀にインドより美文詩創作技法が伝来する以前の古い歌の形式を示しているとも考えられる。また、そのリズムや押韻の技法―例えば、上に挙げたケサルの歌の例で言えば、脚の冒頭に「リン国」「我ケサル」という言葉の繰り返しが見られる―は、ミラレーパ（一〇四〇～一一二三）に代表される聖者たちによって唄われた「宗教歌《グルマ》」の形式に近い。
歌は、定型句によって始まる以下の六つの部分から構成される。

①「歌はアラ・ラモ・アラ」で始まる「導入部」
②神仏への祈願
③「この地が何処か知らざれば」で始まる「土地の紹介」
④「我（私）を知らざれば」で始まる「自己紹介」
⑤本題
⑥「理解すれば～」「理解できなければ～」で始まる「結末部」

上に挙げたケサルの歌も、この六つの部分で構成されていることが一目でわかるだろう。このように、セリフとしての歌が一定の形式を有していることは、この物語の生成を考える上で注目すべき点である。とりわけ歌を構成する各部分を導き出す定型句は、物語を紡ぎ出すための何らかの機能を果たしていると考えられる。

五　『悪魔調伏』第八章（抄訳）

以下に『悪魔調伏』のクライマックス、第八章の抄訳を示す。なお、原本のテキストにおいて統一が見られない「ケサル」「魔王」「メサ」の三人に対する呼称については、特別の場合を除き統一した。

それからメサはケサルに、甘くておいしい食事をすすめ、次のように言いました。

「魔王は私を捕まえて騙しました。『ケサルに勝つ』と言っています。大王よ、魔王の寝台や陶磁器の茶碗、鉄の矢と鏃を見てください」

そこで、ケサルが魔王の寝台に横になってみると、広い寝台の隅っこにいる小さな子供のようでしかありません。次に、陶磁器の茶碗、鉄の矢と鏃を持ち上げようとしましたが、ちっとも動かすことができません。メサは、

「大王よ、そんな様子では、魔王に勝てる見込みはありません」

と言って、魔王の雌牛を密かに屠り、肉を茹でてケサルに食べさせました。ケサルが、雌牛の肉を、内蔵を除いてすべて食べ尽くし、再び魔王の寝台に横たわると、身体が収まりません。陶磁器の茶碗、鉄の矢と鉄の鏃も、いとも簡単に持ち上げることができるようになりました。・・・中略・・・

※　※　※

その夜、メサは、魔王に次のように言いました。

「私は今日眠りに落ちて、夢の中で、私の右のおさげが切られたのを見ました。魔王様、これは不吉な兆しです。王様、あなたに不幸が起これば、私の顔見知りは天地のどこにもいなくなります。そうなれば女である私は、どうしたらいいのでしょうか」

そう言われた魔王は、

「女よ、心配することはない」

と言いました。

「ああ、あなたが元気である間は心配ありません。でも、リン・ケサル王という者は、人間ではなく神の化身です。

いつここに来るかわかりません。魂の湖と、魂の木と、魂の野ヤクをなどに、それぞれ注意を払う必要はないのでしょうか」

そう問うメサに魔王は答えました。

「女よ、心配いらぬ。わしの魂の湖は、わしの蔵の中にあるカパーラ（＝頭蓋骨杯）一杯のハンセン氏病患者の血を撒けば干上がってしまう。他の何かで何をしようと干上がりはせぬ。干上がってもわしの力が衰えることはない。わしの魂の木は、わしの蔵の中にある金の斧で三度切りつければ、切れる。他の何で切りつけようと切れはせぬ。わしの魂の野ヤクは、わしの蔵の中にあるトルコ石の羽根の付いた金の矢を射て当たれば死ぬ。他の何で射られても死にはせぬ。わしの姉ドルマの生命を司る魂の蜂は珊瑚の壺の中にいる。それを殺せば、姉も死ぬ。・・・中略・・・どんな刀で切りつけられ、どんな矢で射られようと、わしは傷つかぬ。傷ついたとしても灰をかければすぐに癒える。わしが眠りに落ちた時、この額に水晶の魚が光とともに浮かび上がる。それはわしの生命をつかさどる魂の魚じゃ。その魚が光っている時矢を射られれば、わしは死ぬ」

と言いました。・・・中略・・・

夜があけると、メサが

「さあ、あなたは谷の奥に行ってください」

と言うので、魔王は起きて出かけました。

昼になりケサルが戻って来ると、メサは、

「さあ、私は魔王の魂や生命のありかをすべて知りましたよ」

と言い、ケサルに甘くておいしい食事をすすめ、次のように申し上げました。

「王様、カパーラ一杯のこの毒を持って、谷と谷が交わるところにお行きになり、魔王の魂の湖の中に撒いて、振り向くことなくお戻りください」

ケサルは愛馬キャンゴーに跨がり、谷と谷が交わるところに行き、毒を湖に撒いて、かき混ぜておきました。そしてケサルは、カラスに化身し、魔王の魂のフクロウを追い回し、魔王の前でそのフクロウを殺して飛び去りました。

魔王はそれを見て、

（わしが谷の奥にやって来て八日ほど経った。このような悪い兆しから察するに、ケサルのやつが来たらしい）

と思って、帰って行きました。

その間にケサルが戻って来ると、メサは食事をすすめました。そして、かまどに九層の穴を掘り、その中にケサルを座らせて、穴の口を石板でふさぎ、その上に水瓶を置き、その中に様々な鳥の羽毛などを入れ、その上に灰を撒き、指の跡を付け、その上に屠った雌牛の腸を置き、その上に草や木を被せて置きました。

すると魔王が戻って来て、

「ああ、わしに悪い兆しが現れた。ケサルが来ているのではないか。体調も良くない。メサよ、わしの占いの本『明示鏡』と紐占《ジュティク》いの本『神通灯』などを持って来い」

そう言われたメサは、占いの本を手に取って、股の間を三度くぐらせ、足で三度踏み、門を三度くぐらせて、魔王ルツェンに渡しました。

そして魔王ルツェンは…中略…三度紐占いをしました。まず「ケサルは対面する位置にいる」との卦が出ました。「何だって」と言ってまた占うと、次に「彼は大平原に阻まれている。大きな湖に阻まれている。九つの峠、九つの谷に阻まれている」との卦が出ました。三度目には、「様々な鳥が満ちている。彼は死んで、骨に草と木が生えているようだ」との卦が出ました。

「やつは来ないにちがいない」

と言って、魔王はひとまず横になりました。

さて、メサが次のように言いました。

「明日、谷と谷の交わるところに見に行ってください」

魔王は、

「わしは三十日ほどすべての谷々を見てから戻って来よう」

と言って、起き上がって出かけて行きました。

ケサルが穴の中から外に出ると、メサは甘くておいしい食事をすすめ、次のように言いました。

「この斧を持って、今日、谷の奥にお行きください。魔王の魂の木を切りつけて、振り向かずにお戻りください」

ケサルは、メサの言う通り魂の木を斧で三度切りつけて、今にも折れそうな状態にしておきました。そして王は神変のイノシシに化身し、魔王の魂の湖の周りをすべて掘り返しました。すると魔王が気づき、怒って大岩を投げつけましたが、イノシシに当たらず湖の中に落ち、大きな波紋が広がるとともに湖水は干上がってしまいました。

魔王が訝しく思いながら家に帰って来る間に、ケサル王は再び穴の中にうまく隠れ、メサは何ごともなかったようにしていました。その時魔王が帰ってきて、

「ああ、人間の匂いがする。リン国の王が来たのではないか。わしの魂の湖が干上がってしまった。体調もあんまり良くない。紐占いの本をここに持って来い」

といいました。メサは、

「ああ、何をいうのですか。人間の匂いはしますとも。人間でなければ、私は何でしょう」

といいながら紐占いの本を持って来て渡しました。すると魔王は占いをして、

「やつはまだ遠くにいるようじゃ。峠と川と崖、そして鳥たちが阻んでくれる」

と言って横になりました。

翌日、メサが

「谷の奥を見に行くべきです」

と言うので、魔王は

「三十日かけて、すべての岩山と雪山をぶらついて来る」

と言い、起き上がって出かけて行きました。

ふたたびケサルが穴から外に出ると、メサは甘くておいしい食事をすすめ、次のように言いました。

「今日、王様、あなたは、谷の中腹にお行きになり、魔王の魂の野ヤクにこの矢を射て、振り向かずにお戻りください」

ケサルは谷の中腹に行き、魂の野ヤクに矢を射て半生半死の状態にしました。それから王は鷹に化身して、魔王の魂の木のてっぺんにとまりました。すると魔王が気づき、怒って大岩を投げつけましたが鷹には当たらず、魂の木に当たり、木は折れてしまいました。魔王は訝しく思い、家に帰って行きました。

その間にケサルは戻り、前のようにメサが穴の中に彼をうまく隠し、何ごともなかったようにしていました。その時、魔王が帰って来て、

「ああ、この女が普通の人間でないというのは本当だ。リン国の人間の匂いがする。ケサルのやつがやって来た。

遠くにはおらぬようだ。わしの魂の木も倒れてしまった。わしの紐占の本をすべて持って来い」

といいました。メサは、

「何を言うのですか。私はリン国の人間なので、リン国の人間の匂いがするのは当たり前です」

と言って、紐占の本をすべて渡しました。

魔王が、丹念に占うと、「黒黒とした九層の城壁、灰色の灰の九層下、汝と対面する場所にいる。近くと言えば近く。遠くと言えば海の果て」との卦がでました。

「やあ、これはわしのかまどの中のことじゃ」

と言ってかまどを掘ると、草や木がたくさん出て来ました。

「ああ、魔女よ、これはなんじゃ」

と尋ねると、メサは、

「かまどの中で草と木を燃やすと、草と木がなくなって家系が途絶えませんか」

と答えました。魔王がさらに掘り進めると、雌牛の腐ったはらわたが出て来たので、

「何だ、これは」

と尋ねました。メサが、

「あなたが猛々しい土地神のお腹に悪さをしたので、腸が出て来たのです。これ以上掘ってはいけません。この下のどこにケサルがいるのですか」

というのも聞かず、魔王がさらに掘り進めると、水が出て来て、「魔女よ、これはなんじゃ」と尋ねました。メサが、

「ああ、掘りすぎて海にたどり着いたのです。私は逃げます」

と言って逃げようとすると、魔王も恐ろしくなって、穴を埋め戻して戸外に出て、

「魔女よ、おまえは何と臆病なのじゃ」

と言いました。

さて、夜が明けて魔王は、

「わしは今日、谷の中腹に行き、三十日ほど山と平原をすべてぶらついて来る」

と言って、出かけて行きました。

メサは、ケサルを穴から出して、甘くておいしい食事をすすめました。王は食べ終わると、神通力でオオカミに化身して、魔王の魂の野ヤクに飛びかかり、引きずり倒しました。すると魔王が気づき、怒って大岩を投げつけましたが、オオカミに当たらず、野ヤクを殺してしまいました。魔王はいっそう訝しく思いながら家に帰って行きました。

その間に戻ったケサルにメサは次のように申し上げました。

「王様、今晩が、魔王ルツェンを調伏する時です」

メサに栄養のある食事をすすめられたケサルがそれを食べ終わり、家の中に隠れている時に、魔王が帰って来ました。

「メサよ、何を言っているのだ。わしの城の中にケサルの奴が来ているのではないか？　わしの魂の野ヤクも殺された。とても不安じゃ。今晩は占いをしないことにしよう。占っても全く当たらぬ。お前のような女の心は、谷を流れる川のようだ」

そう言って、魔王は横になりました。

魂の湖も枯れ、魂の木も倒れ、魂の野ヤクも殺されたので、怒りを起こした時魔王の身体に充満する鉄のサソリと、手足を飾る蛇の紐などが、自然に消えて無くなりました。そして、神と水の精霊ナーガ、地の精霊ニェンの三者が、恐るべき魔王ルツェンを無明の眠りへと落としたので、魔王は昼夜の区別なく、生きているのか死んでいるのかわからないような状態で眠りこけていました。

その時メサは、ケサルに、

「さあ、魔王を退治する時が来ました」

と言い、丸い石がいっぱいに詰まった羊の毛で編んだ袋を魔王のもとに置き、その上に自分の衣服を被せておきました。その時、ケサルの鷹の羽の神矢とハゲワシの羽の神矢、鷲の羽の神矢がそれぞれ「私が先だ」と言い合って揺れた音を魔王が聞いて、

「メサよ、矢がカサカサ揺れる音がするぞ」

と言うと、メサは、

「私が紡錘を回している音です」

と言いました。すると魔王は、

「確かに紡錘を回している音のようだ」

と言って横になりました。

ケサルが弓弦を引くと、魔王は弓の音を聞いて、

「メサよ、弓の音が聞こえるぞ」

と言いました。メサが

「私が糸を紡いでいる音です」

と言うと、魔王は、

「紡錘で糸を紡ぐとそんな音がするな」

と言って横になりました。

メサがケサルに小声で、

「王様、魔王の額にある光り輝く小さな魚めがけて矢を射てください」

と言うので、ケサルが矢に神の加護を祈る歌を唄うと、それを魔王が聞いて、

「悪女のメサよ、歌が聞こえるぞ」

と言いました。メサが
「ドルマお姉さまの魂のトルコ石は、珊瑚で作った壺の中で、時々歌のような音を出すのです」

と言うと、魔王は
「そのとおりだ」

と言って横になりました。

そして、ケサルは、袋から三つの米粒を取り出して空に撒き、矢に神の加護を祈る歌を唄いました。・・・中略・・・

歌を唄い終わるとケサル王は、鷲の羽の矢を射ました。しかし暗がりでよく見えなかったので、矢は魔王に当たりませんでした。矢の音を聞いた魔王が、

「何だ?」

と言うと、メサは、

「私が金の桶の中に金の柄杓を落としたのです」

と答えました。

次に、ケサルが梟の羽の矢を射ました。その矢が魔王ルツェンの額の真ん中の小さな魚に当たるや否や、魔王はパッと起き上がり、

「このクソ女のメサめ、わしを騙したな。ケサル以外、どこにわしに仇する者がいようか」

と言いました。強い憎しみの心が沸き起こり、メサを押し倒そうと、傍にある丸い石の詰まった袋を押し倒しましたが、衣服の下に人はいません。魔王が床を這ってメサを見つけて捕えた時、ケサルは二の矢を射ようと思いましたが、味方のメサに当たるかもしれないと思い、射ることができませんでした。屋内では争いにくいので、ケサルは魔王に組みつき、二人で組み合いながら建物の外に出て来ました。メサは恐れのあまり、ただ見ているだけで、何もできませんでした。二人は組み合いながら、あっちに行ったりこっちに行ったりしながら、がっぷり

図４　四川博物院所蔵のケサル王物語を描いた掛け軸の一部。僧侶に姿を変えたケサルとメサが出会う様子や、魔王に矢を射るケサルの様子が描かれている。四川博物院・四川大学博物館（2012）p.85より。

四つで広い平らな場所で勝負を決めようとしている時に、メサが駆け寄って、

「武器を取って戦わず、相撲を取って勝った方が勝者です」

と言うので、ケサルと魔王は「心得た」と言い相撲を取って、結果、ケサルは負けました。

メサが、

「一本目は魔王の勝ちね。二本目をしましょう。二本目の勝負をしたら、どっちが強いかはっきりするわ。一度の勝負ではわからない」

と言うと、ケサルは「メサが言うのはもっともだ」と言い、魔王も「心得た」と言い、また組み合いました。ケサルがもう少しで勝ちを得るところで、魔王が力いっぱい投げをうつと、ケサルはひっくり返って、地面に打ち付けられました。メサが狼狽し、恐怖を感じていた時に、ケサルはすぐに立ち上がって、

「『男も女も喧嘩は三度』と言う諺のとおりだ、来い、もう一度勝負だ」

と言いました。メサが、「そのとおりだわ」と言うと、ケサルと魔王は再び組み合ました。その時メサは、たくさんの豆と灰を持って駆け寄って、ケサルの足元に灰を撒き、魔王の足元に豆を撒きました。魔王は、

「このクソ女、何をする！　わしの足元に豆を撒き、奴の足元に灰を撒いたのは何故じゃ？」

と問いました。メサが、

「彼の足元に灰を撒いたのは、敵の口をふさぐため、あなたの足元に豆を撒いたのは、勝利の印です」

と答えると、魔王は
「なら良い。お前はわしをよく助けよ」

と言って、ケサルと魔王の二人は再び組み合いました。その時、ケサル王がリン国の神・ナーガ・ニェンを呼び寄

せて、力いっぱい魔王に投げをうつと、魔王は豆の上で踏ん張ることができずひっくり返り、そこをケサルが力いっぱい抑え込み、起き上がれないようにしたところで、メサとケサルが二人して、十九尋の長い縄で魔王を糸玉のように縛りあげました。

メサが言いました。

「王様、ここで魔王の奴を見張っていてください。私は急いで魔王の姉ドルマの魂のトルコ石の蜂を持って来ます。もしその蜂を殺さずに姉に気づかれると、私たち二人では敵いません。私がいない間、誰もこ奴に会わせないようにしていてください」

そう言ってメサが去り、ケサルが疲れて休んでいると、一羽の小鳥が飛んで来て、涙を流して言いました。

「一目魔王に会わせてください」

ケサルが、

「お前のような小鳥なら、会ってもよかろう」

と言って、引き会わせると、小鳥は魔王の口の中をくちばしでつついて飛び去りました。

しばらくしてメサが、魂のトルコ石の蜂を持ってやって来て、

「魔王に誰か会いましたか?」

と尋ねました。王が、

「一羽の小鳥が会って飛び去って行った。他に誰とも会ってはおらぬ」

と答えると、メサが、

「それはよくないわ。王様、すぐに魔王を殺しましょう」

と言うので、ケサルは赤柄斬妖剣で魔王を一刀両断、腰から上半身と下半身に真っ二つに斬り割りました。すると、上半身から下半身に向かって、水銀がじわじわ流れて行きました。メサが、

「その小鳥は魔王の魂の小鳥でしょう。しばらくするとこの水銀が身体中に充満し、弓矢・槍・刀、どんな武器でも斬れなくなってしまいます」

と言うので、ケサルは急いでその水銀を少し手に取って、自分と愛馬キャンゴーの眉間に塗りました。

そうしているうちに、魔王の姉ドルマが、洞穴のような口と窓のような目を大きく広げ、槍の穂先のような牙をむき出し、乳房の片方を肩にかけ、片方を手で支え、

「私の弟を殺したのは誰じゃ」

と言って飛びかかって来たので、ケサルは気が昂りました。そこでメサが、珊瑚の壺をケサルに捧げると、彼は壺の中にいる蜂を取り出し、蜂の首を掴んで仰向けにすると、ドルマも仰向けに倒れました。うつ伏せにすると、彼女もうつ伏せに倒れました。蜂の腰を切ると、彼女も口を開けて、死んでしまいました。

ケサル王は立ち上がり、扉の裏にいる魔王のシラミを捕まえて、全て火で焼きました。大臣チンゴンは周辺の悪魔を全て殺し、大獅子宝討敵王（＝ケサル）の配下となりました。世間大獅子宝討敵王（＝ケサル）は、魔王ルツェンの死体を運び土に埋め、黒い仏塔で封印しました。大獅子王（＝ケサル）はまた、しばらく大慈悲の瞑想を行い、魔王の魂を浄土に送りました。

六　ケサル王物語に見られる信仰と習俗

物語はさらに、しばらく悪魔の国に留まったケサルが、悪魔に感化され故郷に帰る気持ちのなくなっていたメサに、忘れ薬の入った酒と食事をすすめられ、何もかも忘れてしまい、九年八ヶ月の間、大臣チンゴンと月日の経つのを忘れてサイコロ博打と囲碁に興じたとのエピソードが続き、『悪魔調伏』の物語は幕を閉じる。ドゥクモ同様ケサルに忘れ薬を飲ませるという行為を行うことにより、メサの人物像は、慎み深い女性から執着心の深い女性へと転換している。そのドゥクモが、ケサルの留守の間、ホルのクルカル王に拉致されたことをきっかけに、新たな戦いが始まるが、それはまた別の物語である。

図５　ケサルを中心とした祈りの旗（著者所蔵）

第八章にはチベットの信仰や習俗の様々な様相が描かれている。魔王が行う「紐占い《ジュティク》」とは、六本の紐を投げ、その絡み具合によって占うものである。この占いは、仏教伝来以前のチベット土着の宗教ポン教に伝えられているもので、これを実践していることにより、魔王は非仏教徒であると示唆される。

仏教伝来以前の土着の信仰に基づく魂《ラ》（bla）に対する考えも、本章に明瞭に現れている。チベット人全てに共通するこの考え方によれば、悪い精霊による魂の奪取が、病や不幸の原因の一つであり、魂を取り返す儀式を行うにより、こうした病や不幸からの回復をはかることができるとされる。興味深いことにこの魂は、それぞれの肉体とは別の場所やモノに存在すると考えられている。魂が存在する場所やモノが傷ついたり破壊されたりすることは、自らの生命の危機に直結する。それゆえ、魂のありかは本来秘密にされるべきものであるが、魔王はメサの問いかけに対し、口を滑らせている。魔王の魂のありかを探ることは、メサにとって、ケサルを勝利に導くための助力の一つである。このように、強力な敵を完全に倒すため、敵の魂のありかを探索し、それを害することがケサル王物語のモチーフの一つとなっている。

また、仏塔によって魔を封印するというモチーフは、他のチベット民間文学作品に見られる。

七　おわりに

ケサルは確かに神通力を使い自らの姿を変えるなど、勝利を得るために超人的な力を発揮する。一方で、少なくとも『悪魔調伏』の物語では、アタク・ラモによる指示や、メサによる魔王の紐占いの無効化―占いの本を足で踏みつけたりしたのは、占いを当たらないようにするためである―や、魂に関する秘密の察知など、彼女らの助力が勝利に必要不可欠な要素となっている。彼は、忘れ薬を入れた酒を飲んでしまい、悪魔を討取った後、つい気を緩めてしまうなど、すこし間抜けな人物としても描かれている。こうしたケサルの重層的な人物像―換言すれば人間臭さ―が、この物語を面白くしているのであろう。

前節で見たように、ケサル王物語にはチベットの信仰の諸相が見て取れる。信仰についてさらに言えば、ケサル自身を本尊とし、これを供養する方法や、本尊としてのケサルを現前させる行法も、一八世紀以降多く作成された。カムやアムド地方では、今も語り手たちによって物語が語り伝えられており、チベット語ラジオ放送局では、毎日のようにケサル王物語の語りが放送されている。宗教的仮面舞踊劇チャムや民間の歌舞劇の演目としても親しまれている。チベット、とりわけカムやアムド地方において、ケサル王物語は、文化の核の一つとして機能している。この物語から、私たちはチベット文化の様々な様相を窺い知ることができるであろう。

参考文献

岡田千歳（二〇一四）「パキスタン北部バルティスタン地方の『ケサル物語』伝承の現状と課題」『第五十九回国際東方学者会議シンポジウム「ケサル／ゲセル王伝の伝承と現在」』財団法人東方学会、五一～六五頁。

金子英一（一九八七）「ケサル叙事詩」長野泰彦・立川武蔵編『チベットの言語と文化：北村甫教授退官記念論文集』、冬樹社、四〇八～四二七頁。

君島久子（一九八七）『ケサル大王物語：幻のチベット英雄伝』（世界の英雄伝説）、筑摩書房。

スタン、R. A.（一九九三）『チベットの文化（決定版）』山口瑞鳳・定方晟訳、岩波書店。

三宅伸一郎（二〇〇四）「口承文学「ケサル王物語」とその担い手」石濱裕美子編著『チベットを知るための50章』（エリア・スタディーズ）、明石書店、一九八～二〇三頁。

李連栄・高木立子（二〇一七）「斑竹姑娘」と『竹取物語』の関係：チベット昔話の法則から」『比較民俗学会報』三七（四）、一～九頁。

若松寛訳（一九九三）『ゲセル・ハーン物語：モンゴル英雄叙事詩』（東洋文庫五六六、モンゴル英雄叙事詩一）、平凡社。

四川博物院・四川大学博物館科研規劃与研究創新中心編著（二〇一二）『四川博物院、四川大学博物館、法国吉美博物館珍蔵格薩爾唐卡研究』中華書局。

FitzHerbert, Solomon George（2015）, “On the Tibetan Ge-sar Epic in the Late 18th Century : Sum-pa mkhan-po’s Letters to the 6th Paṇ-chen Lama”, *Études Mongoles et Sibériennes, Centrasiatiques et Tibétaine*（46）, pp. 1-21.

gCod pa don grub（1989）, *Gling ge sar rgyal po’i shul rten gyi ngag rgyun ngo mtshar me tog phreng mdzes*（格薩爾遺跡伝説）. Mtsho sngon mi rigs dpe skrun khang（青海民族出版社）.

gCod pa don grub（2000）, *Gling ge sar sgrung gi gka’ gnad gsal ba’i sgron me*（格薩爾伝疑難新論）. Krung go’i bod kyi shes rig dpe skrun khang（中国蔵学出版社）.

Rin chen rdo rje, sMan shul（2002）, *Gling sgrung gi par gyi zhib ’jug*, sTod cha（格薩爾版本研究・上巻）. Kan su’u mi rigs dpe skrung khang（甘粛民族出版社）.

中央ユーラシアの『チョラ・バトゥル』

坂井弘紀

ユーラシアに『チョラ・バトゥル』という英雄叙事詩が伝わる。チョラという戦士について、実際に起こった出来事をもとにした、虚実交わる英雄伝である。一六世紀のカザン・ハン国に実在したと考えられるチョラ・バトゥル（勇士チョラ）の活躍は、長らく口碑として人々の間に語り継がれてきた。異教徒との戦いに挑む勇士についての語りは人々の心を熱くしたに違いない。

ユーラシアの広範囲に居住するテュルク系民族。騎馬遊牧文化を基層にもつ彼らは文字文化よりも口頭伝承文化を高く発達させてきた。季節ごとの移動をする彼らは、基本的に文字をもたぬ人々だったからである。口頭伝承の数あるジャンルの中でも、とりわけ英雄叙事詩は主要なジャンルであり、実在した、あるいは架空の数々の勇者たちの活躍の物語である。「英雄叙事詩」とは、いわば便宜的な学術用語であるが、その勇者たちの中には、まさに「民族」や共同体の「英雄」として、高く顕彰される者も少なくなかった。

勇士チョラにまつわる伝承は、ユーラシアの広い地域に語り伝えられてきた。東はカザフ草原（カザフスタン）から西は黒海西岸ドブルジャ地方（ルーマニア、ブルガリア）にまで、北はヴォルガ川中流域（ロシア連邦・タタルスタン共和国）から南はカラカルパクスタン（ウズベキスタン西部）まで、それぞれ遠く離れているにもかかわらず、この英雄叙事詩は大切に伝えられてきた。この英雄譚は英雄叙事詩を中心に様々なジャンルの口頭伝承として伝えられてきたが、一九世紀以後になると文字や録音などで記録されるようになった。近代化の中、口承文芸というジャンル自体が衰退してしまった現在では、ほとんど口頭で語られることはなくなったが、人々は文字によって、この英雄物語に深くなじんでいる。これまで、二〇以上のテキストが知られており、それらは細部でさまざまに異なるが、基本的には同様のあらすじである。主人公やその家族など、主な登場人物の名称もだいたい一致しており、各テキスト間の相違は、もともと伝承されていたひとつのストーリーが各地に伝播する過程で変容していったものと考えて間違いない。

ここでは、チョラ・バトゥルにまつわる物語のうち、カザン・タタールに伝わるテキストを紹介し、他の民族に伝わるテキストとともにその特徴について詳しく見ながら、人々は「英雄」に何を求めたのかといった問題について考えていきたい。

カザン・タタール人は、この物語の舞台となるカザンを中心に暮らす人々で、現在では、人口五〇〇万人以上である。現在ロシア連邦のタタルスタン共和国の首都であるカザンは、一五五二年にモスクワ公国によって滅ぼされるまでは、カザン・ハン国の都であった。『チョラ・バトゥル』のクライマックスは、まさにこの国の滅亡の顚末である。ここで取り上げるテキストは、およそ四七〇行のカザン・タタール語によるもので、一九八四年にカザンで出版された。ロシアを公然と敵と描くこの作品はソビエト時代には否定的に扱われ、その公刊も制限されたが、そんな時代に出版された、このテキストは貴重な存在である。主人公の名は、カザン・タタール語ではチュラ Чура/Chura であるが、テュルク系諸民族の多くの伝承に見られるチョラに表記を統一する。

【物語のテキスト】

(一) 少年ナラク

ダグスタンの国にカズ・ビーという有力なミルザ(貴族・有力者)がいた。彼にはカンミルザという弟がいた。

ある日、カズ・ビーが軍隊を率いて狩に出かけた。道中ある村があった。その村にカズ・ビーが入ると、敵が攻撃をしたあとであった。一人の幼い男の子だけが逃げだして、深い森の中に隠れていた。カズ・ビーがそこに行くと、その子は森から出て、カズ・ビーのもとに来た。カズはその子に聞いた。

「おまえの村では、なにが起こったのだ?」。

男の子は「ぼくの村を敵が攻めたのです。ぼくは逃げて森に隠れていました」と言った。

カズ・ビーはその子を連れて、かくまった。その子は紅顔で美しく、炎のような色であったので、ナラク(原文ではナッランとも、ナル nar は「火・炎」の意)と名付けられた。ナラクはカズ・ビーのもとで立派な若者に成長し、たいへん勇敢なバトゥル(勇士)になった。敵に向かえば、敵を倒す勇士、ナラク・バトゥルとして有名になった。

カズ・ビーはこのナラク・バトゥルにカバク・バシュ・カラ＝ウズダンという人の、ミンスルという、類まれなる美しい娘を嫁がせた。

(二) ナラクの妻

ある日、カズ・ビーの弟カンミルザはナラクの妻ミンスルを見て、恋に落ちて、ナラクの留守に彼女を訪ねた。ミンスルは受け入れなかった。カンミルザは彼女を追い出そうとした。その後、ナラクはこのことを知って、カンミルザを刀で斬りつけ殺した。すると、カズ・ビーはナラク・バトゥルに「おまえはもう余のそばにおるな。どこかへ失せよ」といい、ナラクはミンスルを連れて逃げ、ハジタルハン（アストラハン）の町のアクチャ・スルタンのところへたどり着き、このスルタンから大きな敬意を受けて、長い時間が過ぎた。

ある日、アクチャ・スルタンはナラクの妻の美しさを知って恋に落ちた。そして、ナラク・バトゥルを軍隊に送ると、自らミンスルのもとに夜に来て、こう言った。

「あなたが好きなのだ。私と一緒になってくれ。ナラク・バトゥルをだまして軍隊に送った。やつは必ずそこで死んで、戻ってこないだろう。もう無駄なのだ。私と一緒になるのだ」。

するとミンスルは、

「獅子は狼の食べ残しを食べないものです。けれども、あなたは人間の獅子であり、ナラクはあなたに仕える狼の仔です。私はこの狼の食べもののようなものです。狼の食べ残しを獅子が食べるということはふさわしいことでしょうか」と言った。

アクチャ・スルタンはこの言葉を聞いて、ここに来たことを悔いて、出ていった。

だがその時、ナラク・バトゥルは軍隊から戻っていて、家のそばで、この言葉を聞いていたのだった。

(三) 出産

ナラクはスルタンを殺して、妻と逃げた。そのとき、ミンレスルは妊娠していた。逃げる途中、カラヴズという川で昼食を取っているとき、ミンレスルを陣痛が襲った。陣痛であることを言うのが恥ずかしくて、ナラクに詩の形でこう告げた。

いかだが私の喉に流れる。それを飲み込めば川が開く、
産めば私は花嫁になり、産まねば私は苦しまずにすむ。

ああ、私の勇者よ、勇者よ、あなたは助けてくれるお産婆さん。

ナラク・バトゥルはミンレスルが陣痛であることを知ったが、何をしていいか分からず、うろたえていると、ミンレスルはナラクがうろたえているのを見て、やはり詩でこう伝えた。

ああ、私の勇者よ、勇者よ、
うろたえないで、私の勇者よ。
カズ・ビーの弟を墓に追いやって、
あなた自身の手で切り裂いた。
私の勇者、あなたはうろたえなかった。
うろたえないで、私の勇者よ。
アストラハンではアクチャ・スルタンを追いやって、
あなた自身の手で切り裂いた。
私の勇者、あなたはうろたえなかった。
うろたえないで、私の勇者よ。
犠牲を屠ってください、お祈りをして、
奴隷を自由にしてやってから、早くここに戻ってください。

ナラクはミンレスルの言葉を聞いて、素早く立ち上がり、カラヴズ川で身を清め、チョラという奴隷を自由にしてやり、蒼い雄馬を犠牲にして、神に礼拝をして戻ると、ミンレスルは子供を産んだ。男の子であった。その名は自由にした奴隷のチョラに因んでチョラとつけられた。

(四) 少年チョラ

ナラクは妻と息子とともにそこから移動して、クリミアに着いた。

チョラはそこで育ち、五・六歳で牛飼いになった。ある日チョラは仲間の子供たちに言った。「ぼくらの頭領を選ぼう」。「誰を頭領にするんだい?」。チョラは「誰か牛を屠って振る舞えば、その人を頭領にしよう」と言った。そしてチョラは「おまえたちが俺の命令を聞くなら、おまえたちに牛をご馳走しよう」と言った。子供たちは同意した。それからチョラは一頭の牛を殺して子供たちにごちそうした。彼らはその日から、チョラの命令に従うようになった。子供たちにチョラは言った。

「毎日、牛を連れて家に帰るときに、牛に乗って布を棒に結んで旗にして、『われらはチョラ・バトゥルの軍隊だぞ』と言いながら、家に帰るのだぞ」と。

子どもたちは言われた通りにした。その知らせがあちらこちらに「チョラというバトゥルが軍隊とともに出発したらしい」と広まった。イデル川(ヴォルガ川)にいる人々もそれを聞いて驚いて、川の向こう岸に移動しはじめた。人々が恐れて逃げて、イデル川を渡ったことがクリミアにいるチョラの耳に入った。それからチョラは父ナラクに頼んで、名馬を譲り受け、立派な鎧甲冑を手にして身につけ、馬に乗って出発した。

(五) チョラ・バトゥルのイデル川出征

「イデルの民が俺を怖がって逃げて、イデルを渡ったというのは本当だろうか?。知りたいものだ」と、チョラはイデル川に向かっていった。

チョラ・バトゥルがイデル川にいくと、イデルの民はチョラを恐れて、イデルを渡ったあとであったが、イデルの岸で老人が一人泣いていた。老人にチョラは言った。「おじいさん、どうして泣いているのですか?」。

老人は「イデル川の中を娘が車で進んでいたら、牽いていた牛が動かなくなり、娘が川に沈んで死にそうなのだ」と娘を指さした。

チョラは馬から降りると、馬の鞍を外し、裸になって馬と川に入り、牛車を救い出して、去っていった。娘には夫がいて、その夫がやってきた。老人は言った。「おまえはどこにいたのじゃ。娘が川で死にそうになっているときに、ある若者が来て、馬で引っぱって娘を車ごと引き上げてくれたのだ。その者はそのような善行を施してくれたのだ」。

その夫の名はコルンチャクといった。コルンチャクは義父にその若者の乗った馬の色、着ていた服の色を尋ねて、追いかけ、その若者を見つけた。老人の家に招き、そこにチョラを座らせて、敬意を示した。就寝のときになり、チョラはコルンチャクに言った。「コルンチャクよ、おまえはこの女の亭主であるなら、妻の横で寝ろ。私はここで眠る」と。

するとコルンチャクは言った。「私は妻の横では寝ない。あなたの横で眠る。女は誰か眠らない人のものとなるという」と。

(六) 盟友コルンチャク

そこでチョラはコルンチャクに「その言葉を信じるのか」と聞くと、コルンチャクは「その通りだ」といった。「ならば、よろしい」と二人は一緒に眠った。

やがてコルンチャクは眠ってしまった。眠ってしまったので、チョラは娘のもとへ行った。娘は「誰?」と尋ねた。「私はチョラ・バトゥルだ」。「チョラ・バトゥルがいることは知っています。私に胸を開けて見せください」。チョラは胸を開けて見せた。「知っています。あなたがチョラですね」。チョラは「なぜ知っているのだ?」というと、娘は「ここで人々から聞いたのです。チョラ・バトゥルの胸には鋼鉄色した鉛があるということを」と言った。

そこで娘はチョラに言った。「あなたは私にどんな願いがありますか?」と。チョラは「おまえが私とともにいるのなら、おまえを連れて行こう」と言った。

すると娘は「コルンチャクの馬に鞍を載せて、あなたと一緒に参りましょう。その馬がなければ参りません」と。

そのコルンチャクの馬というのはコルンチャク以外の人には扱えない馬であった。チョラはその馬に鞍を載せて連れてきた。娘はコルンチャクの馬に乗って、チョラとともに立ち去っていった。

その後、コルンチャクは目を覚ました。そこにチョラはいなかった。妻もいなかった。馬もなかった。コルンチャクはチョラと妻を追った。チョラは言った。

「おいコルンチャク!昨日言った言葉を覚えているか。女というのは誰か眠らぬ人と過ごすものだと言わなかったか。おまえは昨日眠ってしまった。私は眠らなかった。それでこの娘をもらったのだ」と。

するとコルンチャクは「そうだ。そう言ったとも。この娘はおまえにこそふさわしい」と言った。

そこでチョラは「私はおまえの妻など要らない。私はおまえが自分が言った言葉に忠実かどうか試したのだ。妻はおまえのものだ」と言った。

コルンチャクは「いいえ、あなたに捧げました。あなたにこそふさわしい」と言って、二人のために盛大な祝宴を行った。

(七) 父ナラクのその後

チョラはコルンチャクに言った。「私には素晴しい妹がいる。おまえに嫁がせよう」と婚約を取り決めた。

コルンチャクもこれに同意した。チョラは妻を連れて、クリミアに戻った。

チョラがこのイデルにいるころ、クリミアのアクタシュの部下のガリ・ビーというバトゥルがチョラの父ナラクのところへ来て、「羊をよこせ」とナラクを打ちつけ、妻のミンレスルを罵倒し、ナラクが差し出した馬は取らずに、自分が気に入った馬カラギル〈「黒栗毛」の意〉を強引に奪い去っていったのだった。

チョラが妻を連れて、父の家に帰ってくると、ナラク・バトゥルは、ガリ・ビーが行った暴虐を息子チョラ・バトゥルに詩で伝えた。

ああ息子よ、わがチョラよ、
おまえが、我が息子がいないとき、アクタシュのガリ・ビーがやってきて、
私の羊を屠ってしまい、私の馬を荷馬車にしてしまい
おまえの父、老いたナラクに、石で頭や目を打った。
そして、ミンレスルの心から
消え去ることのない罵詈暴言を投げつけて、
美しいキャラコの織物、それを与えたが受け取らず、
二頭の赤毛馬、それを与えたが受け取らず、
羊飼いも加えて与えたが受け取らず。
後ろから行って見てみれば、
尻は黒い編み籠のよう、腹は黒い鞍褥のよう
前から行って見てみれば、
前歯がまるで鋤のような、臼歯がまるで蹄のような。
額に印がついた、カラギル馬が奪われた。

取り戻せ、チョラよ、いま取り戻せ。
力あるなら、さあやってみよ。

この言葉を聞くと、チョラ・バトゥルはこう歌った。
アルマチュ川に沿って、
アクタシュのガリ・ビーのところへ駆ける。
アクタシュのガリ・ビーのところへ駆けたあと、
ガリ・ビーからわが父の馬カラギルを
敬意を表して頼んでみて、
頼んでも頼んでも返さなければ、
川岸のシカのように切り殺してやろう。

チョラがガリ・ビーのもとに行くと、ガリ・ビーは言った。「二頭の雌子牛と一頭の雄牛をもってこい」。チョラは（三頭の馬をもってきて）こう言った。「おまえの父親が死んでも誰も弔いの儀礼をしない、という言葉があるけれども、この二頭の牛の雌牛をおまえの父親の供養の料理のために使え。雄牛はおまえの母親の背中に繋いでおけ」。
こう言って、チョラはガリ・ビーの頭を切り落として殺し、カラギル馬を取り返して戻った。

（八）チョラ、カザンへ

そしてチョラ・バトゥルはカザンの町へ行った。カザンに行ってコルンチャク・バトゥルを呼びよせた。そこでバトゥルたちと交わり、カザンの町を落そうとしているロシアの軍隊と戦おうとしたのである。

当時、カザンの町はシャガリ・ハンというハンが治めていた。シャガリ・ハンにはサルカニという娘がいた。シャガリ・ハンはチョラ・バトゥルが来たことを聞いて、彼を呼び寄せ、彼に敬意を表し、宝庫から外套や鎧、兜、食料などを与えた。そこでチョラはバトゥルたちを指揮して、毎日軍とともに戦い、人々に賞賛されるとともに恐れられた。

このようにチョラ・バトゥルがカザンで戦っているころ、クリミアでは、父ナラク・バトゥルを侮辱し、チョラに殺されたガリ・ビーの遺妹がナラクのもっている家畜をすべて奪い去っていた。ナラクは貧しくなった。妻ミンレスルは食事もとらずにさまようようになった。

（九）ロシアの陰謀

そのころチョラ・バトゥルは、敵ロシアと戦っていた。ロシア軍はチョラを殺す方策が見つからず、占星術師を集め、天球儀をみて、このチョラの宿命の死は何かと問うた。そこで占星術師は天球儀をみて答えた。「チョラ・バトゥルに娘が与えられ、その娘から男の子が生まれれば、その子がチョラ・バトゥルの死の原因となるであろう」と。

そして賢い将軍たちがこのことについて相談しあった。「それならば、娘が必要であるな」と、ある娘に美しい衣服を着せ、車に乗せ四頭の馬をつけて、そばには下女を置いて、チョラ・バトゥルに与えた。

その娘にはこういってあった。「チョラ・バトゥルの子供を宿して腹を蹴るようになったら、一計を案じてここに逃げて来るのだ」と。

娘はチョラ・バトゥルのもとに来た。チョラはこの娘がたいへん気に入った。その後長い時が過ぎ、チョラのもとで妊娠した。それから娘は逃げ、自分の国に帰った。そして男の子を産んだ。

(十) 父ナラク、カザンへ来る

ナラク・バトゥルは貧しくなり、空腹で立っていられなくなり、カザンにいる息子チョラ・バトゥルのもとにきた。チョラを探し尋ねていくと、チョラたちは蜜をなめていた。ナラク・バトゥルが入っていくと、チョラは父とわかったが、ぼろを着て、みすぼらしい恰好をしていることを恥じて、父とは反対の側をみていた。そこに座っていたバトゥルたちはナラクをみて、

「やい、じいさん。あんたみたいなじいさんは詩を歌うんだろ。やっておくれよ」といった。ナラクに食べ物と水を与えて、歌わせた。

宝、宝の家畜が来れば、主計官の貴人が仕事をする。
門の前に敵が来れば、コルンチャクと勇士チョラが黒い血に染まる。

このように語る、勇士チョラの父は、
たがの付いた桶を手にとって、国から国へと物乞いをする。

父ナラクの言葉を聞いて、チョラは父に話しかけ、たくさんの金を与えた。

「どこかで馬を買って、いい武具と鎧を手にいれて、一方から旗を掲げてください。そのとき私は父さんの方に向かって攻めていきますから、私を攻めてください」と言った。

チョラの軍隊は戦いに出ていった。一方からナラク・バトゥルが旗を掲げてやってきた。それを見てチョラは「あ

れはどこの軍だ？」といって、その方向に向かった。チョラは馬から降りて、一人の老人のもとに駆けよった。そしてチョラは言った。「おい、おまえらみな、馬から降りろ。やってきたのはわが父ナラク・バトゥルなるぞ」と。兵士らはみな馬から降りて、ナラク・バトゥルに敬意を示した。そしてこれをシャガリ・ハンに知らせた。シャガリはこれを知り、ナラク・バトゥルに敬意を表してもてなした。衣服を贈答し、ナラクを庇護した。

シャガリ・ハンの娘サルカニは、ある日バトゥルたちに贈り物を贈った。どのバトゥルにもそれぞれ見合ったものであった。チョラ・バトゥルには金の箱だけを与えた。チョラはこれに立腹し、どこかに捨ててしまった。そしてチョラは最初の日は戦いに行かず、寝ていた。チョラが横になっているので、シャガリ・ハンはナラク・バトゥルに尋ねた。ナラクは言った。

「サルカニに聞かせてみればよい、何が起こったかを」と。

そこでシャガリ・ハンはサルカニに尋ねさせた。サルカニが聞いてみると、チョラは答えた。

「私はおまえに怒っているのだ。私にはただの箱をくれたが、他のバトゥルには鎧を与えたではないか」と。

するとサルカニは言った。「その箱を開けて見てください」。

チョラ・バトゥルが箱を拾って見てみると、その中には「クク・チュブク（青い竿）」という名刀が入っていた。

チョラは娘を許し、兵士らとともに出陣し、多くの敵を恐怖させた。その後、シャガリ・ハンはカザンの民から多くの家畜や宝を集め、ナラク・バトゥルをクリミアに帰した。ナラクは故郷に家畜や宝をもって帰り、祝宴を行った。クリミアの貴人の妻や娘が残らずやってきた。食べて飲んで、チョラの父は詩を歌った。

湖には鷹がおり、川のそばには車がある。
雌と雄の子牛が逃げた、子馬の群れは止まり山にはカズ・ミルザがいる。

車の輻（や）からは油が垂れた、刀の輪からは血が垂れた。

イデルには二人の兄弟が、ウラクとママイのミルザがいる。

カザンにはハンの側近の、ナラクの息子のチョラがいる。

カザンのハンの側近の、私の息子はチョラである。

（十一）クリミアに残された妻

チョラ・バトゥルはコルンチャク・バトゥルに羊を千頭与え、馬を与えた。「クリミアに一日で行って、私の家が無事かどうかを見て、それから妹アイスル（コルンチャクの婚約者）も見てきてくれ」といって遣った。

コルンチャクは出発し、一日でクリミアに着いた。チョラの家に入った。入ってみれば、チョラの妻は青年と一緒に抱き合っていた。バトゥルはこれをみて、怒って戻ってきた。チョラのところへ行った。チョラは「見てきたか」と言った。「ああ、見てきた」と答え、チョラに言った。「あなたの妻は若者と抱き合って寝ていた。それを見て怒って戻ってきた」。

するとチョラはそれを聞いて「殺してやる！」と馬に乗って、千もの怒りとともにクリミアに向かった。

妹のアイスルはチョラが来たことを知って、彼に説明した。

「兄さん、この若者と寝ていたのには訳があるのですよ。あなたにここに来させようとして、一芝居打ったのです」と。

チョラは家に一晩泊まった。そしてチョラの妻スルビク・ハヌムが詩を歌った。

連れていって、勇士よ、連れていって
馬の尻に乗せていって。
わが勇士よ、あなたの頭に
私のような醜い妻を。
あなたの旅のいけにえにして。

だが、チョラ・バトゥルはこの言葉にも関わらず、馬に乗ってカザンに戻った。

（十二）チョラ・バトゥルの最期

そのときカザンを落とそうと敵がやってきた。人々が逃げていくのを見て、チョラは、どこに行くのだと尋ねた。チョラに答えた。「カザンを敵が占領したので逃げているのだ」と。

そこでチョラは詩を歌った。

私はチョラ・バトゥル、チョラである。
高貴ではなく、卑しきものである。
生まれを尋ねるならば、クケス・ウグルのタマ〈部族名〉である。
われらが行くまでに取られなければ、
敵の手に落ちなければ、
カザンという町の、城門の入り口で
その町の要塞の下で、石で織られた「外套」〈「風雪を防ぐ」という意〉になる。

チョラはカザンに行き、敵を倒してカザンの外に追いやった。シャガリ・ハンとサルカニはこの知らせを聞いてたいへんよろこんだ。

ある日、ロシア軍に先に述べた娘から生まれた、チョラの息子が加わった。チョラよりも強かった。チョラが息子と苦戦していることをサルカニは屋根部屋から見て、チョラに言った。

「バトゥルよ、こっちへ来て水を飲んでいってはどうですか。喉が乾いているようですが」と。

すると、チョラはサルカニの言葉に怒って、詩を歌った。

シャガリ・ハンの国のために、サルカニの心のために
蒼い駿馬を疲れさせずに、「青い竿」を黒い血で濡らさずに
この異教徒との戦いを目にせずに、このイデルに沈ませずに
この異教徒へ出陣せずに、聖なるモスクを建たせずに、
「アッラー」とアザン〈礼拝の呼びかけ〉を行わずに
わが望み叶わずに、戻れようか！戻れようか！

チョラはこの詩を歌ってから、兵士の中に入り、他の敵兵を倒したが、自分の息子は殺せずに、長い時間が経った。愛馬の足は赤くなり、立っていられなくなり、ついに馬はイデル川の底に沈んだため、チョラは溺れて死んだ。チョラが溺れ、死にいくときに歌った歌。

カザンにはいくつもの流れの黒い河、
私は芦の茂る浅瀬に沈んでいく。
我ら勇士にとって、これからの幸運は、
深くもなければ、浅くもない。

そしてカザンという名の町もない。

【解説】

『チョラ・バトゥル』はテュルク英雄叙事詩の典型ともいえる物語である。主人公の超自然的な誕生と成長や聡明な妻の存在、すぐれた名馬と片腕となる盟友、外敵と内なる敵との戦いなどのテュルク英雄叙事詩の主な要素がこの物語にも見られる。ここでは、カザン・タタールのテキストに加え、他のテュルク系諸民族に語り伝わる例もあげながら、この英雄譚の特徴を説いていきたい。

まずチョラ・バトゥルの勇士としての特徴を見ていこう。テュルクの英雄伝承では、主人公の勇士は超自然的な誕生と成長をすることが一般的である。チョラもこの例に漏れない。その一例をクリミア・タタールのテキストから取り上げよう。（〈 〉内はカザン・タタールのテキストでの表記。以下同じ）

「夜、メンリ〈ミンスル〉は夢を見た。それを夫のナリク〈ナラク〉に話した。『両足の間から火が出て、その先は天にも、地にも達しました。鉛を鍛えても消えず、石で鍛えも消えず、どうやっても消すことはできなかったのです。空から黒い雲が出てきました。それは雨を降らせて火を消したのです。私は男の子を産むでしょう。すばらしい勇士になって、天使になるでしょう。彼にご慈悲があるでしょう。（ですが）その死は水に起因することでしょう』と言った」。あらすじでも紹介したように、主人公はヴォルガ川に沈むが、これは、主人公の死が水に起因することを母が出産前に予言するという場面である。わが子の死の原因を予見する母親もまた超自然的な能力をもつ存在といえよう。カザフに伝わるテキストでは、「メンディ〈ミンスル〉は懐妊して男児を出産し、ショラ〈チョラ〉と名付けた。メンディはショラの手や顔を洗おうとしたが、水が見当たらなかった。ショラが泣きながら踵で立っていると、踵が触れている地面から、二つの泉が沸いて出た。それ以降、かつてのショルタウという地はエギズ・ブラク（双子の泉）と名付けられた」とチョラの神秘的な力が描かれる。

ところで、先に見たタタールのテキストでは、チョラの出産に先んじて、陣痛が襲ったミンレスルは恥じらって、夫ナラクにはこのことを詩の暗喩で告げている。詩の暗喩表現により、直接的ではない奥ゆかしさが感じられる。

チョラの勇士としての能力は幼少から発揮される。カザン・タタールのテキストでは、子供たちの長となったチョラは仲間を使って自らの存在を周囲に鼓舞させる。また苦境に陥る老人と娘を救い出し、今後の英雄としての働きを予感させる。

では、勇士としての姿は具体的にどう描かれるだろうか。タタールのテキストでは、チョラ・バトゥルの胸には鋼鉄色した鉛があるという。その勇姿をチョラ自身がこう歌う（カザフのテキスト）。

我こそはショラ〈チョラ〉なり、
さあ、戦いを始めよう。
ショラの下には
愛馬タスパケルが
身にまとっているのは
矢も通さぬ甲冑
そばにはクルンシャク〈コルンチャク〉がいる。

勇士の愛馬、特別な鎧、そして片腕となる優秀な勇士は、テュルクの英雄叙事詩の勇士に欠かせない存在である。また、騎士道とも言うべき精神をもつことも、勇士に重要な資質である。敵との一騎打ちで、どちらが先攻するか決める場面を参考にしよう。「アリ・バイ〈ガリ・ビー〉はチョラに言った。『矢を射よ』。『いや、貴殿が先に射よ』。そしてアリ・バイが矢を射た。矢は届かず失敗した。今度はチョラが射た。矢は、アリ・バイの心臓に当たった。チョラは、射抜いた死体のもとに行き、その頭を刀で切り落とした」（ドブルジャ・タタール）。

この場面からもわかるように、チョラが弓の名手であることもその大きな特徴のひとつである。クリミア・タタールのテキストでは、カザンの町にまで矢を飛ばし、大理石に突き刺すという超人的な技を見せる。きわめて誇張されたこの能力は複数のテキストに描かれ、チョラの特別な力を示すエピソードとなって、強い印象を与える。敵ロシアの勇士との激しく厳しい戦いにおいても、チョラは弓矢によって勝利する。「チョラは炎に囲まれながら、七日七晩敵と戦った。チョラはクルンチャク〈コルンチャク〉とともに敵の勇士ゾルプンと戦い、心臓を矢で射抜き、勝利したのであった」（クリミア・タタール）。

ところで、テュルクには守護聖霊の信仰がある。戦の時などに、アルワクという守護霊が勇士を庇護するという考えであるが、その守護霊の強さが勇士の強さと比例すると考えられていた。カザフのテキストでは、ショラ〈ショラ〉と盟友クルンシャク〈コルンチャク〉の守護霊について、次のように語られる。ショラとクルンシャクが互いに寝るところを交換すると、ショラのもとにクルンシャクの守護霊が黒い蛇の姿で現れたため、ショラは蛇の舌を引き抜く。一方、クルンシャクのもとにはチョラの守護霊が竜の姿で現れたので、クルンシャクは恐れて逃げ出し、ショラこそが真の勇士であると思い知るのである。守護霊と勇士との関係は、この逸話に続く場面からもわかる。そのあと、ショラの守護霊は現れなくなった。ショラはそれを沙漠で探し出すが、もはやショラのもとに戻ることはなかった。ショラは、「私はもはや勇士ではない、守護霊なしでは勇士でいられない」とつぶやく。勇士に守護霊は不可欠な存在なのである。

カザフの別のテキストでも、龍の姿になった守護霊が登場する。「ショラ〈チョラ〉は盟友クルンシャク〈コルンチャク〉に「私のアルワクを見たら、生きてはいられないだろう。おまえのもとに一匹の龍がやってきて、おまえを飲みこもうとしたとしても、武器を手に取るな。もしも武器を振りかざしたら私と会えなくなってしまうぞ」と忠告する。だが盟友は、「私に恐れるものなどない」と思い、現れた一匹の竜を金剛剣で斬ろうとする。すると大地が割れて、ショラは飲みこまれてしまった。竜となって現われたのはショラの守護霊であった。この竜はショラの強力な守護霊であり、金剛剣を振りまわさなければ、ショラは大地に飲み込まれることもなかったのである。クルンシャクは後悔し、勇士の死を悲しむ」。このカザフのテキストの結末は、超自然的な描写に満ち、ロシアによるカザン征服にともなうチョラの戦死の最期とは異なる趣となっている。つまり、カザン陥落という、この伝承の最大のテーマが消失しているのである。

勇士には戦うべき敵がいるが、それは内なる敵と外からの敵の二つのタイプに分けられる。まず、内なる敵について見てみよう。『チョラ・バトゥル』のほとんどのテキストで、チョラの父は中央ユーラシア各地を転々とする。その理由は、チョラの母を手に入れようとする現地の有力者が、チョラの父に殺害されるためである。言い寄ってくる「内なる敵」にたいして、賢明な妻は喩言を用い、これを諭す。先に見たカザン・タタールのテキストの「獅子は狼の食べ残しを食べないものです。けれども、あなたは人間の獅子であり、ナラクはあなたに仕える狼の仔です。私はこの狼の食べもののようなものです。狼の食べ残しを獅子が食べるということはふさわしいことでしょうか」という言葉のほかにも、妻は「高い山に一頭の獅子がおりました。空腹になり、何を食おうかと山裾に下り、歩き回っていると一頭の灰白の馬に出くわしました。その馬の尻には狼に喰われた跡がありました。獅子が言うには『私は獅子である。誰かが喰おうとした馬を食べることはふさわしいものか』といって食べることはありませんでした」（クリミア・タタール）などと語ったと伝えられる。大同小異であるが、このエピソードは、主人公の妻の聡明さを示すものとして、この叙事詩には欠かせない。

「内なる敵」はチョラの母を狙う者たちだけではない。たとえば、クリミア・タタールのテキストではカラ・ハンの四〇人の勇士とチョラは戦うが、チョラの力量は圧倒的で、チョラは四〇人の勇士を馬の尻尾に結び付けてしまう。カザフのテキストでも、チョラを殺して、その妻を手に入れようとする四〇人の勇士にたいして、チョラが「戦いに来い、私を殺してみよ！」と叫ぶと、四〇人の勇士は、チョラの口から赤緑色の炎が燃えているのを見て、算を乱して逃走してしたと描かれている。

多くのテキストで、チョラと敵対する人物として登場するのは「アリ」という名の勇士である。カザン・タタールのテキストでは、チョラがヴォルガ地方にいるころ、クリミアのアクタシュの部下のガリ（アリ）・ビーがチョラの父ナラクを侮辱し、名馬を強奪する。怒ったチョラはガリ・ビーの頭を切り落として殺し、カラギル馬を取り返すと、家族を残し、カザンの町へ向かうのである。アリとの戦いは、チョラのカザン行のきっかけとして多くのテキストに伝えられる。

『チョラ・バトゥル』のメイン・テーマは、ヴォルガ川中流域の都カザンを敵から防衛することである。カザン・ハン国（一四三八－一五五二年）の都であったカザンはロシアに攻略され、以後ロシアは強大な帝国へと発展する。つまり、『チョラ・バトゥル』における外からの敵はロシアである。ロシアがカザンを攻撃しようとしている様子は次のように述べられる。「イスタンブルとカザンの二つの都は、古くからよく知られていた。ムスリム社会の人々の支えであった。古くから無法者が、ペテルブルグやモスクワと同列に、カザンを並べようとした」（カザフ）。そして、チョラの攻撃にたいし、「異教徒の皇帝は真鍮の偶像に祈った、勇士ショラ〈チョラ〉の魂を龍になって飲み込むように」（カザフ）とロシア皇帝がキリストの像に祈ることも歌われる。

異教徒がカザンを攻撃することを知った主人公がカザンに向かい戦う場面は、どのテキストにも描かれるクライマックスである。主人公がカザンへ赴く前に自らの決意を力強く明らかにした一節は、カザン・タタールのテキストには見られないものの、その他の多くのテキストで歌われている。そしてそれは、かつてこの物語が広範な地域に伝播する以前、おそらくは物語の成立当初から、この物語の核として不可欠なフレーズとして存在していたものであると考えられる。まずは、ルーマニアに居住するドブルジャ・タタールのテキストから、そのフレーズを引用しよう。

カザンに向かって我は行く、
私がカザンに行くまでは
血を降らさずに、雪を降らそう
私がカザンに行った後には、
雪を降らさず、血を降らそう
カザンに向かって我は行く、
カザンをロシアが取ったとしても
私はカザンに残って、カザンで勇士になろう。（ドブルジャ・タタール）

次は、クリミア・タタールのヴァリアントの一節である。

カザンへ向かって我は行く、
私がカザンに行くまでは
血を降らせずに、光を降らせよう。
私がカザンに行った後には、
光を降らせず、血を降らそう。（クリミア・タタール）

これと同様のフレーズは、バシュコルトやカザフのテキストにも歌われる。

私は戦場に向かう、カザンの国を取りに行く、
私はカザンの国に行く。
私がカザンに行くまでは、
雪を降らさず、血を降らせ、
私がカザンに行った後には、
血を降らさずに、雪を降らそう。
敵に向かって我は行く、
カザンの国を取りに行く、
カザンの国を取った後、
（故郷へ）戻って刀を置こう。（バシュコルト）

私がカザンに行くまでは、
雪を降らさず、光を降らせ、
私がカザンにいった後
雪が降らねば、血を降らそう。（カザフ）

これらのフレーズが互いに極めて酷似していることは瞭然である。このことは原語によるテキストを参照すると一層明らかである。共通する箇所を転写した原文で見てみよう。

Man Qazangha barghashiq
Qan jaumasin, qar jausin.
Man Qazangha barghan sung
Qar jaumasin, qan jausin.（ドブルジャ・タタール）

Man Kazangha barghashin
Kan jaumasin, nur jausun.
Man Kazangha barghan song
Nur jaumasin, kan jausin.（クリミア・タタール）

Min Qazangha barghansi

Qar yaumaghaym qan yaughay.
Min Qazangha barghan hung
Qan yaumaghay, qar yaughay.（バシュコルト）

Men Qazangha baramin
Qar jaumasin nur jausin
Men Qazangha barughan song
Qar jaumasa, qan jausin.（カザフ）

これらのフレーズは一部の単語を除いて基本的に同一の語句からなっている。細部の差異である「血 qan」や「雪 qar」、「光 nur」といった語は音節的にも可変的で、いずれがオリジナルであるか、あるいはそれに近いのかは判然としないものの、このフレーズは作品の中核の一部として温存されながら、各地に伝播していったことがうかがい知れる。韻を踏んだ印象深いこのフレーズは、まさにこの物語が口承によって語り伝えられてきたことを示す証でもある。登場人物の名称やカザンを巡る戦いとともに、各地のテキストに共通する、この作品の重要な要素の一つであったのである。この一句は単純にして印象深く、不変的性格をもっていたことから、おそらくは作品が成立した当初より、カザン侵攻にともなう主人公の決意を表したフレーズとして語られていたのであろう。カザン・タタールのテキストにも、この一節を含む伝承があった可能性が高く、「われらが行くまでに取られなければ、敵の手に落ちなければ」というフレーズがその片鱗を示しているように思われる。

ところで、『チョラ・バトゥル』では、チョラの妻となった女性、もしくはチョラの子を宿すべく、ロシアから送られた敵の女性の存在も注目される。敵の姦計に嵌って、主人公の妻が裏切って敵に寝返る、あるいは、英雄の血を引く息子が敵の手に渡ると描かれるのである。これらの女性もまた、一度はチョラの愛する人となったはずの「内なる敵」であり、裏切りや罠に十分気をつけるよう叙事詩は戒め、警告する。叙事詩にはさまざまな教訓が込められるが、これはその典型例である。事実、ロシアとテュルク諸勢力との間には、婚姻関係による友好関係と安全保障の構築がしばしばなされてきたが、同時にそれらは反故にされ、大きな損失を招くこともしばしばあった。

上述のように、クリミア・タタールやカザン・タタールのテキストでは、主人公は悲劇的な最期を遂げる。クリミア・タタールのテキストでは主人公が息子との一騎打ちに敗れ、ヴォルガ川に沈み、カザン・タタールのテキストでは、わが子と戦う様が描かれる。父子の戦いというテーマは、テュルク英雄叙事詩にはほとんど見られないものであるが、息子すなわちロシアの側が、父すなわちカザン・ハン国に勝利する場面は、この地の統治者の交代を劇的に印象付ける効果をもたらしている。一方、ロシアと戦うものの、主人公が敵である息子に殺されるのではなく、カザン陥落後、ロシアによる統治に耐えられず、自殺をしたと伝えられるテキストもある。「(チョラは)ロシアの国に留まることに同意しなかった。クリミアに行こうと出発した。カザンの近くのカラス川に来ると、カラギル馬と武器とともに入水し自殺した」(クリミア・ノガイ)。

このように、ロシアによりカザンが征服され、チョラが殺されたり、自死したりして命を落とし、カザン・ハン国と運命と共にする、これらの結末の方がおそらく史実により近いのであろう。

ところが、カザフやカラカルパクに伝わるテキストの多くは、史実から遠い。それらにおいては、敵はロシアではなく、モンゴル系の「カルマク」(ジュンガル)と設定されており、また、本稿で取り上げたカザフのあらすじでは、アルワク（祖先の守護霊）によって命を落とすという超自然的な最期を迎える点でも異なっている。それどころか、カザフやノガイには、主人公が敵に勝利し、命を落とすことなく、帰郷するテキストさえある。筆者の知りうる『チョラ・バトゥル』の二〇を超えるテキストのうち、主人公の死をもって閉じるものは一三であるが、主人公が生きて帰還する大団円の結末のものは五つである。カザフに伝わるテキストでは、主人公がカザンを異教徒カルマクの手から解放して、自分の故郷へ帰ったと歌う。ロシアのカザン征服は、草原のカザフの人々にとっては、いわば「遠いできごと」であった。そのためロシアに替わって、より自分たちに近い敵民族であった「カルマク」が、また主人公の非業の死に替わって、主人公の凱旋帰国がそれぞれ「上書き」されて、装いを新たに語り伝えられるようになったのである。ここには、この勇士の物語が何を伝えてきたのか、人々はこの物語に何を求めたのかという問いへの答えがあるようである。英雄叙事詩は、語り継がれるうちに、不変の底流の上にそれぞれの歴史認識や過去の記憶を重ねながら、変化を遂げてきたのである。

東シベリア・エヴェンキの「イルキスモンジャ勇者」

荻原眞子

1　エヴェンキについて

エヴェンキはシベリアにもっとも広く散在している民族で、西はエニセイ川上・中流域（エヴェンキヤ）、南シベリア（ブリャチヤ）、東シベリア（ヤクーチヤ）を主として、その他アムール・サハリン地域、中国東北部などに分布している。ロシア全体での人口は約三万五千人（二〇〇二年）ほどである。古い文献で「トゥングース」と呼ばれた。エヴェンキ語はトゥングース・満州語に分類されるが、この言語グループには外にエヴェン語や日本に近いアムール・サハリン地域の多くの言語、それに満州語などが含まれている。

一九〇〇年代のソ連時代にエヴェンキの生活には変容が見られるが、かつてはチュムという円錐形の天幕（シラカバ樹皮、皮張り）を住居として移動生活を送り、狩猟の獲物である鳥獣や魚、採集植物を食糧に、毛皮を衣料とし、什器にはシラカバ樹皮を多用、移動にはトナカイを乗り物とし、河川では丸木舟やシラカバ樹皮張りの舟を利用してきた。夏と冬で数家族が離合集散したが、基本的には小集団でトナカイの飼料と獲物の棲息状況に応じて住地を変えた。このような移動生活の数世紀に及ぶかもしれない長い過程を経て、エヴェンキはシベリアに広く拡散して、各地で異なる言語や文化の集団と接触交流し、その結果今日知られているような地域的な特徴が生み出されたことになる。例えば、ここに取りあげる「イルキスモンジャ勇者」は東シベリアで採録されたが、これにはサハ（ヤクート）の勇者物語であるオロンホに共通する特徴が明らかである。そのことはヤクーチヤの地域でエヴェンキの狩猟民たちがサハの人々と多様な交流や接触をもっていたことの証である。

エヴェンキの世界観、信仰や儀礼にシャマニズム的な特徴と非シャマニズム的な特徴とを区別する見方がある。後者はシャマニズム以前の段階に属するものと想定されている。世界が上中下の三界から成るという構造はユーラシアの多くの民族にも共通しているが、それと共にエヴェンキのシャマンの世界観ではこの三界が垂直ではなく、山頂の水源から河口までの川筋を軸にして配列される。シャマンは病気の治療、死者の霊魂を他界へ送る儀礼、トナカイなどの狩猟儀礼や占いなど、自らの氏族全体の社会的な安寧に深くかかわっていた。昔話や英雄叙事詩にシャマンはさまざまな形で登場する。

2　勇者物語（英雄叙事詩）について

エヴェンキの口承文芸にも多くの民族に共通するような歌謡、格言、なぞなぞなどがあるが、叙事詩について云えば、ニムンガカン（ニムカンなど地域によって多少の違いがある）とウルグルの二つのジャンルが区別される。両者の違いは口演のスタイルにあり、前者は抑揚をつけてゆるやかに詠われるのに対して、後者は口語で語られる。そして、内容についていえば、ニムンガカンには神話や氏族の由来を語る伝承、伝説などや勇者（マタ、ソニング）を主人公とする長い物語があり、これがいわゆる英雄叙事詩ということになる。

3 「イルキスモンジャ勇者」(Irkismondya-soning)の物語

テキスト A・V・ロマノヴァ、A・N・ムィレーエヴァ『ヤクーチヤ・エヴェンキのフォークロア』(レニングラード 一九七一、九九〜三〇六)。

【伝承者】この物語の詠い手N・G・トロフィーモフ(一九一五〜一九七一)は、幼年期から叙事詩語りに異彩を放った人物で、一〇歳のとき後に師となった語り手の幾晩にもわたるこの物語を聴き覚えて、それを友達に聴かせたという。少年が生まれたブタ氏族はヤクーチヤの南方地域(ウチュール川流域)で遊動していたが、その氏族の幾人かの語り手から一三、四歳でいくつかの長い叙事詩を習った。そうして冬の狩猟シーズンが終わって人々が集まる大きな宿営地(キャンプ)では大勢の前で詠ったという。また、トロフィーモフはサハ(ヤクート)語をも能くし、第二次世界大戦の戦線ではエヴェンキ語の通じない仲間たちに「イルキスモンジャ勇者」をサハ語で詠ったという。

この物語が採録されたのは一九六〇年代初めのことである。テキストはエヴェンキ語のトッキン・トモット方言で採録され、それにロシア語訳が付されているが、韻文形式ではなく書き下しである。そのために詠われる叙事詩としての妙味を伺い知ることは難しい。(以下のテキストはロシア語訳からの抄訳である。)

【リフレインのこと】この物語は地の語りと登場者たちの対話で成り立っている。対話の場面では定型的なくり返しの句=リフレイン(エヴェンキ語はイケフケ)が唱えられる。勇者やヒロインばかりか、アヴァーヒ(魔物)やカラスに至るまで、対話のはじめにはそれぞれ固有のリフレインを唱え、次には己が何者であるかという身上を明らかにして、こう宣う。「先ずはあいさつだ。話はそれからだ！」

リフレインは登場者に定まっており、それを聴くだけで口上者が誰であるのかが察せられる。このようなリフレインによって、叙事詩の語り手は勇者やヒロインばかりでなく、烏など、登場者ごとに声音や表情を変えて詠ったようで、このこともまたユーラシアの他の民族の場合に共通している。


【勇者・ヒロインとアヴァーヒ】


登場する勇者はいずれも名前の後に「勇者」（ソニングとかマタ）が付けられ、ヒロインには「美女」とか「シャマン」を付して呼ばれている。イルキスモンジャ勇者と共に最初に登場する鍛冶屋のトロンタイは聾唖であるが、冒頭においてその彼が誤って自らの手を打って大声を上げるところから、この叙事詩はドラマテイックに展開する。この鍛冶屋は全篇を通じて、その所有する七七プード（ロシアの重量単位、一プードは一六・三八キログラム）の槌と三三プードのやっとこで勇者たちの窮地を救う。

ヒロインはいずれも知性と果敢さを具えた美女たちで、しかも、すぐれたシャマンである。なかでもクックマチャン美女はアヴァーヒの女頭目と闘って死んだ夫イルキスモンジャを蘇生させるし、セカク美女は死の世界に連れ去られた未来の花婿と甥のチャギルガンを救出する。また、物語の後半に登場するアヤクチャン美女は生れながらにして死の危険や死から人々を救出する使命を帯びているが、これまた未来の花婿と共にアヴァーヒと闘い、地下界に降下して遂に「生命の水」を手にし、最後には死者たちを現世に甦らせる。

一方、地上界と天界の勇者たちに敵対するアヴァーヒは、サハの勇者物語オロンホに共通するキャラクターであるが、それは醜悪な相貌をもち、隻手、隻脚、隻眼、鉄装の人喰いで、地下界に君臨している。また、特異なのは地下界の女頭目ババヤガ（この名はロシアの魔女ババヤガーから）で、彼女は三三尋の針金の髪と鉄の爪をもって勇者たちを苦境に陥れる。

【物語の構成】

この一篇は花嫁獲得というテーマにそって、タイトルのイルキスモンジャ勇者、嫁とその姉妹たち、息子、孫という三世代にわたる勇者たちそれぞれの遠征譚が鎖状につながった物語である。すなわち、第一代は天界に由来するイルキスモンジャ勇者、第二代はその息子で地下界・地上界・上界の三界に名のあるフルコクチョン勇者、第三代はまたその息子の物語である。ただし、この第三代目の子供は出生と同時に白き小鳥に化して飛び去り、勇壮な勇者になることが約されながら、それ以上には語られていない。

一つの物語は遠征によってめでたく花嫁を連れ帰った勇者の婚礼祝いで大団円を迎えるが、それを機に次なる若者が己の花嫁を求めて冒険にでたいという。物語はこのように勇者の求婚遠征譚が連鎖的につながって展開する。この主題にはもう一つの求婚モチーフが絡んで、物語が膨らむのである。その主は地下界の魔物アヴァーヒたちであって、真ん中の世界の美女を伴侶に求めて現れる。一般に英雄叙事詩では闘いや戦争が大きな、また重要な特徴となっているが、この物語でも勇者やヒロインたちはアヴァーヒと果てしない激闘をくり返して、これを排除し、こうして中界の人間＝ウランカイの世界を死守しようとする。

第一代のイルキスモンジャ勇者の物語では、この勇者は物語の早い段階で不運な死をとげ、一度は甦るが結局は物語の表舞台からいなくなる。アヴァーヒとの闘いは太陽の息子デルゲルディン勇者とイルキスモンジャ勇者の息子、炯眼なるチャギルガンが引きつぐ。しかし、その敵対者を最後に成敗するのは、もう一人の息子ココルドコン勇者である。そして、この勇者が次の長い遠征譚の主人公となる。本稿では紙幅の都合で、最初のイルキスモンジャ勇者の代の物語だけに留めることとする。

4　「イルキスモンジャ勇者」の物語（テキスト）

1　プロローグ

昔々、三つのシビルの大地が生れた。この大地はトナカイの鞍敷ほどの大きさで、そこには川床が九九方向に走り、山々は黒狐の九筋に分かれた濃い毛のように聳えていた。草は萎えることがなかった。しばらくすると、この真ん中の大地は広大になり、翼ある鳥は巡ることができなくなった。それはそれは比ぶべきもののない麗しいくにであった。このくににはモミ、カラマツ、マツ、シラカバが生え、走り廻る獣たちがいた。南の斜面には数多のオオジカの雄が、山の森には数多のトナカイの雄が、大地の外れにはウサギが、小川の岸辺には数多のリスが動き廻っていた。

考えてみれば、この美しきくにに二本足、はだか顔の、首（頭）の回る人間ウランカイ（エヴェンキ）が暮していないはずはなかろう？　この地には西に河口、東に源のある大河が流れ、その岸は黒いガンの嘴のように曲がりくねって美しかった。それだけでなくこのくにには海の入り江にある島のように、いつも強い風やつむじ風が吹いていた。このくにのあるチュム（天幕）に二人の若者が暮していた。トナカイも馬も犬も友もなく、たった二人だけで暮していた。何を食べていたかと言えば、弟は俊足の勇者だったので、四つ足の獣は何一つ逃さなかった。彼こそは、真ん中の世界で誉れ高い、その名もイルキスモンジャ、若き勇者である。年上のほうは、家から一歩も外へ出たことがなく、右手に七七プードの槌、左手に三三プードのやっとこを持つ者、その名は三才にしてやっとこ、四才にして槌をものにした鍛冶屋のトロンタイ。

ある朝、イルキスモンジャ勇者がトナカイの皮剥ぎをしていると、大きな叫び声がする。チュムで鍛冶屋のトロンタイが人さし指を傷め、血が泉のように迸り出ている。イルキスモンジャ勇者はディングドニ・ディングドニ、デレゴイ！鍛冶屋のトロンタイ、兄よ、どうした。
昔の賢人は「鍛冶屋は手近を打たぬもの」と言った。
何か目に見えないアヴァーヒが汝を過たせ、我から良き友を亡くそうとしてか。
汝は年寄りだが、久しく炉に敬うべき獣の脂を捧げてはおらぬ。
もしやして、それ故に過たれたのか？

と言って、トナカイの肉をとりに天幕の敷居を蹴って出ていった。鍛冶屋のトロンタイの血は敷居を越え、川のように流れた。イルキスモンジャ勇者は雄トナカイの脂肪を四切れ切りとって、炉の火をもてなし、トロンタイの指を雄トナカイの真皮で縛った。こうして鍛冶屋のトロンタイは死なずに三日間眠った。

2　イルキスモンジャ勇者の巻

四日目の夜明け、「さあ、狩りにいこう」と支度をしていると、四方から風が吹き、黒雲が湧き起り、白雲現れ、あっという間に強風が吹き荒れ、雷鳴と稲妻が走って天を轟かし、地を鳴動した。稲妻は真にチュムを木っ端微塵にせんとし、豪雨が降り注ぎ、雪がしんしんと降りしきった。風雨が止んだとき、三羽の鳥がカッコウのように尾をふりながら舞い降り、そのうちの一羽が言った。

キドウ・キドウ、キドウヤル！中界のイルキスモンジャよ、扉をあけて、お聴きあれ。
「妾がどこの生れか」と問うなら、
昔々、ゲヴァン翁の娘クックマチャンと結婚した勇者＝マタがあった。
三年連れ添ったが、その勇者はゲヴァン翁の息子、鍛冶屋のトロンタイを攫って海上の島へ逃げた。

私の名はクックマチャン、真ん中の妹はダルペク姫、末の妹はセカク美女。

中界のイルキスモンジャよ、何があったというのか、
お前さんの声は、驚きだったのか、三つのシビルの地の隅々に響いた。

さあ、遠くからやってきた私たちに何か食べさせておくれ。

そして、クックマチャンは、「妹たちよ、すぐさま家に帰り、息子に『父親を見つけた。中界のイルキスモンジャを。三日の後に母と帰る』と伝えておくれ」と告げる。

すると、妹たちは三度転げて白い鳥となり、飛び去った。三日後にクックマチャンは夫と兄に向かってこう告げる。

息子に会いたくはないか。お前さんがいなくなってから、男の子が生まれた。

両耳持つ者のうちでもっとも敏感、両目を持つ者のうちでもっとも炯眼なる者、
トゴコモ・チャギルガンとは彼の名なり。

クックマチャンは外へ出て、三回転げて白鳥になって飛び去った。トロンタイは聞こえたのか、察したのか、三回転げて鶴に化し、片方の爪足に七七プードの槌を、もう一方に三三プードのやっとこを掴んで飛び立った。イルキスモンジャ勇者は三回転げて銀鶴になって後を追った。三羽は第八天の端、第九天の下に達した。どれほど飛んだことか、夏は雨で、秋は霰で、冬は雪で、春はわた雪でそれと知った。そうしてゲヴァン翁の住むところへ近づいた。

彼らは降り立つと人の姿になって、十六面体の木造りの家に着いた。イルキスモンジャ勇者はこう告げた。

ディングドニ・デイングドニ、デレゴイ！

ゲヴァン翁の娘たちよ、扉を開けて、あいさつを受けよ。

汝らは我を恥知らずな盗人というが、我は中の世界のイルキスモンジャ勇者なり。

すると、家の中から、強き勇者マタの声が響く。

ゴルディル・ゴルディル、ゴルディルモイ！

口を開いたあの方は何者ぞ。彼の人の胸は何と大きいことか！

これほどの大声を私は夢でも聞いたことがない。

息子は出てきて、父と叔父を迎えた。イルキスモンジャ勇者は息子を眺め、真の勇者振りを認めた。その間に女たちは三頭の肥った牡牛を屠り、それを煮ると卓上に置いた。息子は幼児ながら黒い肉は黒エゾヤマドリの大きさを口に入れ、黒ライチョウの大きさになるとのみ込み、脂肪はウサギほどの大きさのものを口に入れ、シャコの大きさになるとのみ込み、海綿状の骨は肉と食らい、脚の骨は口の端で折り、煮汁は七七プードの鍋から飲み干した。

3　太陽の息子デルゲルディン勇者の巻

三人が食事をしていると、突如として黒雲、白雲、赤雲が湧き、たちまち荒天になると、やがて、戸口に二羽の鳥が騒々しく舞い降りて、人間になると、一人が宣った。

ギネ・ギネ、ギネカニン！

我は天上界の住人、優れたる氏族の、誉れあるマタ、銀装束の勇者、太陽の息子、名をデルゲルディンと申す。

何用で来たかと問うなら、汝の大いなる誉れと高き名の故にやってきたのだが…

戸口にいる隻眼、隻手、隻脚の、夢にも現にも聞いたことも見たこともない、人間なのか、アヴァーヒなのかが恐ろしい。

327　東シベリア・エヴェンキの「イルキスモンジャ勇者」

それを聞くと、イルキスモンジャ勇者は外へ出た。

一目見るなり、イルキスモンジャは怒りが全身にみなぎった。「何者だ！」

デヴィル・デヴィル、デヴィリエ！

中界のイルキスモンジャ、あいさつを受けよ、それから話だ！

「どこの生まれの者か」と問うなら、「我らは地下界に生まれたアヴァーヒの頭目、
つもりがあってやってきた。我はわが意志にあらず、姉の力づくで連れ来られたのだ。

汝の義妹のセカク美女を求めにやってきた。

我が名はホロン・デヴィル、
姉の名は三十三サージェンの針金の髪をもつ地下界のアヴァーヒの女主人ババヤガだ。

その姉が鉄の櫛で針金の髪を梳きながら、こう言う。

ラヴィル・ラヴィル、ラヴィルドン！

弟には家族が必要だ。セカク美女を嫁にもらいにきたのだ。

イルキスモンジャ勇者は応える。

ディングドニ・ディングドニ、デレゴイ！

地下界のアヴァーヒの女主人よ、いつからかくも尊大になったのだ。

アヴァーヒが中界の娘と結婚して子をなし、家畜を飼ったなどという話を聞いた試しがあろうか。

私の血が流れ、硬い骨が折れ、厚い皮膚が裂けて死なないうちは、おとなしく渡しはしないぞ。

お前の身体が壊れ、鉄の骨が錆びないうちに、さっさと消え失せろ。

そう言うと、イルキスモンジャは女の耳元を拳で突いた。女が三回転がると、格闘がはじまった。枯れ木は木っ端微塵、生木の皮や枝は裂け、小山は均されて平になり、窪みは足元で崩れ、氷の融けかかった地面には腰まで埋まり、堅い地面には膝まではまって打ち合った。殴りあう音は天にこだまし、蹴りあう音は地に響いた。その間にアヴァーヒのホロン・デヴィルは太陽の息子デルゲルディンと闘いをはじめた。四人の勇者が闘いあったが、ともに互角であった。やがてホロン・デヴィルは弱って意識朦朧となるや、デルゲルディンは彼を担ぎあげて、七尋向こうへ投げ飛ばし、刃渡り四指尺のナイフでその頸を斬った。

太陽の息子が家へ戻ると、内では幼い息子のチャギルガンがセカク美女の押し止めようとする手からもがいて逃れようとしていた。

そのとき、イルキスモンジャ勇者とアヴァーヒの女頭目ババヤガの闘いは丸一年にもなっていた。ババヤガの闘い振りは卑怯で狡猾しごくであった。イルキスモンジャ勇者の広い背中が狭まり、長い思考は縮まり、死期が迫った。そのとき、イルキスモンジャ勇者の詞が家に入ろうとするデルゲルディン勇者の耳に風で運ばれてきた。

ディングドニ・ディングドニ、デレゴイ！

嘆かわしきかな、我が不運よ、息をするのも苦しい。

ババヤガは狡智もて我にこの世を棄てさせようとしている。

その叫びを鍛冶屋のトロンタイは聞こえたのか、察したのか、鋭い叫び声をあげると、七七プードの槌をつかんで、闘う者たちのところへ馳せ参じた。その槌を振りかざして、ババヤガに打ち下したが、彼女がそれをかわしたので、槌はイルキスモンジャの頭を打砕いた。そこで、鍛冶屋のトロンタイはババヤガと格闘をはじめた。

4　炯眼なるチャギルガンの巻

このとき家では、炯眼なる幼い息子チャギルガンが叔母や母の手から逃れようともがいていた。

ゴルディル・ゴルディル、ゴルディルモイ！
我が母よ、我が叔母よ、ああ、嘆かわしいことだ！
もはや、父の声が聞こえない。もっと早くに我を遣ってくれていたら、
ババヤガに父を殺させはしなかったろうに。
セカク媛、我が叔母よ、汝は我をしっかり抑えて、肋骨を締めつけるほどだった。
今や、我はなんぴとも容赦しないぞ。さあ、気をつけろ！
娘たち三人、三方へ、蚊の如くに投げ飛ばすぞ！

そう言うと、彼は乙女たちを三つの方角へ投げ飛ばした。

そうして、彼は八重の錠のかかった扉を蹴やぶって外へ飛びだした。父の許へ走っていくと、父はとっくに殺されていた。

若き勇者はババヤガと拳固で闘った。その音は天を轟かせ、足音は地にこだました。我が勇者はその力で勝てたであろうが、アヴァーヒの女頭目はさまざまな詭計を使い、三十三尋の針金の髪でチャギルガンの両手、両足をからめ、鉄の爪でその健やかな肉体を苛んだ。若き勇者は弱り、デルゲルディンに、「とく来て、助けてくれ」と救いを求める。

デルゲルディンはやってくると、ババヤガに一撃をくらわした。ババヤガは三回転がったが、臆する気色も見せず、二人を相手に闘い、やがて、二人の勇者を三十三尋の髪の毛でがんじがらめにすると、日没の方角へ曳きずっていっ

た。

二月か三年か、ババヤガが如何に彼らを連れ去ったかは定かでない。「大地を行く」といえども、踵は地につかず、「空を飛ぶ」といえども、翼はない。が、速やかに、巧妙にババヤガは彼らを連れ去った。

気がつけば、勇者たちは海上の島にいた。互いに見やれば、衣はすっかり破け、身体には生きた個所なく、手袋や帽子のわずかな破片が残るのみ。二人はひと所でじっと死を待つことを潔しとせず、せめて少しでもと帰り道をたどるが、やがて険しい崖に阻まれて、そこで目を閉じていた。すると、幽かに上方から声がする。

キモ・キモ、キモニン！

何と遠いことか、もしやして、ババヤガが我が哀れな甥、炯眼なるチャギルガンの爪一つでも海の岩に投げ捨てておいてはくれないものか、せめて骨なりでも見つかるなら、二人をこのアヴァーヒの地に棄てておきはしないものを。

それを聞くと、チャギルガンは言った。

ゴルディル・ゴルディル、ゴルディルモイ！

我が叔母、ゲヴァン翁の末娘、セカク美女よ、なにゆえ、やってきたのか？

今や、我らは何の役にも立たない、我らには骨と皮と息しかのこっていなのだ。

敵を殺していたのなら、死ぬことを嘆きはしないものを。

来て、その目で我らの姿を見て、別れを云ってから帰るがよい。

セカク美女はいく度か回転して人の姿になると、崖の下にいる二人に七七尋の絹の髪の毛に二つの赤い卵を結びつけて、降ろした。

キモ・キモ、キモニン！

二人とも生きていてよかった。この卵を食べて、私の髪の先につかまりなさい。

二人が髪の毛から卵をとりだして食べると、視野が少し明るみ、背は少しく広がり、意識は鮮明になった。二人が乙女の髪の毛を三回躯に巻つけると、セカク美女は彼らを崖の上に引き上げた。

キモ・キモ、キモニン！

我が甥っ子、炯眼なるチャギルガン、太陽の息子デルゲルディン、くにまでは遠い。地を跳ねる四つ足の獣は三回生まれ替ってようやく辿りつき、翼ある鳥は三回卵を孵して行き着く。三年はかかろう。私は髪を半分切って残そう。それで投げ縄を編んで獣を捕え、食糧にして帰ってくるがよい。汝らの留守にクックマチャンに男の子が生まれた。その名はシビルの三界に聞こえている。地下界ではセンゴクチョン、中界では生まれて手袋にくるまれたココルドコン、上界では勇者の鳥に乗れるメングノニコン勇者だ。それではさようなら！

乙女は数回転がってソデグロヅルに変じると、羽音も高く飛び去った。

5　セカク美女の巻

デルゲルディン勇者とチャギルガン勇者の二人はその後を追って歩きだした。小さな獣を投げ縄で捕まえては食べながら、歩きつづけた。たしかに、二人は家からはるか遠くに来ていた。途方もなく大きな見知らぬくににいたのだ。二人は三年毎日歩きつづけた。小さな獲物では大して腹を満たすことはできない。からだは痩せて弱り、よたよたと歩いていた。あるとき、どこからかこう言う声が聞こえてきた。

キモ・キモ、キモニン！

どうしてこれほど長く、あの勇者たちは帰ってこないのだろうか。もうそろそろなのに。

悲しいかな、地下界のアヴァーヒの頭、四面のセレルグン・セヴェエンジャが妾を追いかけて三年にもなる。

我が甥（クックマチャン美女の二人めの息子・三界に完全なる名をもつ）の筋肉はいまだ固くならず、逞しくなってはいない。

わが姉よ、せめて一年だけでもアヴァーヒの頭を遠ざけてもらえたら…妾はもう駄目だ。

男たちが戻ってくるまで、なんとしても奴の気を逸らしておくれ。

そう云うと彼女は髪の毛を数本抜いて一六面体の木造の家の煙突に投げ込み、立ち上る煙に紛れて家のなかに入った。妹のダルペク美女が急いで出てくると、幾度か転がって白鳥となった。アヴァーヒの頭目が鷲となって羽音をたて焔の嵐となって近づいてくると、その後を追っていく。

（その声を遙か彼方で耳にした）　二人の勇者は「何という酷いことだ、口惜しいことだ」と云って、起ち上がるとまた歩きだした。最後の力をふりしぼって家に帰りつく。

セカク美女は二人を迎え、三三三頭のトナカイから二頭を選りすぐり、屠って食事を用意したものの、勇者は衰弱しすぎていて、食べることができない。食べようにもその力がわかない。セカク美女は困って、何とかして二人の体力を取りもどすにはどうしたものかと悩んだ。ある朝、外へトナカイの様子を見にいくと、馬繋ぎの先に一羽のワタリガラスが止まっていた。セカク美女はそのそばへ行くと、こう云った。

キモ・キモ、キモニン！

昔　疲れ知らぬ翼をもったカラス爺さんがいて、中界の人間の頼みを聞いてくれたそうな。

おまえさんもそうかな？妾には今とても心配なことがある。

家族がひどく弱っていて元気になる見込みがないのだ。

行って生命の水をもってきておくれ。どうか、助けておくれ。

お礼にはおまえさんの望むものをなんでもあげよう。さあ、云っておくれ、何を欲しいかを。

カラス爺さんは辺りをキョロキョロ、目をしぼめたり、頭を動かしたり、バタバタと羽ばたくと、こう云った。

カルディム・カルディム、カルディムコイ！

俺は生命の水のあるところを知っとる。とても遠いところだ。

最上の去勢トナカイ三三頭をくれるなら、持ってきて進ぜよう。

若けりゃ、七夜二つで戻ってこようが、今じゃ年とっちまったから、九夜二つで帰れよう。

そう言って、日没の方角へ飛んでいった。その間勇者たちは最上のごちそうをたべても元気回復しなかった。やがて、カラス爺さんが戻ってきた。

カルディム・カルディム、カルディムコイ！

痩せ衰えた人間を蘇らせる白い卵と病める関節を治す青い卵と力を回復させる赤い卵をもってきた。

身体に塗り、飲ませて蘇生させるがよい。

我はひどく腹がへった。早いとこ、旨いトナカイを屠っとくれ。

セカク美女はトナカイを屠り、その内臓を投げ与えた。卵で勇者を治した。二人は日に日に回復し、以前にも増して立派な姿になった。

6　クックマチャン美女の巻

クックマチャン美女は吾が友（夫）と呼ぶ中界のイルキスモンジャを思い出して、その骨を集め、関節に関節をつないで、鍛冶屋のトロンタイがつくった銅の揺りかごに入れ、赤い生命の水を塗って、骨をしっかりと縛り、その揺りかごを膝に抱え、揺らしながら、唱えた。

キドゥ・キドゥ、キドゥヤル！

中界の勇者イルキスモンジャ、吾が友よ、吾が言うことを聴かれよ。

吾は汝の友（妻）クックマチャン。

かつて吾は健やかなカラマツの梢から根元まで重き詞で呪いしが、樹は枯れ死んだ。

その枯れ木を根元から梢まで善き詞で寿げば、樹は甦り緑のカラマツとなりき。

黄色くなりし草を寿げば、甦りて生き生きとした草となりき。

生きた草を呪えば、枯れぬ。

かくの如くに汝も死にたり。甦りのときは来たり。

汝、眠りているなら、起きあがるがよい。バーユ、バーユ、バーユシュキ。（子供をあやすロシア語）

吾が魔法の詞が真の力あるものならば、人となれよ。

　甦るものなら、とく生き返れ。

そう言って、銅の揺りかごを床に放り出すと、それは三回転がって、三つに割れた。中界のイルキスモンジャ勇者は元どおりになると、すぐに両足で起ち上がり、その大きな顔を家族に向けて、これまでのように妻と息子に接吻をしたのだ。

7　三界に全き名をもつココルドコン勇者の巻

一方、ダルペク美女はアヴァーヒの頭目に追われていたが、力尽きて、こう云った。

エヴェル・エヴェル、エヴェリエ！

妾はようやく戻ってきはしたけれど、最期です。

セレルグン・セヴェエンジャが追いついきて、今にも妾を殺そうとしている。永久のお別れだ。

乙女は人の姿になると、周囲の長さが宿営地を三度移動するほどの広い銅づくりの野に現れた。数度か転がってエゾイタチになると、穴を掘って、そこへ入った。アヴァーヒの頭は人間の姿でそこへ追って入った。ダルペク美女は穴からでると、人間になり、アヴァーヒと闘った。アヴァーヒがダルペク美女を捕まえて、投げ飛ばすとその頭が三つに割れた。アヴァーヒはすぐさまそれを喰らいはじめた、ひどく腹が減っていたらしいのだ。それを目にすると、炯眼なるチャギルガンが美女のところへ走りよって、こう云った。

ゴルディル・ゴルディル、ゴルディルモイ！

地下世界のアヴァーヒの頭目セレルグン・セヴェエンジャ、

礼儀の挨拶はするが、その後はおかまいなしだ！

我が何者かと聞くなら、答えよう。我は中界の勇者、眼に光あるチャギルガンが我が名だ。

汝は何の咎があってその若き乙女を三年の間追いまわし、そのような仕儀に及ぶのか？

汝の非道の報いに我は人さし指で汝の背骨を抜き出し、汝の鉄のような骨を海の石の上に投げ散らし、氷の山で汝の鋳鉄づくりの頭でボール遊びをし、汝の血を天の虹に向けて振りまいて、虹をもう一色増やすことにしよう。

アヴァーヒの息子は聞こえる様子もなく、乙女の身体を喰いつづける。

我が勇者はつむじ風のように相手の周りを回りながら拳固でその耳元を殴った。アヴァーヒの息子はのけ反って、三ヴェルスタ（ヴェルスタは約一キロメートル）も後へ退いた。そして怒りにかられると、その黒い血は濃くなり、目には憤怒の血が流れ、喉には濃い血が迸った。袖をまくって、小山のような腕をだし、二歳トナカイの頭ほどの拳をにぎると、猛烈に殴りかかった。二人の強者が殴りあう音が響き、その足音は大地にこだました。闘いは三日三晩つづいた。アヴァーヒの息子はその爪でチャギルガンの厚い肌を斬り裂いて、肉切れを喰いだしたから、その口は血で真っ赤に染まった。わが勇者は力弱り、気も遠くなりかけて、上界の太陽の息子に助けを乞う。

それを聞くと、デルゲルディン勇者はすぐさま全速力でやってきた。チャギルガンとデルゲルディン二人はアヴァーヒの息子を相手に闘った。九日九夜休むことなく闘った。デルゲルディンは弱り、こう唱えはじめた。

ギネ・ギネ、ギネカニン！

我は九日九夜闘ったものの、また負けそうだ。

シビルの三界に名の聞こえた息子のココルドコンをよこしてはくれまいか。

アヴァーヒの息子は我らのかまどを壊し、その火を消そうとしている。（それは一族の滅亡を意味している。）

それが聞こえると、セカク美女は幼い甥っ子、シビル三界に名のあるココルドコンを遣った。その姿を見ると、がっかりするような、手袋ほどの小さな人間だ。やってくると、こう呼ばわった。

キンギッル・キンギッル、キンギッルモイ！

我が兄眼に火をもつチャギルガン勇者よ、先ずはあいさつだ、話はそれからだ。

「どこの生まれか」と問うなら、「我が父は中界のイルキスモンジャ、我が母はクックマチャン美女、

我が名は三つのシビルの地に全き名をもつ者、地下界では鋭敏なセレルグン・センゴクチョン勇者、
中界ではココルドコン、上界では勇者の鳥に乗れるメングノニコンだ。

貴殿たち、上界の息子、太陽の息子デルゲルデインよ、
背はお高いが、お知恵は足らぬ。頭の中の脳みそは流れるほど軟らかそうだ。

どこからも傷つきそうのない鋳鉄の勇者を如何に素手で打ち負かそうというのか。

何ゆえに頭を危険に曝し、徒に身体と血を捧げたのか。

セカク美女、叔母よ、ゲヴァン翁の一一〇プードの鋳鉄のボールをください。

まずは、アヴァーヒとボール遊びをしよう。


それが聞こえると、叔母のセカク美女は大急ぎで父の一一〇プードの鋳鉄のボールを捜しだして、投げ下ろした。それは地面に半分埋まったが、ココルドコンは自分よりも大きなそのボールを拾い上げて闘いの野の外れに投げた。

アヴァーヒの頭目はこう云った。

ケンゲルドニン・ケンゲルドニン！
ココルドコン、我の嫁の甥っ子か、笑止千万だ！
小鳥のベニヒワほどのこの小わっぱが何と大胆な考えをもっているのか、
ツバメほどの背丈しかない奴が何というしっかりした考えをもっているのか、
ボールの影で姿がみえないのに、これほど大きなボールを投げて寄こすとは！
だが、とにかく、我はセカク美女と結婚する。汝らの炉を壊し、灰を吹きとばすぞ。
あらかじめ、結婚式の準備をしておけ。ハッ、ハッ、ハッ！

ココルドコン勇者はアヴァーヒの息子の方へ威すように近づき、ボールを投げ上げて、こう云った。

キンギッル・キンギッル、キンギッルモイ！

地下界のアヴァーヒ、セレルグン・セヴェエンジャ、もう十分に笑ったか？

もっと笑えるように、ボールを投げてやるか？

汝が本当に勇敢な勇者なら、ボールを口で受け止めろ！

この銅造り広場の向こうの端に立って、口を開けろ。

アヴァーヒは「ボールを持ち上げられまい」とほくそ笑んで、広場の向こう端に行った。ココルドコンは鋳鉄のボールを投げた。ボールは雷のようななりを立てて飛んでいった。アヴァーヒが飛んできたボールを口で受け止めると、三尋も後ろにのけ反り、尻もちをついた。鉄の歯は錆びたつるはしのごとくに砕け、アヴァーヒは上歯は呑込み、下の歯は吐出した。次に、アヴァーヒが力いっぱいボールを投げると、轟音をあげて飛んできたが、それをココルドコンは両手で受けとめた。「今度は我のように両手でとれ。」ココルドコンが前よりも強く投げると、アヴァーヒは両手で受けとめたが、ボールは手から落ちてはらわたに当たり、はらわたは二つに裂けた。アヴァーヒはその一つは噛んで呑込み、一つは吐出した。

ケンゲルドニン・ケンゲルドニン！

ココルドコン勇者よ、手袋ほどの背丈になって俺を騙して、ひどい目に遭わせたな。今度は本当の姿を顕して、素手の格闘だ。今すぐ、本当の姿になれ。

ココルドコンは、すぐさま銅鎧を着ると、突進して、相手に殴りかかった。アヴァーヒは拳を振りまわすが、ココルドコンには当らない。我が勇者は小さいが、すばしっこいのだ。アヴァーヒの拳はココルドコンを撃つことはできなかった。そのあと、ココルドコンはアヴァーヒを凍った大地のなかに七サージェン（一サージェンは約二メートル）の深さに投げこみ、右の脚絆から四指尺のナイフを取り出した。アヴァーヒの息子はこう云った。

ケンゲルドニン・ケンゲルドニン！

中界のココルドコンよ、お前がシビル三界に全き名をもっているのは、もっともなことだ。俺のような者を滅ぼすとは。俺はこれまでに九九人の勇者を殺した。汝は一〇〇人目だが、汝は俺よりも強く、俺の誉れを穢し、俺の炉を壊し、灰を撒き散らした。何人も汝に対抗できはしまい。さらばじゃ！

ココルドコンはアヴァーヒの針金の髪を両手に三重に巻きつけて、その首をひき抜いた。それから禿げ山へ行って、頭をその山より高く放り投げた。肋骨を背骨から抜いて、それをチュム（天幕）の支柱にした。頭の骨は海辺の岩場にばらまいた。そうして、小さな勇者は歩き出した。歩きながらこう宣った。

キンギッル・キンギッル、キンギッルモイ！

ゲヴァン翁の娘たち、母なるクックマチャン美女、叔母のセカク美女、炯眼なるチャギルガン勇者よ、扉を開けておくれ。帰ってきたぞ。

「遠征はどうであったか」とお聞きなら、答えよう。

「我は速やかにあの貪欲な人喰い、真の破壊者、アヴァーヒの息子を成敗した。」（と事細かに闘いの様子を語る。）

勇者が身につける装束と、勇者が食べる食事を用意してください。そして、アヴァーヒの頭に勝った祝宴のしたくをしてください。

祝宴が設けられ、そこで太陽の息子デルゲルディン勇者がセカク美女に求婚して、炯眼なるチャギルガン勇者に承諾を求める。チャギルガンがセカク美女に問うと、彼女は結婚を承諾する。チャギルガンは云う。

ゴルディル・ゴルディル、ゴルディルモイ！

遠くにいる人たちは三歳トナカイのだく足で、近くにいる人たちはおとなしいトナカイで連れてきてくれ。婚礼祝いを用意してください。三頭の去勢トナカイ、三頭のまだ仔を産まぬ雌トナカイ、三頭の肥えた雄トナカイを屠って、祝宴を用意してください。

盛大な婚礼の祝宴がはじまった。それは九日九夜つづき、おしゃべりがあり、物語が語られ、競技があり、やがて、宴は終わって、客は去った。

8 ココルドコン勇者の旅立ち

その三日後、ココルドコンはセカク美女の前にいて、こういう話をした。

キンギッル・キンギッル、キンギッルモイ！

セカク美女、我が叔母よ、私の話をとくと聴いてください。

私はこれ以上には（角が生え、蹄ができたりして）強くはならない。三界シビルに全き名を持つからには、三界を遠征しなければなりません。なにゆえかと、お聞きになるなら、太陽の息子デルゲルディンはあなたの友（夫）となった、地上の生きものはみな仲良く番っている。私は何処へわが友（嫁）を見つけに行けばいいのだろうか？いずこで見つけられようか？あなたは三年世界を旅した、どこかで見かけはしませんでしたか。云ってください。どれほど、遠くでも恐れはしません。

それを聴くと、叔母のセカク美女はこう答えた。

キモ・キモ、キモニン！

三界に全き名をもつ甥っ子、ココルドコン勇者よ、お聴きなさい。一人、乙女を知っています。ただ、とても遠方です。そこには天界で生まれた、霧霞の天の息子、ジュギルマンジャ勇者が住んでいます。この勇者は未だかつてどんな強豪にも負かされたことはなかったし、その勇者の前ではそれまで誰にも負けたことのないような勇者もひとたまりもなかった。汝がまだ手袋のむつきにいたころ、この勇者には針に変えて母親の針入れに隠した娘があります。その若い娘だけが汝にふさわしい。汝が試練をのり越えて、父親に気に入られるなら結構、軽率なことをして、気に入られなければ、酷い目にあうでしょう。このことを分かって、遠征にでるならいいでしょう。

ココルドコンは喜び、わくわくして「シビル三界の世界のすべてを思う存分に旅してこよう」と考えた。ぐずぐずすることがあろうか。三度転がると、白い鳥に変じて、高く飛んでいった。

（ココルドコン勇者の物語はこの後につづく。）

参考文献

Романова А.В. и Мыреева А.Н. *Фольклор эвенков Якутии.* 1971 Л.

あとがき

日本列島はユーラシアの東端にあり、良くも悪くも文化の吹きだまりと云われてきた。隣接する朝鮮半島、中国から向こうの地域にはモンゴル、中央ユーラシア（中央アジア）が拡がり、北にはシベリアの広大な空間が連なっている。このアジア大陸のさらに向こうはヨーロッパである。

本書の企画の起点となったのは「百合若大臣」「甲賀三郎」の物語である。この物語はこの島国の各地で、永きにわたって多くの人びとの語りのなかでさまざまに紡がれて、書きとどめられてきた。福田晃先生はそうした多くの物語を国内各地で博捜され、そのなかから浮かび上がってくる文化的なファクターがユーラシアに由来することに注意を向けられた。それは即ち、鷹狩り、馬、鉄の文化である。それらが日本にどのように招来されたかは別の問題として、「百合若大臣」や「甲賀三郎」にはそのようなユーラシア由来の文化的特徴が明らかである。

一方、「百合若大臣」にはユーラシアに類話があることは頓に知られてはいたものの、そのことが具体的に明らかになってきたのはごく近年のことである。それは中央ユーラシアのテュルク語世界の英雄叙事詩に通暁する坂井弘紀氏の寄与によるところである。

こうして、今や、私たちはより広くユーラシアの口承文芸の世界に目を向けることができる時機にきている。ユーラシアには比較的最近、すなわち前世紀まで、文字をもたない民族社会が多くあり、そこで伝承されてきた多様な文芸のなかに勇者や戦士などの長大な物語がある。それは洋の東西を問わず一般的に英雄叙事詩と呼ばれている。その特徴の一つは詠われことにあり、どこの民族社会においてもその詠い手は代々継承され尊重されてきた。英雄叙事詩は真に声のことばの文芸である。その詠い手がしばしばその民族社会の習俗や儀礼など文化全般に通暁した智恵袋であったことも一般的なこととして知られている。

そうした声のことばの文芸は近年、世界のどこの民族社会でも次第に危うい情況にある。文字文化の普及はいうに及ばず、ITの目まぐるしい拡がりのなかで、人が集って詠い手を囲み、声で紡ぎだされる勇者たちの世界に浸ることはどこにおいても叶わぬことになってきた。

今日、人類はこれまで継承してきた文化の維持保存に危惧の念を抱くようになっているのではなかろうか。それは国連の機関であるユネスコでの驚くほど多様な領域の「遺産」登録にみられる。そして、その一つ「人類の口承および無形遺産の傑作」には、モンゴルの英雄叙事詩トーリ、チベットのケサル王物語、サハ（ヤクート）のオロンホ、クルグズ（キルギス）のマナス、トルクメンのゴログリなどユーラシアの英雄叙事詩を見出すことができる。

このことこそは、ユーラシアの英雄叙事詩が失われてはならない人類文化の多様性のひとつであることの証といえよう。幸いなことに、ユーラシアのあちらこちらのそれほど遠くない過去から「声のことばの文芸」は聞こえてくる。個人の創作ではない、民族社会がそれぞれ生み出し営々と育んできたユーラシアの英雄叙事詩に心を開くことは、文字に溺れた今日の私たちにとっていろいろな意味で示唆となるに違いない。

ユーラシアの英雄叙事詩という日本の学会では馴染みのない本書の出版を快諾してくださった三弥井書店と、企画編集に根気よくおつき合い頂いた吉田智恵さんに心からお礼を申しあげます。

（荻原眞子）

伝承文学比較双書〈刊行の趣旨〉

およそ伝承文化の研究には、その民族に属する者が、自らの精神の内面にそって進展させようとする立場がある。その属する郷土学として出発した日本民俗学は、右の立場に拠ったものと言える。一方、その属する民族を超えて、普遍的な立場において進めるべきとするのが、民族学であり文化人類学である。柳田国男の主張する民俗学は、その批判に十分こたえ得ないで、民俗学研究所は解散することになった。その両者の矛盾を超えようとするのが比較民俗学である。しかしそれは、果たして可能かどうかは問題である。その比較の基軸を、日本の民族におくのか、それとも他民族におくのか、それが曖昧である。

わたくしどもは、たまたま他民族の文化にふれるとき、日本のそれとの違いは勿論、その同質的なものに驚きを感ずる。それは近隣の民族に対するとき、いちだんと強く実感させられる。そしてそれは、日本文化の独自性の再認識を迫るものでもある。しかもそのささやかな比較は、自らの文化研究を深化させる第一歩になるにちがいないと思わせる。

当シリーズの「伝承文学比較双書」は右のような実感をもとに、伝承文学研究の深化を試みるものである。それは日本の伝承文学を民族を超えた広がりのなかで考究しようとするものであるが、その基軸を日本民族におきながら、他民族、特に隣接の諸民族のそれとの比較において試みるものであり、当然、それぞれの諸民族の研究者との共同のなかでその達成をはかるものである。すなわちそのような方法において、伝承文化の研究の普遍化を志すものである。

多くの研究者の賛同を得て、その研究が進展することを強く望むものである。

平成二十二年一月

刊行委員　福田　晃（代表）

金　賛會

徳田和夫

真下　厚

百田弥栄子

荻原眞子

坂井弘紀

執筆者紹介

金　贊會（きむ・ちゃんふぇ）

1959年生まれ。現在、立命館アジア太平洋大学アジア太平洋学部教授。博士（文学）。

〔主要著書・論文〕『お伽草子・本地物語と韓国説話』（三弥井書店、2016年）、『鷹と鍛冶の文化を拓く　百合若大臣』（共編、三弥井書店、2015年）、『鉄文化を拓く　炭焼長者』（共編、三弥井書店、2011年）、「韓国の創世神話—済州島の『初監祭・天地王本解』を中心に—」（『古事記の起源を探る　創世神話』三弥井書店、2013年）、『本地物語の比較研究—日本と韓国の伝承から—』（三弥井書店、2001年）。

百田弥栄子（ももた・やえこ）

1944年生まれ。現在、中日文化研究所教授。

〔主要著書・論文〕『中国の伝承曼荼羅』（三弥井書店、1999年）、『中国神話の構造』（三弥井書店、2004年）、『中国のグリム童話』（三弥井書店、2015年）、『中国少数民族の婚姻と家族　上中下巻』（厳汝嫻主編、江守五夫監訳、共訳、第一書房、1996年）、「伝承曼荼羅にみる難題の機能」（『中日文化研究所所報』第10号、2011年）、『鉄文化を拓く炭焼長者』（共編、三弥井書店、2011年）、『古事記の起源を探る 創世神話』（共編、三弥井書店、2013年）。

坂井弘紀（さかい・ひろき）

1969年生まれ。和光大学表現学部教授。

〔主要論文・訳書〕「中央ユーラシアのテュルク叙事詩の英雄像」（『口承文芸研究』40号、2017年）、「テュルクの英雄叙事詩—中央アジアの語り手を中心に—」（『説話・伝承学』25号、2017年）。『ウラル・バトゥル—バシュコルト英雄叙事詩』（平凡社東洋文庫、2011年）、『アルパムス・バトゥル—テュルク諸民族英雄叙事詩』（平凡社東洋文庫、2015年）。

上村　明（かみむら・あきら）

東京外国語大学非常勤講師。

［主要論文］「モンゴル西部の英雄叙事詩の語りと芸能政策—語りの声とことばのない歌—」（『口承文芸研究』第24号、2001年）、「文学という修練、歌うナショナリズム—J・バドラーについての覚書—」（『日本モンゴル学会紀要』第37号、2007年）他。

三宅　伸一郎（みやけ・しんいちろう）

1967年生まれ。大谷大学教授。

〔主要訳書・論文〕『天翔る祈りの舞：チベット歌舞劇アチェ・ラモ三話』（石山奈津子との共訳、臨川書店、2008年）、「ポン教の美術」（『アジア仏教美術論集：中央アジアII（チベット）』中央公論美術出版、2018年）。

編者紹介

荻原眞子（おぎはら・しんこ）
1942年生まれ。千葉大学名誉教授。
［主要著書・論文］『北方諸民族の世界観－アイヌとアムール・サハリン地域の神話・伝承』（草風館1996年）、「ユーラシア口承文芸の二つの様態」（『千葉大学ユーラシア言語文化論集』15　1－9頁、2013年）、「シベリア諸民族の英雄叙事詩とアイヌの英雄叙事詩―類型について」（『口承文芸研究』第40号186-197頁　2017年）。

福田　晃（ふくだ・あきら）
1932年生まれ。現在、立命館大学名誉教授。文学博士。
〔主要著書〕『昔話の伝播』（弘文堂、1976年）、『南島説話の研究』（法政大学出版局、1992年）、『神語り・昔語りの伝承世界』（第一書房、1997年）、『神語りの誕生―折口学の深化をめざす―』（三弥井書店、2009年）、『沖縄の伝承遺産を拓く』（三弥井書店、2013年）、『昔話から御伽草子へ』（三弥井書店、2015年）、『諏訪信仰の中世』（共編、三弥井書店、2015年）、『鷹と鍛冶の文化を拓く「百合若大臣」』（共編、三弥井書店、2015年）。

英雄叙事詩　アイヌ・日本からユーラシアへ

平成30年10月29日　初版発行

定価はカバーに表示してあります。

©編　者	荻原眞子 福田　晃
発行者	吉田栄治
印刷所	藤原印刷
発行所	三弥井書店

〒108-0073　東京都港区三田3-2-39
電話　03-3452-8069　振替東京8-21125

ISBN978-4-8382-3343-4　C0039